U0636003

全本全注全译丛书

中华
经典
名著

孙启治◎译注

政论
昌言

中华书局

图书在版编目（CIP）数据

政论 昌言/孙启治译注. —北京:中华书局,2014.7
（2023.2 重印）
（中华经典名著全本全注全译丛书）
ISBN 978-7-101-10076-1

Ⅰ.政… Ⅱ.孙… Ⅲ.①政论–中国–东汉时代②《政论》–译文③政治思想–中国–东汉时代④《昌言》–译文 Ⅳ.①D691②D092.342

中国版本图书馆 CIP 数据核字(2014)第 066523 号

书　　名	政论 昌言
译 注 者	孙启治
丛 书 名	中华经典名著全本全注全译丛书
责任编辑	周　旻
责任印制	管　斌
出版发行	中华书局
	（北京市丰台区太平桥西里 38 号　100073）
	http://www.zhbc.com.cn
	E-mail:zhbc@zhbc.com.cn
印　　刷	北京盛通印刷股份有限公司
版　　次	2014 年 7 月第 1 版
	2023 年 2 月第 7 次印刷
规　　格	开本/880×1230 毫米　1/32
	印张 9¾　字数 180 千字
印　　数	21001–23000 册
国际书号	ISBN 978-7-101-10076-1
定　　价	32.00 元

目录

《政论》、《昌言》译注说明

　　这个译注本是根据中华书局 2012 年 6 月初印本《政论校注》、《昌言校注》(以下省称校注本)写成的,但个别地方做了修正和补充。

　　校注本的正文采用清严可均《全后汉文》辑本。严氏辑本主要根据《群书治要》、《后汉书》,并据唐、宋类书等的引文做了校补。译注本只注明辑文的主要来源,严氏校补的详情参看校注本。校注本对严辑原文的错字未加改正,仅在注中指出;译注本作为经典普及读物,没有必要这样处理,所以原文的错字都直接改正(限于有版本依据的),并在注中加以说明。

　　校注本原有的附录,译注本除了崔寔、仲长统的两篇传记予以保留并加译文外,其余佚文部分和历代评议部分都不收入。但个别佚文有助说明的,在《前言》中引述。

　　由于本书是辑本,各篇绝大多数没有篇名,为了便于称引,两书"阙题"的各篇前标注"阙题一"、"阙题二"等,每篇各段标注 1、2 等序号。由于《政论》全书皆无篇名,所以称引统一用"X·X"形式,如 1·1 即该书《阙题一》篇第一段,6·4 即该书《阙题六》篇第四段,余类推。《昌言》有的有篇名,称引形式为"篇名·序号",没有篇名的称引形式同《政论》。

　　本书注释尽量做到通俗化,对字义和词汇直接用现代汉语解释,不注明解释的依据(这些依据可参看校注本)。但个别字的原来意义和引申意义差别比较大,为避免读者困惑,则适当加以说明。同一个字或词,在不同的上下文中可能有不同解释,这是因为同现代汉语一样,古汉语中许多字和词是多义的,具体词义要根据上下文决定。对于某些古文献中的专有名词,如职官、制度名称等,译文如果难用恰当的现代汉语表达,仍照原文,则在注中解释。关于虚词,如介词、连词、助词、语气词之类,是古汉语句子中最活跃的成分,掌握其用法对阅读古汉语至关重要,而它们在句子中起的作用,往往通过译文也难以看清楚,所以注释中也有选择地对一些虚词的用法和在句中的作用加以解释,以便更好地理解古汉语,读者如嫌繁琐,可以忽略这部分不看。为省去读者翻检之劳,本书对较简单的字义解释一般采取重见重注,个别则用"参见"、"参看"某注。注释对一些不易掌握现代读音的字,标注汉语拼音。注意,这些注音只是现代读音,方便读者阅读而已,不是古代读音,不能作为研究古汉语文字同音假借关系的依据。有些字不需注音,但因声调不同而意思有别,对这类字可能有个别的不易区别音义,则注明声调。

关于译文,本书按体例要求以直译为主,但不完全排除意译。直译不同于死译。不顾古今汉语表达方式的区别,机械地用现代汉语模仿、套用古汉语的语法和句型,弄得不今不古,就是死译。用现代汉语的文字和句型,把古汉语原文照实表达出来,对于可省略的地方尽可能照原文不省,可补充的地方尽可能照原文不补,就是直译。直译做得过头了,就近乎死译。译者根据对古汉语原文的理解,用自己的话把原文的意思表达出来,就是意译。意译如果做得自由些,往往等于转述大意。死译当然不可取。直译虽"忠实"于原文,但译文不可避免有生硬不流畅之处。意译虽流畅,但不能"忠实"于原文。翻译古文都会遇到这个矛盾(据著者体会,外文翻译工作的矛盾也是如此),不可能做到纯粹的直译而不掺入意译。对同一篇古文,不同的译者即使理解相同,译文也一定有差异,主要就因为各自对直译和意译掌握分寸不同,更不用说对原文理解有所不同了。本书的译文,只是帮助读者阅读、理解原文的辅助手段,绝对不能代替原文。建议读者先通过注释阅读原文,然后再对照译文,加深理解。这样,比直接看译文去理解原文效果要好,因为注释的部分内容是译文无法表达的。

　　辑本的文字,大都是从前人书中节录的片断辑出来的,有些还经辑者补缀成篇,所以辑本文字显然不及所佚失的原书通顺,有时上下文还缺乏连贯性。而本书译文又以直译为主,所以不少补充说明都在注释中交代,不能通过译文来表达。著者从未做过古汉语文献的通俗化整理工作,尤其对于古文翻译,不熟悉这方面的技巧和规律,所以译文难免有生硬之处,有待读者批评指正,以便进一步提高。

孙启治

2013 年 8 月

政　论

前言

　　中国历史上各个君主制的朝代，无论曾经有怎样辉煌的过去，到了晚期，无一不是朝政腐朽，君不像个君，臣不像个臣，弄得民不聊生的。在历朝的末世中，有头脑、有思想的士大夫知识分子，不甘心无原则地随俗，所以总要出来说话，针砭时弊，提出自己的主张，这也是中国历史上知识分子的传统。所以，到今天我们还能看到历代针砭时弊的书籍和文章。东汉后期崔寔的《政论》（一名《正论》）便是其中之一，但现在只有清朝人的辑本，看不到全帙了。

　　崔寔，字子真，一名台，字元始（按，自《群书治要》以下，历代各书引《政论》都称崔寔，不称崔台。但称他的字则多为崔元始，少称崔子真。元始是一名台的字，未详何以称名与字互不相应），涿郡安平（今属河北）人，生年不详。根据《后汉书》他的传记，他在桓帝即位之初年即建和元年（147）入朝为郎官，此后到灵帝建宁年间（168—172）病故。二十多年中他当过议郎、大将军梁冀府军司马，入东观（东汉皇家藏书处）参与撰写《东观汉记》。大概在永寿二年(156)至延熹元年(158)间出朝任五原郡守,复召入朝任议郎,勘定五经,后因梁冀被汉桓帝诛杀,他受到牵连,有几年被禁止做官。延熹四年(161)被司空黄琼举荐再出朝任辽东郡守,因母逝居家服丧,实未到任,复召入朝任尚书。从朝廷到边郡,再从边郡到朝廷,反复上下了两次。崔寔当朝官时没有什么作为,在那种朝廷,他也不可能有所作为,只是校经撰史而已。在地方当五原太守时,倒是做了两件利国利民的事。一是五原是个荒远边郡(在今内蒙古包头西),极贫苦,老百姓不会织布,冬天猬缩在草堆中御寒,他看到了心酸,便卖掉一些日常备用什物换钱,请来工匠制作纺车织机,教民纺织。二是当时鲜卑、匈奴等北方游牧部族掠夺边境,边民一年到头疲于奔命,他在五原整治兵马,严加防御,游牧部族不敢轻易来犯,抵抗外族入侵的效绩,常在各边郡中名列前茅。

东汉到了桓、灵二帝之际,也就进入如"滚雪球"般地朝着"改朝换代"结局奔去这一"加速运动"的初始阶段了。朝政腐朽,吏治腐败,百姓腐心:上则阉党、外戚轮流把持朝政,互相倾轧又互相勾结;中则百官上下比周营私,贪索无厌;下则"朱门酒肉臭,路有冻死骨"。崔寔既做过京官,又治理过边郡,对于朝政和民情都熟悉,这上下内外一对比,自然看出官场的种种积弊和百姓苦境的令人酸鼻。他的《政论》一些片段主要还保存在《群书治要》中,严可均说:"《治要》专取精实,而腴语美词芟除净尽,然于当时积弊已胪列无遗。"这样看来,这个《政论》辑本基本能反映崔寔的思想。

在辑本的阙题一、二两篇中,崔寔说"自汉兴以来,三百五十余岁矣。政令垢玩,上下怠懈,风俗雕敝,人庶巧伪"(1·3),当时是这么一个政策混乱玩忽、上下怠慢松懈、社会风气败坏、人们奸诈虚伪的局面。他以为这是"自数世以来,政多恩贷"(2·3)的结果,而继位的君主又"习乱安危,逸不自睹"(1·1)。对此,崔寔提出必须进行政治改革。他认为,当时情况,已经不能专一效法上古时代五帝三王实行"德教","故宜参以霸政,则宜重赏深罚以御之,明著法术以检之"(2·1),即兼用法治,以重赏深罚、公布法令来约束管制臣民。崔寔并没有否定儒家的"仁政",但他以为,治理乱世和治世的方法不一样。他说:"盖为国之道,有似理身,平则治养,疾则攻焉。夫刑罚者,治乱之药石也;德教者,兴平之粱肉也。夫以德教除残,是以粱肉理疾也;以刑罚理平,是以药石供养也。"(2·3)所以他说,面对乱世,岂能一定效法尧、舜,然后国家才得治理?所期待于人主的,是采取措施填补漏洞,纠正偏差,因时制宜,总之且做皇帝所能做的,图个世道安宁就行,别指望效法尧、舜了。

《政论》不仅在当时,在后世也引起反响。崔寔所说"夫刑罚者,治乱之药石也;德教者,兴平之粱肉也"引起历代人不少争议,同意与不同意的都有。其实从这些争议的背后可以看出,焦点不在对乱世该不该用严刑峻法,而是他的话实际是在说:靠道德教化根本不能治理乱世。宋司马光说:"故崔寔之论以矫一时之枉,非百世之通义也。"(《资治通鉴》卷五十三)清王夫之说:"寔乃曰'德教除残,犹以粱肉治疾',岂知道者之言乎?"(《读通鉴论》卷八)但同时问题也就来了,能不能在乱世中推广道德教化,并取得效果?我们看,崔寔谈到官失信于民的事,说官府对待老百姓很不讲道理,比如王室雇用工匠,先是引诱他们来干活,等东西做完了却不给工钱。过了几年这才发下十分之三的工钱,还把官里一些破烂东西折价当成工钱给老百姓。这些破烂东西,百姓不能修又不能用,卖也没人要。后来老百姓就有了戒惧心,到处逃窜不肯应官府招募。于是官府干脆把老百姓抓来,强逼他们干活。老百姓心里不乐意,自然就弄虚作假,消极怠工,结果做出来的东西质量低劣不耐用,反倒浪费了许多财物(见4·1)。崔寔认为上行下效,这就是身教。老百姓对官府的"身教"已经失去信任,"德教"的基础还存在吗?谁信你的"德",听你的"教"?实在说来,在这个君主昏聩、百官营私、风俗败坏、百姓怨声载道,而上下又互不信任的政局中,想要搞道德教化可行么?在当时,崔寔以及"崔寔"们,皇帝以及贪官们,所有的人都明白"德教"是一句空话。不同的是,许多人言不由衷,嘴上仍然喊着空话。崔寔说他们"拘文牵古,不达权制,奇玮所闻,简忽所见","心闪意舛,不知所云,则苟云率由旧章而已"(1·4),都是些拘泥于祖宗成法,无视目睹的事实,不知应变,为了保全自己禄位的人。崔寔认为,就是已经办成的事都不能同这些人保持下去,更谈不上同他们一起谋划革新了。所以非得严明法度以整治各种弊病,奖善惩恶,重赏重罚,依法办事,从而"逼"上上下下的人去做该做的事,都不敢犯禁,才能挽救这个千疮百孔的局面。

　　从上面所举官失信于民的例子看,崔寔对当时存在的问题是有具体了解的。在《阙题五》中,他指出当时监督和制作兵器的官吏、工匠私挪扣减公款、盗料省工,以至于铠甲不能穿,兵器不合用,边境的老百姓为了抵抗外侵,都自己打造兵器,而不肯用官方偷工减料的兵器。为此他提出要恢复旧有的开支,免除所得税,让官吏、工匠有利可图,提高他们的积极性;同时公布精工细做的规定,严防弄虚作假,所有器物都刻上工匠姓名,器物一旦不合格,严加追究处罚。这样,既有利可图,又能严法管理。他实际已看出,只要有一条做不到,而光靠"教育",在当时情况下解决不了任何弊端问题。在《阙题七》中,崔寔说到基层官吏的俸钱太薄少,造成受贿和渎职问题。他算了笔账,一个县令的月俸,除去日用开支和支付给仆从的工钱,剩下的只够供应马料,哪有余钱供四季衣被、祭祖和应酬宾客等之需? 更谈不上接养父母妻子了。他说,那些治理地方百姓、审理案子、掌管库房的,就是这班基层官吏,如今他们连父母妻子都养不起,眼看亲人将挨冻受饿,"虽冒刃求利,尚犹不避,况可令临财御众乎? 是所谓渴马守水,饿犬护肉,欲其不侵,亦不几矣"(7·2),自然就会发生受贿枉法、监守自盗。所以他提出一方面提高官吏的俸禄,使他们有足够的钱养家,一方面加重对贪污受贿的惩罚。这样,官吏既能养家,没有内顾之忧,在外做官又不敢贪污触犯严法,则百姓可少被侵犯。以上两个解决问题的办法,正体现了崔寔严明法度、奖善惩恶、重赏重罚、依法办事的观点。

东汉末期，靠兼并土地发展的豪族地主大庄园经济日益壮大，庄园规模之大，几乎成了自给自足的经济独立体，大量失去土地的自耕农堕入佃农、农奴和流浪失业民的苦海中，促成社会贫富极度分化。《后汉书·桓帝纪》就记载，元嘉元年(151)到永寿元年(155)几年之间，反复闹饥荒，出现人食人惨事。而另一个世界呢？豪族地主花天酒地，灯火楼台，笙歌院落，其奢侈糜烂，用崔寔的话说，就是"侯服王食，僭至尊，逾天制矣"(3·1)，已经过着王侯般的生活了。贫富极度分化产生的弊病，除了使下层社会尤其是农民的生活陷入水火，也使豪族日益富裕而造成极度奢侈的社会风气。崔寔看到奢侈风气造成国家"三患"。当时富豪之家奢侈无度，生活规格等同王侯，破坏了国家的等级制度，而法令松懈，根本无法杜绝这种逾越制度的奢侈风气。这是祸患之一(见3·2)。社会崇尚奢侈，造成华丽而无实用的东西价贵，而本务农业被轻视，农桑勤苦而利薄，工商暇逸而利厚，所以农夫放弃耕地，织女放弃织布，都去从事雕刻刺绣。不种地就没有年成，结果"百姓穷匮而为奸寇，是以仓廪空而囹圄实"(3·3)。这是祸患之二。侈费厚葬是当时侈靡风气的一个极端的表现，豪族地主生则享尽人间富贵，死也要大出鬼界风头，奢侈僭越，无所不用其极。在这种风气下，人人都羡慕如此风光的场面，弄得攀比成风，一般人家宁可节衣缩食，也要把亲人丧事办得风光些，好在人前出出风头。于是宁可减省老亲在世时的赡养，不顾其饥寒，也要预先置办送丧之物，但求死后风光出丧的虚名，结果弄得倾家荡产，最终迫于穷困而为盗贼，身陷刑狱，反遭大辱(3·4)。崔寔说，因为这种追求侈费厚葬风气，促使当官的枉法敛财，百姓为出风头而甘冒犯罪之险，"俗之败坏乃至于斯，此天下之患三也"。他认为，要解决奢侈的社会祸患，仅仅就旧有的框架"修旧修故，而无匡改"(3·5)，就是尧、舜还在世，也没办法治理混乱的局面。必须整顿制度，严明法令，"塞其源以绝其末，深其刑而重其罚"(3·5)。

　　崔寔一面提出"重赏深罚"、"明著法术"以改革政治,同时提醒要注意用人。他说自从尧、舜、商汤、周武王以来,历代贤明的君王都是依靠明智的辅佐和博学的臣子治国,而继位的君主想要立下复兴之功业的,没有谁能不依靠贤智之士的计谋(见1·1)。《太平御览》卷九百八十引《政论》佚文也说:"理世不得真贤,犹治病无真药。当用人参,反得芦菔根。"要用贤就要能识别人,所担心的是君主不能识别贤士,而贤士又常被朝中愚昧保守或嫉贤妒能的官僚所抵制。所以有识之士往往总是当时受到压抑,而反被后世的人所思念(见1·4、1·5)。所以在《阙题六》中,崔寔提出要关心地方官吏,使之安心工作,稳定他们的职务,不能要求其速见政绩。他说县官任职一久,与朝廷之间就互相熟悉,上下无所隐瞒实情,而且能安心做事,做长远打算,不敷衍了事(见6·1)。而当时任用官吏急功近利,县官上任三个多月,如果政事不见改观,上司便已看不顺眼,一年之内没变化,便罢官走人(见6·3),任用和罢免官吏像云变波翻那样变化无常,杂乱无章(见6·8)。在这样的官场风气下,官吏无法踏实地做事,转而急于取得政绩。崔寔说:"卒成之政,必有横暴酷烈之失。"(6·4)所以朝廷得不到温和善良的官吏可用,民众得不到宽厚仁惠的德政,那么百姓的性命就交到残害人的官吏手上,他们哀号的怨声也都归罪于君主了(见6·4)。当时为缓和社会矛盾,朝廷虽表面上也下诏安抚百姓,但诏令对那些为保住官帽,不择手段地追求政绩的官吏,根本不起作用。《初学记》卷二十四引《政论》佚文说:"今典州、郡者,自违诏书,纵意出入,故里语曰:'州郡诏,如霹雳;得诏书,但挂壁。'"诏书成了一纸空文。崔寔说,像汉代前朝的贤能官吏,如黄霸、召信臣等,都是治郡理事十多年才取得良好政绩(见6·4),所以他认为必须普遍改变当时任用官吏的办法,稳定基层官吏,"原其小罪,阔略微过,取其大较惠下而已"(6·6)。

　　史称崔寔"少沉静",即头脑冷静而善思考;又说他"吏才有余",即办公事干练;他当过朝官,又做过地方官,有二十多年的从政经验。崔寔绝不是一个纸上谈兵、空言议论的书生，又不像王符那样终身不仕，他的仕宦经历足以让他对当时朝廷和百姓的问题有深度了解。所以，虽然《政论》已非全帙，但就我们现在还能看到的部分说，都是那时社会上层与下层种种问题真实情况的反映。就这一点讲，《政论》也是研究东汉历史的可信资料之一。崔寔在五原做官，卖东西换钱，解决百姓冬寒问题，又整顿兵马，抵抗外族入侵。他在天高皇帝远的边郡当官，正是搜刮民财的大好时机，然而他却愈做官愈穷，乃至死后家中空空荡荡，家人无力办丧事，还是朝中同僚帮忙安葬（见本书附录《崔寔传》）。从这可看出，崔寔所说的法治，是为了革除政弊，绝不是针对百姓施行严刑酷法，压制他们以维持现状稳定。他在《阙题九》中提出移民开垦，调整人口与耕地比例不平衡，也是为了解决失业流民的生计问题。那么，针对社会上下种种弊病，崔寔提出"重赏深罚"、"明著法术"，真的就是能解决问题的有效办法吗？非也。在一个人治社会，是不可能实行法治的，不管纸上公布多少法律条文。在人治社会，任何法律的施行都不是依靠制度，执法只能是人为的行为，而且没有有效的制度来监督执法。在《阙题六》中，崔寔说，县官有的奉法廉洁，不肯讨好当权者，与上司没有各种礼节交往，不送私礼，那么州、郡长官便都侧目怒视，认为他亏欠了自己，便让文案官吏捏造罪状，诬蔑他全家，抓捕他的妻儿老小问罪，结果那县官只得自行辞官而去。不向上司行贿，就被看成对上司有所"亏欠"，可见当时官场贿赂成风，不屑为的人反倒成了不正常的"另类"。自然，这个贿赂成风的官场也就是结党营私、官官相护的官场。要想在这个官场立足，就非得行贿讨好，甚至枉法以求自容，那还能依法办事么？严法，恐怕只能"严"到老百姓头上，改变不了官场的腐败格局和地方豪族的作威作福。王夫之说"故严以治吏，宽以养民"（《读通鉴论》卷八），这话虽是针对崔寔说的，其实也是崔寔的本意。正是因为他想要"严以治吏"，所以在当时那种情况下，他的主张终究是不可实现的。崔寔晚年大概也看到这一点，所以他死前几年，朝廷再度召他入朝拜尚书,他托病不管事,几个月就免官不干了(见本书附录《崔寔传》)。他失望,认为朝政搞不好了。

崔寔虽然比当时那班为保全禄位和私利,反对革新,只求保持现状的腐朽官僚要清醒,看出这辆承载"国运"的马车破得快散架了,但他提出的解决办法终究挽救不了日薄西山的王朝。因为他同所有的封建社会士大夫知识分子一样,尽管不满朝政,洞彻政弊所在,但只能站在维护朝廷的立场上说话,拿不出可以做得到的有效办法。因为这个朝廷早已病入膏肓,除了等着灭亡,无药可救。

阙题一

【题解】

本篇由严可均辑自《群书治要》卷四十五。

崔寔此文写于汉桓帝即位初期,他本人也刚入朝当官,对桓帝朝廷抱有希望,提出了革除政弊的主张。崔寔认为,看一个国家治理得好坏,不能光凭年成来决定,还要看社会风俗如何。如果风俗败坏,就说明国家治理得不好,那么即使表面经济富裕,内里还是会出问题。就像一个人外表肌肤康和而内里则脉象不顺一样,终究是有病的。他认为,国家所以不治理,往往因在位的君主享太平日久,政治与社会渐渐败坏而不醒悟、不改变,早已习惯了乱糟糟的局面。崔寔比喻说,保守的君主承袭了腐败的政局,那就像乘着辆破车上路,如果车子不加修治,则必然折断裂散。自汉王朝建立到桓帝即位已经三百五十多年,当时"政令垢玩,上下怠懈,风俗雕敝,人庶巧伪",是这么一个朝廷政策浊乱,人们奸诈虚伪,上下怠慢,风气败坏的局面。崔寔认为,革除政弊以拯救时世,并不是要求君主遵奉尧舜之道,创建出理想中的太平盛世,那是做不到的。所期待于君主的,就是填补制度的漏洞,纠正政策的偏差,按实情办事,总之做君主所能做到的,图个世道安宁就行。他的意思是,改革要务实,有针对性,注重当前的急务,别好高骛远,空谈尧舜的理想世界,而实际却什么也做不成。在本篇中崔寔还说,君主欲治国,必须依赖贤明达理的臣子辅佐他。所担心的是君主不能识别贤士,而贤士又常被朝中愚昧保守或嫉贤妒能的官僚所抵制。所以有识之士往往总是当时受到压抑,事后反被后世的人思念。这种毛病古往今来都是一样的,所以他提醒君主要特别注意。

1　自尧、舜之帝,汤、武之王①,皆赖明哲之佐②,博物之臣③。故皋陶陈谟而唐、虞以兴④,伊、箕作训而殷、周用隆⑤。及继体之君⑥,欲立中兴之功者⑦,曷尝不赖贤哲之谋乎⑧?凡天下之所以不治者,常由世主承平日久⑨,俗渐弊而不寤⑩,政寖衰而不改⑪,习乱安危⑫,逸不自睹⑬。或荒耽嗜欲⑭,不恤万机⑮;或耳蔽箴诲⑯,厌伪忽真⑰;或犹豫岐路⑱,莫适所从⑲;或见信之佐⑳,括囊守禄㉑;或疏远之臣㉒,言以贱废㉓。是以王纲纵弛于上㉔,智士郁伊于下㉕,悲夫㉖!

【注释】

①自尧、舜之帝,汤、武之王:自,此为介词,表示时间范围,意思是"自从……以来"。尧、舜、汤、武都是传说中的"圣君"。尧、舜,都是传说中上古时代"五帝"之一,其实是中国原始社会末期部落联盟的首长。汤,商朝的开国之君。商,在古籍中多称殷,是因为商王盘庚后来迁都到殷。下文"昔盘庚愍殷",殷即商。武,周武王,文王子,姬姓,名发,灭商,是周朝的开国之君。

②赖:依靠。明哲:明智。哲,智慧。佐:辅佐。这里指辅助君主治理国家的人。

③博物:博学。博,通晓。物,事物。

④皋陶(gāo yáo)陈谟:皋陶是传说中的舜的大臣,掌管刑法。相传他作有《皋陶谟》,全文可分为三部分:第一部分为大禹和皋陶关

于以德治国的对话，皋陶提出"九德"，作为人的道德基本准则。第二部分是大舜和大禹的对话，主要讨论治国安民的道理，君臣的职责和要求等。第三部分叙述丹朱的罪过，大禹的功绩，三苗的问题，以及对祭祀歌舞场面的生动描述。现仍保存在今本《尚书》中。陈谟，即指作《皋陶谟》。陈，陈献。谟，谋划。唐、虞：指尧、舜时代。唐，尧号。虞，舜号。以兴：因此而兴旺。以，介词，因此，由此。

⑤伊、箕作训：伊尹与箕子作《伊训》和《洪范》。伊，伊尹，商代早期商王太甲的大臣。相传商王太甲暴虐无道，伊尹把他流放了，后来太甲悔过自新，伊尹就重新把政权交还给他。伊尹作过一篇训诫教导太甲，即《伊训》。《伊训》已经佚失，今本《尚书》的《伊训》是后人伪作。箕，箕子，商代末期商王纣的大臣，也是纣的"诸父（伯或叔）"。周武王灭商后，相传曾询问箕子有关顺天道治国的事，箕子作《洪范》答复。《洪范》仍保存在今本《尚书》中。训，训导，教诲。用：介词，由此。隆：昌盛。

⑥及：及至，到了。继体：继位。体，指帝王传承的体系。

⑦中兴：指国家衰落后重新振兴，即复兴。中，中途。

⑧曷尝：怎会，哪有。曷，同"何"。

⑨世主：在位的君主。世，当世，当今。承平：本义指继位者承袭上代的太平世道，也指太平之世。这里指享受太平。

⑩渐弊：逐渐败坏。寤：通"悟"。醒悟。

⑪寖衰：渐渐衰朽。寖，同"浸"。由浸泡、浸透引申为渐渐、逐步。

⑫习乱安危：习、安义同，都表示习惯于某种环境或事物。

⑬逸：安逸。不自睹：看不到自己的处境。

⑭或：与下面四个"或"一起用，都是连词，表示列举。荒耽：迷溺，沉醉。

⑮恤：顾念。万机：语出《尚书·皋陶谟》"一日二日万几"，意即每

日万种繁多细琐的事,后用"万几"指君王的每日政务。机,通
"几(jī)"。细微。

⑯耳蔽:听不进。蔽,遮挡。箴诲:箴,告诫,规劝。诲,教导。

⑰厌伪:满足于虚假。厌,饱,引申为满足。在这个意义上,后来写
作"餍"。忽真:不在意实情。忽,轻视。

⑱岐路:岔道。岐,同"歧"。

⑲莫适所从:即"无所适从",不知何去何从。在岔道口犹豫不决,
不知走哪条路,比喻遇事无法做出决断。

⑳见信之佐:受君主信任的辅政大臣。见,用在动词前面,可以表
示动词的被动语态,被,受到。

㉑括囊:比喻闭嘴不说话。语出《易·坤·六四》:"括囊,无咎无
誉。"括,束扎。依照唐孔颖达的解释,就是扎紧袋口,比喻隐藏
内心想法。这样,不说话既不得罪人,也不表现自己,所以"无咎
(过失)"也"无誉"。守禄:保住俸禄,多指拿俸禄而无所作为。

㉒疏远之臣:被君主冷落的臣子。疏远,指感情上不亲近。

㉓言以贱废:言论因人受君主轻视而不被采用。贱,轻视。废,抛弃。

㉔王纲:王的纲纪,指国家法度。纵弛:松散。这里指法度削弱。
纵,释放。弛,松懈。

㉕智士:指有见识的人。郁伊:也写作"郁抑"、"郁邑"、"郁悒",郁
冈,忧郁。

㉖悲夫(fú):夫,用法同"乎"。

【译文】

自尧、舜二帝,汤、武二王以来,都是依靠明智的辅佐和博学的臣子
治国。所以皋陶献谋划而唐、虞由此兴旺,伊尹、箕子作训诫而商、周由
此昌盛。到了继位的君主,想要立下复兴之功业的,有谁能不依靠贤智
之士的计谋呢?凡天下所以不能治理,常因在位的君主享太平日久,风
俗渐渐败坏而不醒悟,政事渐渐腐朽而不改革,习惯了混乱和危难,安

处其中而不见自己的处境。或者沉溺于嗜欲，不顾念政务；或者听不进告诫劝诲，满足于假话而不在意真相；或者在岔道口徘徊，不知所从；或者受君主信任的大臣，为保禄位而闭口不说话；或者受君主冷落的臣子，因被轻视而言论不予采用。所以上面国家法度削弱，下面有识之士郁闷，这真可悲！

2　且守文之君①，继陵迟之绪②，譬诸乘弊车矣③。当求巧工使辑治之④，折则接之，缓则楔之⑤，补琢换易⑥，可复为新，新新不已⑦，用之无穷⑧。若遂不治⑨，因而乘之⑩，催拉捌裂⑪，亦无可奈何矣。若武丁之获傅说⑫，宣王之得申、甫⑬，是则其巧工也⑭。今朝廷以圣哲之姿⑮，龙飞天衢⑯，大臣辅政，将成断金⑰，诚宜有以满天下之望⑱，称兆民之心⑲。年谷丰稔，风俗未乂⑳。夫风俗者国之脉诊也㉑，年谷如其肌肤㉒，肌肤虽和而脉诊不和，诚未足为休㉓。《书》曰"虽休勿休"㉔，况不休而可休乎？

【注释】

①守文：指承守旧制度不改。即因循守旧。文，礼法制度。

②继：继承。陵迟之绪：指上代留下的腐败政局。陵迟，衰败。绪，事业。

③譬诸：比之于，比如。诸，"之于"的合音字。弊：破损。

④巧工：巧匠。辑治：修理。之：指上面那辆破车。

⑤折则接之，缓则楔之：把断的地方接好，松的地方楔牢。楔，楔子，用于打进木器松动缝隙中的竹、木片。这里作动词用，即打楔子加固。接之、楔之，两"之"字分别指车子折断、松缓的地方。

⑥补琢换易：指换旧易新。补，补上新的。琢，通"斲"。砍削，去掉

损坏的。

⑦新新不已：即不断更新。新新，新之又新。已，停止。

⑧穷：竭尽，到头。

⑨遂：终究。

⑩因：就着。之：指破车。

⑪催拉：催、拉都是摧折、折断的意思。拉，本义是折断（见汉许慎《说文解字》），作牵拉、拉扯解，是唐宋以后才有的意义。捌（bā）裂：破裂。捌，破。在这个意义上，"捌"也写作"扒"。

⑫武丁之获傅说：相传商王武丁梦到一个名"说"的贤人，让人到野外去找，结果在傅岩那地方找到，故名傅说，武丁立他为相，国家得以治理好，见《史记·殷本纪》等。获，得到。

⑬宣王之得申、甫：申，申伯。甫，仲山甫。二人都是周宣王的贤臣。申伯，据《诗·大雅·崧高》载，是周宣王"元舅"，宣王将他封于谢，有辅佐周室、镇抚南方诸侯的功劳。仲山甫，又作"仲山父"，又称"樊穆仲"、"樊仲山父"，谥"穆仲"，周宣王卿士。《诗·大雅·烝民》颂扬他品德高尚，为人师表，不侮鳏寡，不畏强暴，总揽王命，颁布政令，天子有过，他来纠正等等。

⑭是则其巧工：商武丁和周宣王分别得到傅说和申伯、仲山甫，都曾使衰落的国家一度振兴，如同得到巧匠修理破车，意即傅说等三人是二位君王的治国"巧匠"。

⑮朝廷：代指当今的君主。这里指汉桓（huán）帝刘志（147—167年在位）。圣哲：贤明。姿：通"资"。资材，禀性。

⑯龙飞天衢：指皇帝即位。古称天子为龙。天衢，指京都。东汉京城在洛阳。

⑰断金：形容协力同心。来源于《周易·系辞上》："二人同心，其利断金。"意思是二人同心则势不可挡，如利刃能截断坚硬金属。

⑱诚：确实。宜：应当。有以：具有……的条件。即有办法，可以。

⑲称(chèn)：符合。兆民：天子之民称"兆民"，即百姓。兆，众多。

⑳年谷丰稔(rěn)，风俗未乂(yì)：年成丰收了，风俗却未治理。年谷，一年收入的谷物，即年成。丰稔，丰熟。稔，谷物成熟。乂，治理。按，清严可均说，这两句话的前后可能有脱文。这两句和上文语气不衔接，因为篇文是节录的，可能有删节的地方，但这两句和下文意思是连贯的。

㉑夫(fú)风俗者国之脉诊也：国家的治理情况，可以从风俗的好坏看出是否有问题，所以这里把风俗比喻作国家治理的脉象，就像从人的脉象可诊断出身体情况一样。夫，助词，用于句首，表示说话的开端，没有具体意义。脉诊，中医按人的脉搏诊病，根据脉搏的变化即脉象来判断病情，"脉诊"即脉搏变化的诊断，就是脉象。

㉒年谷如其肌肤：国家治理得不好，年成再怎么丰收还是会出问题，因而不能光从年成丰收或歉收这个表面情况去看一个国家。所以这里把年成比喻为"肌肤"，就像人一样，外表看上去康和，内里脉象不顺，还是有病。肌肤，严可均辑本原作"肥肤"，宋本《太平御览》卷三百七十五引作"肌肤"，今据改。

㉓休：美，善。

㉔《书》曰"虽休勿休"：见《尚书·吕刑》。据唐孔颖达解释，意思是事情做得虽被人称好，自己不要以为好，即不自满。

【译文】

况且因循守旧的君主，继承了衰败的事业，就像乘着一辆破车上路。应当找巧匠使他修治车子，把断的地方接好，松的地方楔牢，补新换旧，车子又可变新，如此不断更新，车子就可一直用下去。如果最终不加修治，就着破车乘用，那么车子折断散裂，也就无可奈何了。像武丁得到傅说，宣王得到申伯和仲山甫，这些人都是他们的巧匠。当今主上以贤明的资材，即位为天子，有大臣辅佐，将形成同心协力的局面，确实应该可以满足天下人的期望,符合百姓心愿。年成丰收了,风俗却未治理。风俗是国家的脉象,年成只是表面的肌肤,肌肤虽康和而脉象不顺,实在不足以算好。《尚书》上说"事情虽被人称好,自己不要以为好",何况事情并不好而可以自以为好么?

　　3　自汉兴以来,三百五十余岁矣①。政令垢玩②,上下怠懈,风俗雕敝③,人庶巧伪④,百姓嚣然咸复思中兴之救矣⑤。且济时拯世之术⑥,岂必体尧蹈舜⑦,然后乃治哉?期于补绽决坏⑧,枝柱邪倾⑨,随形裁割⑩,取时君所能行⑪,要措斯世于安宁之域而已⑫。故圣人执权⑬,遭时定制⑭,步骤之差⑮,各有云施⑯,不强人以不能⑰,背所急而慕所闻也⑱。

【注释】

①自汉兴以来,三百五十余岁矣:自汉高祖即位(前206)至本初元年(146)质帝死桓帝即位,凡三百五十二年,说"三百五十余岁",时间正当桓帝即位初期。

②政令:政策与法令。垢玩:混乱玩忽。垢,浊乱。玩,即玩忽之"玩"。

③雕敝:败坏。雕,通"凋"。凋伤。敝,破败。

④人庶:人们,人众。庶,众多。巧伪:奸诈虚伪。巧,欺诈。

⑤嚣(áo)然:哀愁的样子。嚣,通"嗸"。"嚣然"等于说"嗸嗸然",指众口愁叹声,亦即哀愁、哀叹。咸:都。思:怀念。

⑥济时拯世:即拯救时世。济、拯,都是救恤的意思。术:方法。

⑦体尧蹈舜:效法尧舜。体、蹈,都是效法、遵依的意思。

⑧期:期待。补绽决坏:缝补决裂缺坏之处。此指填补制度的漏洞。补绽,复义词。绽,也是缝补的意思。《玉台新咏·艳歌

行》："故衣谁当补,新衣谁当绽。"吴兆宜注："缝补其裂亦曰绽。"

⑨枝柱(zhǔ)邪倾:此指纠正政策的偏差。枝柱,支撑。枝,同"支"。柱,同"拄"。邪倾,倾斜,歪斜。邪,即后来的"斜"字。

⑩随形裁割:依从形状来裁割。即因事制宜。此指按实际情况办事。

⑪时君:当时的君主。

⑫要:总之。措:安置。斯世:当今天下。斯,此。

⑬执:掌握。权:权变,应变。

⑭遭:遇。时:时势。制:法度,制度。

⑮步骤:步是缓步、慢行;骤是奔跑、急行。步骤一缓一急,比喻处理事情的先后缓急。差(cī):次第,次序。

⑯各有云施:各有所施。云,所。施,措施。

⑰不强(qiǎng)人以不能:不拿不能做的事强迫人去做。强,勉强,强迫。

⑱背:背弃,放弃。所急:所迫切要做的。即当务之急。慕:仰慕,向往。所闻:这里指古代有关盛世的传闻。

【译文】

从汉代兴立以来,至今三百五十多年了。政策法令混乱玩忽,上上下下怠慢松懈,社会风气败坏,人们奸诈虚伪,百姓哀叹着都又怀念国家的振兴来挽救自己。况且拯救时世的方法,难道一定要效法尧舜,然后国家才得治理?如今期待的就是缝补破裂,扶正歪斜,采取当今君主所能做的办法,总之使天下置于安宁的处境就行了。所以圣人掌握灵活应变,随时势制定法度,事情的轻重缓急,都各有所措施,不强迫人去做不能做到的,放弃当务之急却去向往那些传闻的事。

　　4　昔孝武皇帝策书曰①:"三代不同法②,所由路殊③,而建德一也④。盖孔子对叶公以来远、哀公以临民、景公以节礼⑤，非其不同⑥，所急异务也⑦。"是以受命之君每辄创制⑧，中兴之主亦匡时失⑨。昔盘庚愍殷，迁都易民⑩；周穆有阙，甫侯正刑⑪。然疾俗人拘文牵古⑫，不达权制⑬，奇玮所闻⑭，简忽所见⑮，策不见珍⑯，计不见信。夫人既不知善之为善⑰，又将不知不善之为不善，乌足与论国家之大事哉⑱。故每有言事颇合圣听者⑲，或下群臣令集议之⑳，虽有可采，辄见掎夺㉑。何者㉒？其顽士暗于时权㉓，安习所见，殆不知乐成㉔，况可与虑始乎㉕？心闪意舛㉖，不知所云，则苟云率由旧章而已㉗。其达者或矜名嫉能㉘，耻善策不从己出㉙，则舞笔奋辞㉚，以破其义㉛。寡不胜众㉜，遂见屏弃㉝。虽稷、契复存㉞，由将困焉㉟。斯贾生之所以排于绛、灌㊱，吊屈子以摅其幽愤者也㊲。夫以文帝之明，贾生之贤，绛、灌之忠，而有此患㊳，况其余哉㊴！况其余哉！

【注释】

①昔孝武皇帝策书曰：下面所引是汉武帝元朔六年（前123）六月下的诏书。孝武皇帝，即汉武帝。策书，应该作"诏书"。在汉代，"策书"专指皇帝下令任免官吏，与"诏书"指一般颁发命令有区别。译文作"诏书"。

②三代：指夏、商、周三代。法：法制。

③由：遵行。路殊：路径不同。

④建德：建立功业。德，功德。一：相同。

⑤盖孔子对叶（shè）公以来远、哀公以临民、景公以节礼：盖，助词，引起话头，没有具体意义。孔子应对楚叶公子高、鲁哀公、齐景公所说的话，见《韩非子•难三》篇："叶公子高问政于仲尼，仲尼

曰：'政在说近而来远。'哀公问政于仲尼，仲尼曰：'政在选贤。'
齐景公问政于仲尼，仲尼曰：'政在节财。'""哀公以临民"、"景公
以节礼"，两句首本当都有"对"字，因为上面"对叶公以来远"已
经有"对"字，所以下面这两句就省略了"对"字。叶公，春秋时楚
国叶县的县令，此指叶公子高。沈氏，名诸梁，字子高。楚惠王
八年（前481）白公胜作乱，劫持楚惠王，叶公高率兵平定白公之
乱，身兼令尹、司马二职，待国家安定后交出职权，退休回叶地养
老。叶，春秋时楚国城邑，在今河南叶县。来远，招徕远方百姓。
古时人口少，招来人口可耕种荒废的土地。来，同"徕"。招来，
使之来。哀公，鲁哀公，姓姬，名蒋，春秋时鲁国国君，前494—前
467年在位。临民，治民。临，监视，治理。景公，齐景公，姜姓，
吕氏，名杵臼，春秋时齐国国君，前547—前490年在位。节礼，
节省礼节仪式，也即节省用度。

⑥非其不同：并非期待有所不同。其，通"期"。期待，期望。

⑦所急异务：各自所急于要做的是不同的事。

⑧受命之君：承受天命的君主，指开国之君。每辄（zhé）：经常，时
　常。辄，每每，常常。

⑨匡：匡正，纠正。时：指时政，当前的政务。

⑩昔盘庚愍（mǐn）殷，迁都易民：商代最初建都于亳，后来几度迁
　都。到了第十九代商王盘庚，因遇到天灾，据后人说是水灾，便
　率领商的臣民迁都到殷地（今河南安阳），所以商又称殷。盘庚
　迁殷事，见《尚书·盘庚》上中下三篇。愍殷，指担忧商的臣民。
　愍，担忧。易、迁义同，即迁移的意思。

⑪周穆有阙（quē），甫侯正刑：周穆王刑罚过重，有过失，甫侯告知穆
　王，于是修正了刑罚，见《史记·周本纪》。有关刑罚的文告，今
　保存在《尚书·吕刑》篇中。周穆，指西周早期的周穆王，姬姓，
　名满，前976—前922年在位。阙，缺失，过失。甫侯，《尚书·吕

刑》篇作吕侯,穆王的大臣。正,修正。按,崔寔举盘庚、周穆王的例子,意在说明振兴国家的君主都能因时应变,纠正过失。

⑫疾:忧虑。俗人:指眼光短浅的平庸之人。拘文牵古:拘守古今成法。拘、牵义同,都是拘守、牵拘的意思。文,典法,指现有的规章制度。古,指古人的规章制度。

⑬达:通晓,明白。权制:即权时制宜,指衡量时势而应变。

⑭奇玮:夸大。玮,通"伟"。奇伟,本来是异常巨大的意思,引申为夸大。

⑮简忽:简慢忽略,轻视。

⑯珍:珍视,看重。

⑰夫(fú)人:那些人。夫,指示代词,那,那些。

⑱乌足:何足。乌,何。与论国家之大事:与,连词。这里"与"后面省略了"之"字。之,他们,指上面"既不知善之为善,又将不知不善之为不善"的人。

⑲颇合圣听:意即甚合皇帝的意思。颇,相当地。听,考察,审察。

⑳或:有时。下群臣:指把上面提到的颇合圣意的言论下达给群臣。下,下达。

㉑掎(jǐ)夺:阻挠挫折。掎,牵掣,拖住。夺,削除,撤销。

㉒何者:为什么呢。设问之词,一般用于自己设问自己答。

㉓其:代词,那些。下文"其达者"之"其"义同。顽士:愚钝的人。顽,指头脑迟钝不灵敏。暗:不明白。时权:应该作"权时",原文误写倒了。权时,权衡时宜,变通。

㉔殆:大概,几乎。乐成:对已成的事感到快乐,即守成。

㉕虑始:谋划事情的开始,即开创、创新。

㉖心闶意舛:心思梦乱不定,拿不定主意。闶,闶忽不定。舛,错乱。

㉗苟:苟且,敷衍。率由旧章:意即照老办法办事。率由,遵循。旧

章,旧有的规章制度。

㉘达者:明白事理的人。指明白皇帝下达给群臣商议的言论是可取之良策。达,通晓。矜(jīn)名嫉能:以名声自夸而妒忌他人才能。矜,自夸,自负。

㉙不从己出:不由自己提出来。

㉚舞笔奋辞:玩弄文辞而夸大其实。奋辞,逞辞。即放言、说大话。

㉛破其义:推翻那个议论。破,破除,驳斥。义,通"议"。指上文的"言事"之策。

㉜寡不胜众:议事出策的只一人,不是遇到愚昧者因循守旧,就是遭到妒忌者贬斥,所以说"寡不胜众"。

㉝遂:于是。屏(bìng)弃:废弃。屏,通"摒"。除去。

㉞虽:即使。稷、契(xiè):相传都是有才能的贤臣。稷,即后稷,名弃,相传为舜时的农官。契,相传为舜时的司徒官,管理教化。复存:还在世。

㉟由:通"犹"。尚且。《政论》中"犹"字往往借用"由"字表达。困焉:受困,指对此没办法。

㊱斯贾生之所以排于绛、灌:汉文帝时,贾谊为博士,升迁为太中大夫,他建议更改法令,遭大臣周勃、灌婴等诋毁,于是文帝不用贾谊的谋议。斯,这是。贾生,贾谊。排,排挤。绛,绛侯,周勃的爵号。灌,灌婴。周勃、灌婴都是追随刘邦起兵建立汉帝国的大功臣,也是剿灭诸吕、扶助文帝继位的大功臣,在朝中爵高位显。

㊲吊屈子以摅(shū)其幽愤:贾谊被贬黜到长沙,路过湘水,想到屈原忧国被谗而遭放逐,感叹自己的身世,就做《吊屈原赋》祭奠屈原,见《史记·屈原贾生列传》、《汉书·贾谊传》。吊,祭奠死者。屈子,屈原,楚国大夫,因受谗言遭到贬黜,怀怨投湘水而死。摅,抒发。幽愤,怨愤。

㊳患:弊病,指才能不被用之弊。

㊴况其余哉：意指英明如文帝，贤良如贾谊，忠诚如绛、灌，而不免有此不用才之弊，何况其余不如他们的人呢！

【译文】

从前孝武皇帝诏书说："三代的法制不同，所走的路子不同，而一样建立功业。孔子以招徕远地百姓应对叶公，以治理人民应对鲁哀公，以节省礼节仪式应对齐景公，并非对三人期待有所不同，而是迫切要做的事不同。"所以应天命的开国之君常常创建制度，复兴国家的君主也纠正时政之弊。昔日盘庚担忧商，迁都移民；周穆王有过失，甫侯修正了刑罚。然而令人忧虑的是俗人拘守古今成法，不懂因时制宜，夸大所闻，忽视目睹，不重策略，不信计谋。那些人既然都不知好之所以为好，则又将不知坏之所以为坏，哪里值得与他们讨论国家大事呢。所以每有人议论事情甚合圣上的意思，有时下达给群臣共同评议，议论虽有可取之处，却往往受阻挠挫折。为什么呢？因为那些愚钝的人不明白权衡时宜，习惯了眼前的格局，几乎都不知守住已成的事，何况同他们一起创新呢？他们遇事心思摇摆不定，不知该说什么，敷衍着说按老法子办就行。而那些明白事理的人又自负其名而妒忌他人的才能，以良策不由自己提出为耻，就玩弄文辞而夸大其实，以此推翻议论。寡不敌众，结果议论终被废弃。即使稷、契还在世，尚且要受困。这便是贾谊所以被绛侯、灌婴排挤，祭奠屈原以抒发胸中怨愤的缘故。以文帝之英明，贾谊之贤良，绛侯、灌夫之忠诚，而不免还有此弊病，何况其余的人！何况其余的人！

5　且世主莫不愿得尼、轲之伦以为辅佐①，卒然获之②，未必珍也，自非题榜其面曰"鲁孔丘"、"邹孟轲"③，殆必不见敬信④。何以明其然也？此二者善已存于上矣⑤，当时皆见薄贱而莫能任用⑥，困厄削逐⑦，待放不追⑧，劳辱勤瘁⑨，为竖子所议笑⑩,其故获也⑪。夫淳淑之士⑫,固不曲道以媚时⑬,不诡行以邀名⑭,耻乡原之誉⑮,绝比周之党⑯,必待题其面曰"鲁仲尼"、"邹孟轲",不可得也⑰。而世主凡君,明不能别异量之士⑱,而适足受谮润之愬⑲,前君既失之于古⑳,后君又蹈之于今㉑,是以命世之士常抑于当时㉒,而见思于后人。以往揆来㉓,亦何容易㉔。向使贤不肖相去如泰山之与蚁垤㉕,策谋得失相觉如日月之与萤火㉖,虽顽嚚之人犹能察焉㉗。常患贤佞难别㉘,是非倒纷㉙,始相去如毫氂㉚,而祸福差以千里,故圣君明主其犹慎之㉛。

【注释】

①且:句首语助,没有具体意义。尼、轲:孔子、孟子。孔子名丘,字仲尼,鲁国昌平乡陬(zōu)邑人。孟子名轲,鲁国邹县人。伦:辈。

②卒(cù)然:突然。卒,通"猝"。

③自:假如。题榜:题署,题名。榜,题署。

④殆必不见敬信:殆,几乎。按,以上是崔寔讽刺当世之主不识人才,徒慕古人之名而已。

⑤二者:指孔子、孟子二人。存于上:见于前世。上,以前,前世。

⑥皆见薄贱:都被人鄙薄轻贱。

⑦困厄削逐:困苦危难,削迹被逐。此言孔子的遭遇。他周游列国时,不被任用,两次被鲁国人赶走,在卫国被人铲削足迹,在宋国被人砍了他与门人讲学其下的大树。事见《庄子·天运》、《让王》篇。

⑧待放不追:辞职而去,不被追还。此言孟子的遭遇。孟子在齐国不被齐王所用,辞职而去,在齐国昼邑逗留了三晚,等待齐王挽留自己,而齐王终不追还他。事见《孟子·公孙丑下》。待放,本

指臣有罪等待流放。这里指离去前的逗留。

⑨劳辱勤瘁:字意思相近,指劳累辛苦。劳辱,劳作卑贱之事,即劳苦。瘁,劳累。

⑩竖子:指庸俗之人。这里用于对人鄙视的称呼。议笑:议论嘲笑。

⑪其故获也:意即这是二人本来就该得到的遭遇。下文即申述二人本该如此的原因。其,代词,指上文孔、孟二人。故,同"固"。固然,本来就该。

⑫淳淑:指品德美好。淳,通"纯"。淑,美。

⑬曲:歪曲,枉屈。媚:献媚,讨好。

⑭诡行:违背德行。诡,背离。行,德行。邀名:求取名誉。邀,求。

⑮乡原:原出《论语·阳货》,指被乡众称道为谨慎厚重,其实乃无是无非,顺应世俗,不问他人痛痒的人,无原则的老好人。原,通"愿"。恭谨,谨厚。

⑯绝:杜绝。比周之党:指因谋私结成的党派团体。比周,亲密,多指朋党私交。

⑰不可得:不能够。

⑱别:辨别,识别。异量:才识非凡。量,器量,才识。

⑲适足:恰恰能。受:接受,听得进。谮润之愬:《论语·颜渊》"浸润之谮,肤受之愬"的省略。原意是说谗言对听者的蛊惑,如水之渐渐浸润,像由皮肤逐步深入至骨髓。此指不断接受谗言诽谤的影响。谮润,受到诬陷他人之言的浸染。愬,同"诉"。指诽谤。

⑳失之:指犯了不能识才而反听信谗言的过失。

㉑蹈之:指重蹈这种过失。

㉒命世:名望称于世。命,通"名"。抑:受压抑。

㉓以往揆(kuí)来:以过去已然的事揣度将来要发生的事。揆,度

量,揣度。

㉔亦何容易:指要改变君主不识才、贤士受压抑的弊病哪里会容
　易。亦,句首语助,没有具体意义。按,以上这段话中,崔寔表达
　了这样的意思:有识之士能透过表面看本质,他的思想往往不同
　于一般人,见解往往与当时的舆论有异,所以常和朝廷的想法抵
　触,为君主所不能接受,世人也不理解,而他自己又不屑阿世媚
　俗,从而受到各方压抑。然而随着时移世变,他当时的说法和预
　言渐渐被验证了,于是后人才思念起他的好处。然而以过去对
　照现在,就如同以现在推测将来,时势虽不同,世态人情都是一
　样的道理。所以,有识之士往往总不被当时君主看重,而转被后
　人思念。要改变这种情况,谈何容易呢。

㉕向使:假使。"使"、"向使"都用于假设,是连词。就过去的事情
　假设,用"向使";就现在或将来的事假设,用"使"。相去:相差。
　之与:同"之于",用于对比。蚁垤(dié):蚁冢,即蚂蚁洞口堆积的
　浮土。

㉖得失:指成败。相觉:互相比较。觉,通"较"。

㉗虽:即使。顽嚚(yín):顽、嚚在这里都是愚昧的意思。察:明辨,
　看得清。

㉘患:担忧。贤佞:贤能与奸邪。佞,这里指奸邪。

㉙倒纷:颠倒纷乱。

㉚毫氂(lí):喻极细微。氂,同"厘"。微小。

㉛其犹慎之:应当尤其慎重对待。其,副词,表示祈使语气,等于
　"当"、"要"。犹,通"尤"。尤其,格外。之,指识别贤佞与是非。
　按,以上这段话中,崔寔表达了这样的意思:人的贤明与否,政策
　的好或坏,是是非非交错在一起,并非差别明显地摆在那儿,一
　眼就可看清。所以英明的君主对此必须慎重加以识别,否则,初
　看似差异不大,结果是祸是福就相差千里了。

【译文】

当世的君主没有不愿得到孔子、孟子之类的人作为辅佐,但如忽然得到了,却又未必重视,假如他们脸上不是题着"我鲁人孔丘"、"我邹人孟轲",几乎必然不受到君主尊敬信任。何以知其如此呢? 孔、孟这两个人的善处已经表现于前世,而在当时都受到鄙视而不被任用,孔子到处遭危困被驱逐,孟子辞官出走而齐王不挽留,二人辛苦劳累,遭到庸俗之辈议论嘲笑,他们是本来就该得到这种遭遇的。品德美好的人,本来就不会歪曲正道来讨好时俗,不会违背德行来谋求名声,耻于获得"好好先生"的称誉,杜绝结党谋私,必要等他们自己在脸上写着"我鲁人孔丘"、"我邹人孟轲",那是不可能的。然而当世平庸的君主,其智力不能辨别才识非凡的人,却恰恰可以听得进不断的谗言诽谤,前代君主既犯了这过失于往昔,后代君主又重蹈这过失于当今,因而名显于世的人当时常受压抑,而为后人所思念。以过去已然的事揣度将来,要改正这弊病谈何容易。假如贤能与不肖者相差就像泰山对蚁冢一样明显,策谋的成败相比就像日月对萤火一样清楚,那么即便是愚昧的人也看得出。令人常担心的是贤能与奸邪难以分辨,是非颠倒混淆,初看似乎只差毫厘,最终的祸福却相差千里,所以圣明的君主对此应当特别慎重。

阙题二

【题解】

本篇由严可均辑自《后汉书·崔寔传》。

东汉后期到桓帝时，政治腐败和社会动乱由来已久，用崔寔的话说，就是"政令垢玩，上下怠懈，风俗雕敝，人庶巧伪"（1·3），皇帝就像"乘弊车"在"险倾"的道上失控地奔驰，到了非修理这辆破车不可的时候了。怎么匡正时弊呢？在本篇，崔寔认为改革不能完全效法上古时代那种理想的德治社会，要"量力而举，度德而行"，就是要根据自己的实际情况办事。他看到，针对当时的实际情况，无论在能力上还是才德上，人主和朝廷都无法效法尧舜，走德治的"王道"之路。所以应当"参以霸政"，即兼用法治。他举例说，汉宣帝"严刑峻法"，结果天下太平，而元帝"多行宽政"，结果埋下汉王室走向衰落的祸根。崔寔把治理国家比作人的养生，就像人平时用米饭肉食保养身体，有病则用药物治疗一样，国家太平则用道德教化来维护，动乱则用刑罚来治理。所以他说"夫刑罚者，治乱之药石也；德教者，兴平之粱肉也"。假如世道太平却用刑罚来管理，那等于用药物养身；世道动乱却用道德教化来管理，那等于用米饭肉食治病了。所以他认为"圣人能与世推移"，即懂得应变趋时。而当时那种政治弊病多端、社会风气败坏的情况，用道德说教来治理只能是空谈，必须对症下药，"重赏深罚以御之，明著法术以检之"，即公布法治，用重赏严罚来约束、管理臣下和百姓。他问道："世有所变，何独拘前？"对于那些无视现实的变化、墨守成规的人，崔寔讽刺说，如果一定要照他们说的去做，就该让君主效法五帝三王，回到奏乐而凤凰飞来、击磬而百兽共舞的尧舜时代。要是做不到，那么泥古者的话只能拖累了干实事而已。

　　1　图王不成，弊犹足霸；图霸不成，弊将如何①？《春秋》之义，量力而举，度德而行②。今既不能纯法八代③，故宜参以霸政④，则宜重赏深罚以御之⑤，明著法术以检之⑥。自非上德⑦，严之则理，宽之则乱⑧。何以明其然也？近孝宣皇帝明于君人之道⑨，审于为政之理⑩，故严刑峻法⑪，破奸轨之胆⑫，海内肃清⑬，天下密如⑭，嘉瑞并集⑮，屡获丰年，荐勋祖庙，享号中宗⑯。算计见效，优于孝文⑰。元帝即位，多行宽政，卒以堕损，威权始夺，为汉室基祸之主⑱。治国之道，得失之理⑲，于是可以鉴矣⑳。

【注释】

①图王不成，弊犹足霸；图霸不成，弊将如何：意为能图谋王道最好，但如谋划不成，结果还不失其次为霸道；假定图谋霸道，如谋划不成，那结果将成什么呢？即取法于上等，不成还能成为中等；取法于中等，不成就沦为下等了。但从本篇大意看，崔寔是认为当时世乱多难，已经无法完全用王道，要量力而行，兼用王、霸之道，实际是主张以法治国。图，谋划。王，王道，指以仁德礼教治国，即施行德治。弊，这里是终止的意思，引申为结果。霸，霸道，指以权术刑法治国，即施行法治。根据儒家说法，自尧、舜等五帝至夏、商、周三代的开国之君，都施行德治，是仁政的典

范。周代衰落后,进入春秋、战国的诸侯称雄时代,法家兴起,主张实行法治,以代替儒家的德治,像最初的齐桓公、晋文公等,都靠施行权术法治,成为诸侯霸主。按,这四句《后汉书·崔寔传》本来没有,严可均根据《意林》卷三所引补。

② 《春秋》之义,量力而举,度(duó)德而行:这里是指《春秋左传·隐公十一年》的"度德而处之,量力而行之"。《春秋》,春秋时鲁国的编年史,相传为孔子所修。义,道理。量、度,都是估计、衡量的意思。举、行,都是举动、办事的意思。按,这三句严可均辑本原作"故宜量力度德,《春秋》之义",据《东汉纪》卷二十一所引改。

③ 今既不能纯法八代:意为现在不能完全仿效八代那样施行王道之仁政。纯法,完全效法。八代,指黄帝、颛顼、帝喾、尧、舜等五帝(据《史记·五帝本纪》)至夏、商、周凡八个朝代。五帝、三王,尤其自尧、舜以下,是儒家尊奉为施行王道、德政的圣王。严可均辑本"八代"原作"八世",据《文选·五等论》李善注所引改。按,"代",朝代;"世",世系。这两个字有时可以通用,例如"汉世"、"宋世","世"即"代"。但作为不同的王朝,"八代"不能写作"八世"。

④ 参以霸政:兼用霸政。参,参杂,夹杂。霸政,以霸道施政。

⑤ 深罚:重罚。深,重。御之:御,防御,引申为禁止、约束。之,指国家的臣与民。

⑥ 明著:宣示,公布。著,显示。法术:指法家的法治管理方法。法,刑法。术,君主操控臣下的手段。检:限制,管制。与上句"御"意思相类。

⑦ 自非:用于假设否定的词组,即"如果不是",等于"除非……否则"。上德:指具有盛德的圣贤。

⑧ 严之则理,宽之则乱:两个"之"字是句中语助,没有具体意义。

　　理、乱,指国家的治与乱。

⑨近孝宣皇帝:孝宣皇帝,指汉宣帝刘询,前73—前49年在位。
　　按,自宣帝到桓帝,已经历二百多年,崔寔所以称"近",是因为所
　　说为本朝的事,较之前朝为"近",不是"近来"的意思。君人之
　　道:治人之道。君,君临,统治。

⑩审:审悉,了解。为政:施政,治国。

⑪峻法:严法。峻,严急,严厉。

⑫破奸轨之胆:吓破违法作乱的人的胆子。奸轨,违法作乱的人。
　　轨,通"宄(guǐ)"。犯乱者。

⑬肃清:清静,太平。

⑭密如:安定。密,通"谧(mì)"。安宁。如,然,形容词的词尾。

⑮嘉瑞:祥瑞,象征吉祥的征兆。集:下降。

⑯荐勋祖庙,享号中宗:指宣帝卒后,后来平帝时,以宣帝功勋告祭
　　祖庙,并尊宣帝庙号为"中宗"。荐,进献。

⑰算计见效,优于孝文:汉文帝、景帝延续西汉初无为而治的与民
　　休息政策,减免赋税徭役以养育百姓,文帝更是以生活节俭出
　　名。二帝在位期间,社会安定,经济富裕,史称"文景之治"。后
　　继的汉武帝,凭借文帝、景帝时期积累的财富,对外用兵扩张疆
　　土,对内大搞兴建,使国家在军事力量、文化事业方面出现前所
　　未有的盛隆,但也因此挥霍了大量资财和劳力,武帝本人更是穷
　　奢极欲,因此到后期出现国用亏空,人口锐减的情况。所以后继
　　的昭帝、宣帝又恢复与民休息政策。宣帝赏罚必信,尤其注意整
　　顿吏治,考核实效。二帝在位期间,社会渐渐恢复稳定并繁荣起
　　来,史称"中兴"。崔寔认为宣帝胜于文帝,主要是强调他自己
　　"严之则理,宽之则乱"的主张,赞扬宣帝严于循名责实、以法整
　　顿吏治,并不是否定"文景之治"。见效,显现的功效。孝文,汉
　　文帝刘恒,前179—前157年在位。

⑱"元帝即位"以下五句：元帝为太子时，就喜好儒家，曾对父亲宣帝说，不要持法太严，要多任用儒士。宣帝怒道："我们汉家的制度，本来就是兼用王、霸之道的，怎么能全用德教呢？"又叹息说："将来乱我家制度的，就是太子！"后来元帝即位，用儒士为辅佐，拘泥于礼教道义，遇事不能决断，宣帝建立的政绩渐趋衰落。以上事并见《汉书·元帝纪》。西汉由兴盛走向衰洛，其衰落的过程是由元帝开始的，所以崔寔说元帝是"汉室基祸之主"。元帝，指汉元帝刘奭，宣帝子，前48—前33年在位。宽政，指施行仁政。卒，终。堕（huī）损，指政事败坏。堕，同"隳"。毁坏。威权始夺，指权力被架空。夺，被夺去。汉室，汉王朝。室，王室。基祸，肇祸，开启祸端。基，起始，奠定。

⑲得失：成败，利弊。

⑳鉴：鉴照，看清。

【译文】

谋划王者之道不成，结果还足以成就霸者之道；谋划霸者之道不成，结果将成什么？《春秋》上说的道理，是衡量自己的能力办事，估计自己的才德行动。现在既然不能完全效法八代，所以应该兼用霸者之道施政，那就该重赏严罚来约束臣民，公布法治来管制臣民。除非是有仁德的圣贤，否则管理严厉则国家治，管理宽松则国家乱。怎么知道会这样呢？本朝宣帝懂得管理人民的方法，知道治理国家的道理，所以刑法严厉，使犯乱的人胆战心惊，于是四海清静，天下安定，祥瑞一起从天而降，屡屡获得丰年，后人将他的功绩告祭祖庙，遵奉他为中宗。算计宣帝治国的功效，要胜过文帝。元帝继位后，多施行宽松仁政，结果败坏了政事，大权旁落，他是埋下汉朝衰亡祸根的人主。治国的方法，成败的道理，由此就可以看出来了。

2　昔孔子作《春秋》①，褒齐桓、懿晋文、叹管仲之功②。

夫岂不美文、武之道哉③，诚达权救弊之理也④。故圣人能与世推移⑤，而俗士苦不知变⑥，以为结绳之约可复理乱秦之绪⑦，干戚之舞足以解平城之围⑧。

【注释】

①昔孔子作《春秋》：《春秋》，鲁国的编年史，相传是孔子修订的。这个说法最初见《孟子·滕文公下》。《史记·孔子世家》也说，孔子根据鲁国的史书作《春秋》。

②襄齐桓（huán）、懿晋文、叹管仲之功：襄、懿、叹，都是称赞、叹美的意思。齐桓，齐桓公，姜姓，名小白，春秋时期齐国国君，前685—前643年在位。桓公即位后，用管仲为齐相，对内政进行了一系列改革，使齐国强大起来。桓公联合各诸侯国制止狄人入侵，又率领八国之军遏制楚国北上。后来桓公在葵丘召集诸侯会盟，正式成为诸侯霸主。晋文，晋文公，姬姓，名重耳，前636—前628年在位。文公即位后，也改革内政，整顿法纪，加强武备，成为当时强国。文公平定周王室内乱，亲自护送周襄王返回王城，独获援救王室之功。又于城濮大胜楚军，遏制强楚的势力向北发展。此战之后，文公请襄王到践土，大会诸侯，由此确立了诸侯霸主的地位。叹管仲之功，《论语·宪问》引孔子的话说："管仲相桓公，霸诸侯，一匡天下，民到于今受其赐。"管仲，名夷吾，字仲，颍上（今属安徽）人，齐国上卿，辅佐齐桓公称霸诸侯。今存有《管子》一书。按，《春秋》虽载有桓公、文公的事迹，没有赞扬他们和管仲的明文。但孔子赞扬管仲的功绩和齐桓公的霸业，则可知对晋文公的霸业也是肯定的。

③夫（fú）：代词，等于"彼"，指孔子。文、武之道：周文王、武王的治国之道。这里指王者以礼教治国、施仁政之道，是相对于齐桓公和晋文公以法治国、成就霸业之道说的。

④诚：实在，实因。达权：通晓权宜，即能审度时势。救弊：革除政弊。救，制止。

⑤与世推移：随时世的变化而变化，即应变趋时。推移，移动，变化。

⑥俗士：指见识短浅的人。苦不知变：困扰于不知应变。苦，困扰。

⑦结绳之约：结绳打结。约，结子。相传上古未有文字时，人们结绳记事，事大则打个大结，事小则打个小结，见《周易·系辞下》及唐孔颖达疏引汉郑玄注。这里以"结绳之约"代表上古制度。绪：头绪。

⑧干戚之舞：相传舜时苗民不服，舜不主张征伐，而是实行教化，以盾、斧作道具跳舞，于是苗民归顺，见《韩非子·五蠹》。干，盾牌。戚，斧头。手执盾牌斧头跳舞，表示不用武力。解平城之围：前200年，汉高祖刘邦曾被匈奴围困于平城，后来用了陈平的计谋才得解围，见《史记·高祖本纪》《汉书·高帝纪下》等。平城，地名，在今山西大同西北。按，以上二句，是崔寔讥笑那些不知因时应变的保守"俗士"，以为墨守旧规就能解决实际问题。

【译文】

从前孔子作《春秋》，称许齐桓公、赞扬晋文公、叹美管仲的功劳。他岂不知周文王、武王治国之道好呢，实在因为审时度势、革除政弊的道理是如此。所以圣人能应变趋时，见识短浅的人因不知应变而困扰，以为遵行结绳记事就能理顺乱秦的头绪，效法舜拿着盾牌和斧子舞蹈就能解平城之围。

3　夫熊经鸟伸①，虽延历之术②，非伤寒之理③；呼吸吐纳④，虽度纪之道⑤，非续骨之膏⑥。盖为国之道⑦，有似理身，平则致养⑧，疾则攻焉⑨。夫刑罚者，治乱之药石也⑩；德教者⑪，兴平之粱肉也⑫。夫以德教除残⑬，是以粱肉理疾也；以刑罚理平⑭，是以药石供养也⑮。方今承百王之敝⑯，值厄运之会⑰。自数世以来⑱，政多恩贷⑲，驭委其辔⑳，马骀其衔㉑，四牡横奔㉒，皇路险倾㉓。方将拑勒鞬辀以救之㉔，岂暇鸣和銮、清节奏㉕，从容平路哉。

【注释】

①夫(fú)：句首助词，表示一句的开端，无具体意义。熊经鸟伸：古代道家导引术之"引体"，一种模仿动物动作的肢体屈伸运动，是锻炼身体的方法。马王堆汉墓帛画有"导引"图，人物或立或跪，肢体或伸展或弯曲，即所谓"熊经鸟伸"。至于何以称"熊经"、"鸟伸"，旧说不一，大抵是模仿动物动作而起的名称。

②延历：延年。

③伤寒：古代中医指风寒侵体引起的热性病，症状为发热畏寒，头部四肢酸痛等。理：治。此指治疗方法。

④呼吸吐纳：古代道家导引术之"导气"，一种调节呼吸的养生术，类似后世的气功。吐，吐气。纳，吸气。

⑤度纪：延年，增寿。

⑥续骨：接续断骨。

⑦盖：句首助词，引起话题，没有具体意义。为(wéi)国：治国。

⑧平：指身体平和、康顺。

⑨疾：病。攻：治病。焉：句末助词，无具体意义。

⑩药石：药物和石针。这是以治病的"药石"比喻治理乱世的"刑罚"。石，砭(biān)石，古代用来除痈疮脓血的石针。

⑪德教：道德教化。

⑫兴平：指世道昌盛太平。粱肉：米饭肉食。这是以保养身体的

"粱肉"比喻维持太平盛世的"德教"。粱,小米。

⑬残:残害,残暴。

⑭理平:治理太平之世。

⑮供养:保养,滋养。按,以上一段,崔寔把治国比喻为养身,国家太平则注意道德教化,动乱不安则施用刑罚,就像身体没病则注意保养,有病则必须治疗一样,而不是倒过来做,用刑罚治理太平之世,用道德教化治理乱世。

⑯百王:形容政治腐败多代相沿已久,并非指实数。敝:衰败,腐败。指政事。

⑰值:当。厄运:不幸的命运。厄,灾难。会:际,时刻。

⑱数世:几代,指桓帝以上的几代君主。

⑲政:政令。恩贷:施恩宽待,指政事从宽处理。贷,给予。

⑳驭:指驾车者。委:放弃。辔(pèi):马缰绳。

㉑骀(tái):脱。衔:马嚼子。

㉒四牡:拉车的四匹马。牡,公马。横奔:横冲直撞。

㉓皇路险倾:皇路,君道,国运。险倾,危险倾斜,指路坑坑洼洼不平。按,这里是以驾车比喻治国,以"皇路险倾"比喻国家将遭不测。

㉔方将:正要。拑(qián)勒:套紧马笼头,意指控制住马。拑,夹持。勒,马笼头。鞬(jiàn)辀(zhōu):绑牢车辕,意指加固车身。鞬,缠束。辀,车辕。此字严可均辑本左旁误从"革",据《后汉书·崔寔传》所引改。救之:制止马狂奔翻车。救,止住。之,指马车。

㉕岂暇:岂有空闲。鸣和鸾:鸣,使铃响起来。和、鸾,马车上的铃铛。挂在车辕前端横木上的称"鸾",挂在车厢前横木上的称"和"。清节奏:指铃声节奏不乱。清,清纯,清晰。马拉车走,铃声节奏不乱,即车行安稳。

【译文】

屈伸肢体的引体术,虽是延年的方法,却不是伤寒病的治疗法;呼吸吐纳的导气法,虽是增寿的方法,却不能接续断骨。治国的方法,如同养生,身体康和则致力保养,有病则治疗。刑罚,就是治理乱世的药物和石针;道德教化,就是维持太平世道的米饭和肉食。用道德教化来清除残暴,那是用米饭和肉食治病;用刑罚来管理太平世道,那是用药物和石针保养身体。如今承袭了多代的腐败政事,正当国家不幸之际。从上几代以来,政令多宽松,就像赶车的丢开缰绳,马口脱了嚼子,四马横冲直撞,奔驰在危险倾斜的国运之路上。现在正要套紧马笼头、绑牢车辕以防止翻车,哪得空闲听着和谐清纯的车铃声,在平坦大道上从容行车呢。

4　昔高祖令萧何作九章之律①,有夷三族之令②,黥、劓、斩趾、断舌、枭首③,故谓之具五刑④。文帝虽除肉刑⑤,当劓者笞三百⑥,当斩左趾者笞五百,当斩右趾者弃市⑦。右趾者既损其命⑧,鞭笞者往往至死,虽有轻刑之名,其实杀也⑨。当此之时,民皆思复肉刑。至景帝元年,乃下诏曰:"加笞与重罪无异,幸而不死,不可为人。"⑩乃定减笞轻捶⑪。自是之后,笞者得全⑫。以此言之,文帝乃重刑⑬,非轻之也;以严致平⑭,非以宽致平也⑮。世有所变,何独拘前⑯?必欲行若言⑰,当大定其本⑱,使人主师五帝而式三王⑲,荡亡秦之俗⑳,遵先圣之风㉑,弃苟全之政㉒,蹈稽古之纵㉓,复五等之爵㉔,立井田之制㉕。然后选稷、契为佐㉖,伊、吕为辅㉗,乐作而凤皇仪,击石而百兽舞㉘。若不然,则多为累而已㉙。

【注释】

①高祖令萧何作九章之律:汉高祖刘邦命丞相萧何采集秦代法律,选取适合于当时的,作《九章律》,见《汉书·刑法志》。萧何,沛

县丰邑(今江苏丰县)人,早年任秦沛县狱吏,秦末辅佐刘邦起义。攻克咸阳后,他接收了秦丞相、御史府所藏的律令、图书,掌握了全国的山川险要、郡县户口。楚汉战争时,他留守关中,使关中成为汉军的巩固后方,对刘邦战胜项羽,建立汉朝起了重要作用。与张良、韩信同为汉初三杰。章,条款。律,法律。

②夷三族之令:灭三族的法令。夷,铲平,引申为消灭。三族,指罪犯的父亲、母亲、妻子三个家族之人。

③黥:刺面。劓(yì):割鼻。斩趾:断足。趾,脚趾头,泛指脚。枭首:砍头后悬首示众。

④具五刑:黥、劓、斩趾、断舌、枭首五种刑罚一齐施用。具,齐备。按,汉代最初的法律,对犯了灭三族罪的主犯,要刺面、割舌、割鼻、断足,最后斩首示众,五种刑罚并用,所以称"具五刑",见《汉书·刑法志》。对犯灭三族罪之外的其他犯罪,处罚也可单用五刑之一,下面说到汉文帝、景帝废除割鼻、断足之刑罚,就是针对单用五刑之一的情况。

⑤肉刑:指割鼻、断足等残伤肢体的刑罚。

⑥当劓者笞三百:当处劓刑的改杖刑或鞭刑三百下。笞,杖刑或鞭刑。"笞三百"意即"改笞三百",下文各句也省略"改"字。

⑦弃市:在街市处死示众,即死刑。按,汉文帝十三年,太仓县令淳于公有罪当受刑,淳于公小女儿缇萦向文帝上书,说"犯人受刑,死了不能复生,残废的不能复原,以后即便想悔过自新,也没办法",愿意自己入官府作奴婢,以代父受刑,使父有自新的机会。文帝觉得可怜,说"现在有肉刑之法,而犯罪不止,其错在我德薄,教化不明。用刑乃至断了人的肢体,终生不能复原,这是何其痛心而失德的事",于是下令废除肉刑,用其他刑罚代替,事见《汉书·刑法志》。

⑧右趾者既损其命:此句句首当脱"斩"字。上文说"当斩右趾者弃

市",是把斩右足的刑罚改成死刑,故此句说"斩右趾者既损其命"。损,丧失。

⑨虽有轻刑之名,其实杀也:文帝废除肉刑,本意实出不忍心残害人肢体,所以除了将斩右足改为死刑之外,其他肉刑都改为笞刑,以保全犯人肢体。但笞刑的鞭打、杖击过重,往往反而致犯人残废,甚至丧命,失去废除肉刑的初衷。所以说"虽有轻刑之名,其实杀也"。

⑩"至景帝元年"以下五句:汉景帝元年诏书见《汉书·刑法志》。景帝元年,指景帝前元元年,前156年。景帝,汉景帝刘启,文帝之子,前156—前141年在位。加笞,施加笞刑。重罪,指对重罪犯的重刑罚。不可为人,不能做正常人。指受笞刑以致残废,生活不能自理。人,严可均辑本原作"民",据《汉书·刑法志》所引改。

⑪乃定减笞轻捶:规定减少笞刑打人的次数。笞、捶都是用木杖或鞭子打的意思。按,据《汉书·刑法志》,景帝先后三次减轻笞刑。最初改当打五百下的为三百下,三百下的为二百下。后来又改当打三百下的为二百下,二百下的为一百下。最后又改打背脊为打臀部。

⑫笞者:指受笞刑者。全:指保全肢体。

⑬重刑:加重刑罚。

⑭严:严法。致平:使国家达到太平。意即使国家得到治理。

⑮非以宽致平也:按,崔寔说汉文帝加重刑罚,以严法治国,不符合史实。史称文帝治国宽和,节俭养民,《汉书·文帝纪》和《刑法志》都说文帝时刑罚大为减省。至于废除肉刑的结果反而多伤人命,则非出于文帝的本意,不能因此说文帝主张重刑重罚。崔寔这样说,只是借此申辩他的严法治国的主张。

⑯独:只。拘前:拘守前代成法。

⑰若言:承上文而说,指那些拘守前代成法者所说的话。若,这里

作代词,他的,他们的。

⑱当大定其本:这句应该作"当定其大本"。大本,即根基,指根本国策。译文照"大本"译。

⑲使人主师五帝而式三王:师、式,都是师法、效法的意思。五帝,传说中上古时代五位帝王,据《史记·五帝本纪》,指黄帝、颛顼、帝喾、尧、舜。三王,指夏、商、周三代的君主,即禹、汤、文王(一说是武王),见《孟子·告子下》及汉赵岐注。五帝、三王,尤其自尧、舜以下,是儒家尊奉为施行王道、德政的圣王。

⑳荡:清除。亡秦:被灭亡的秦朝。

㉑先圣:指五帝、三王等前代圣人。风:教化。

㉒苟全之政:苟且求无失的政事,指暂且可以维持稳定的政策措施。

㉓蹈稽古之纵:蹈上古时代之故辙,即遵循上古之治国方针。稽古,本为《尚书》中《尧典》《舜典》等篇的成语,意谓考古,这里用来代指上古时代。纵,同"踪"。脚印。

㉔复:恢复。五等之爵:相传三代制定的爵位共五等,即公、侯、伯、子、男,见《孟子·万章下》及《礼记·王制》。

㉕立:建立。井田:相传为周代建立的田地分配制度。一井之地为九百亩,公家之田百亩居中,周边为八家的私田各百亩,公田由八家共同耕种以供奉公家,九百亩田的划分像"井"字形,故称"井田",见《孟子·滕文公上》。井田是相传古代施行的一种均田制度,秦汉时井田制度早已废除。

㉖稷、契:相传稷、契为舜的臣,分别管理农业和教化,参1·4注。稷,后稷。

㉗伊:伊尹,商王太甲的大臣,参1·1注。吕:吕望,即姜太公,周代开国之臣,辅佐文王、武王,灭殷商建立周朝。见《史记·齐太公世家》。

㉘乐作而凤皇仪，击石而百兽舞：相传舜时国泰民安，君圣臣贤，于
　是奏乐时凤凰飞来配合，敲石磬而百兽都跳起舞，见《尚书·益
　稷》。凤皇，即凤凰。仪，匹配，配合。石，指磬，一种石制的打击
　乐器。按，当时朝廷大臣多保守，无视政局之严重性，习惯了旧
　例而不知时宜，为维护私利而不思变革，只知道学舌祖宗遗训，
　空谈往古佳政，以耳闻代替目见，全不顾眼前的实际问题。所以
　崔寔上面说的一段话，对那些泥古不化、自私保守的朝臣给予了
　辛辣的讽刺。

㉙若不然，则多为累而已：这两句是承上文而说的，意思是如果做
　不到这样，则那些泥古者的话不过多拖累该做的实务而已。然，
　如此。指效法五帝、三王，取稷、契、伊、吕为辅佐，恢复古爵位与
　井田之制，奏乐来凤、击磬舞兽等事。

【译文】

　　从前高祖命令萧何作法律九款，有灭三族的法令，刺面、割鼻、斩足、
断舌、砍头示众逐一施加，所以称五刑齐备。文帝虽然废除肉刑，当处割
鼻的改笞刑拷打三百下，当处斩左足的改笞刑拷打五百下，当处斩右足
的改死刑。但该斩右足的既丧命，而受鞭笞拷打者往往又被打死，所以
虽有减轻刑罚之名，其实是杀人。当时，老百姓又想恢复肉刑了。到景
帝即位之年，就下诏书说：“施加笞刑与重罪的惩罚没有区别，有幸不死，
也不能做正常的人。”于是规定减轻笞刑。从此之后，受笞刑者得以保全
肢体。由此说来，文帝是加重刑罚，不是减轻；是以严法达到国治，而不是
以从宽达到国治。世事有所改变，为什么只是拘泥于前代成法呢？如果
一定要照那些泥古者的话去做，那么就该定下根本国策，让君主以五帝
为师而效法三王，清除已亡秦国的遗俗，遵循古代圣人的教化，放弃暂且
求安的政事，遵循上古时代的故辙，恢复五等爵位，建立井田制度。然后
选择后稷、契、伊尹、吕望为辅佐，于是奏乐而凤凰飞来配合，击磬而百兽
一齐舞蹈。如果做不到这样，则那些泥古的话不过多拖累了实务而已。

阙题三

【题解】

本篇由严可均辑自《群书治要》卷四十五。

崔寔在本篇批评当时奢侈无节制的社会风气,指出奢侈的危害性,并主张用整顿制度、从严惩治来解决这个问题。他认为世风奢侈,其害有三。他首先从人的心理上说起,人的性情没有不喜欢富贵安逸,并朝思暮想地追求着。一旦不加以控制,这种欲望没有止境,那势必促进富人"侯服王食,僭至尊,逾天制",过着王侯般的生活。他看到当时的富豪之家奢侈无度,住房则雕梁画栋,吃饭则满桌佳肴,其排场等同天子。于是国家等级制度被破坏,在下位的都越分做上位者的事。而当时法令松懈,根本无法杜绝这种逾越制度的奢侈风气。这是国家忧患之一。其次,社会崇尚奢侈,华丽无实用的东西就被人看重,而农业反遭轻视。农业辛劳而获利少,工商安闲而收益厚,农民、农妇都放弃耕种、织布,从事雕刻、刺绣。结果,土地开垦了,却没人种。地里不出粮食,百姓穷困乏食,纷纷为盗,造成粮库空空而牢狱人满。崔寔说"国以民为根,民以谷为命。命尽则根拔,根拔则本颠",老百姓不能活,国家这棵大树也就要倒了。这最令人焦心,是国家的忧患之二。再次,由于崇尚奢侈,导致厚葬风行,富家办丧事,甚至用天子的梓棺柏椁入殓,起高坟,建大庙。一般人家羡慕不已,互相攀比,宁可缩减对父母的奉养,省下钱来预办送葬物品,不顾老人饥寒,只图办丧事风光的虚名。结果倾家荡产,逼得做盗贼,锒铛入狱。而当官的也搜刮钱财,供其奢侈花费。风俗败坏至此地步,这是国家忧患之三。崔寔认为,国家有了这三患为害,加上政事久已荒废,如果只图就现有的框架修修补补,不思改革,即使尧、舜还在世,也没法治理混乱的局面。他认为,要解决问题,必须整顿制度,严明法令,关键在想不想做。

1   夫人之情①,莫不乐富贵荣华②,美服丽饰,铿锵眩耀③,芬芳嘉味者也④。昼则思之,夜则梦焉⑤,唯斯之务⑥,无须臾不存于心⑦,犹急水之归下,下川之赴壑⑧。不厚为之制度⑨,则皆侯服王食⑩,僭至尊⑪,逾天制矣⑫。是故先王之御世也⑬,必明法度以闭民欲,崇堤防以御水害⑭。法度替而民散乱⑮,堤防堕而水泛溢⑯。

【注释】

①情:性情。

②乐:欢乐,引申为喜欢、喜爱。

③美服丽饰,铿锵(kēng qiāng)眩耀:指所戴佩饰光彩夺目、叮当作响。饰,指衣服上的装饰。铿锵,象声词,金玉撞击的声音。眩耀,光彩鲜艳。眩,通"炫"。

④嘉味:美味。

⑤焉:代词,指上面说的美衣美食。

⑥唯斯之务:等于说"唯此是务"。斯,此,指美衣美食。之,助词,其作用是将宾语"斯"提到动词"务"的前面,以强调宾语。务,追求。

⑦无须臾不存于心:这种追求无一刻不放在心上。须臾,片刻。

⑧犹急水之归下，下川之赴壑：这两句是以激流趋下、川河奔谷形容求富贵心切。犹，如。急水，湍急的水流。归下，流向下游。下川，向下游奔赴的河水。严可均辑本"下川"脱"下"字，据日本天明本《群书治要》卷四十五旧校补。壑，坑谷。

⑨厚：这里是慎重的意思。为（wèi）：介词，等于给、对。之：承上文指向往富贵的人。制度：制定法度。

⑩侯服王食：侯、王是名词作副词，分别修饰动词服、食，意即像公侯那样穿衣，像君王那样吃饭。

⑪僭（jiàn）至尊：越分享天子的待遇。僭，僭越，指行事超过本分。至尊，至高无上，指君王。

⑫逾：超过，违反。天制：君王的制度，即朝廷的制度。天，指君王。

⑬先王：指汉代前世君王。崔寔《政论》称"先王"、"先帝"，多指汉代文、景、宣诸帝，非泛指。御世：治理天下。御，治理。世，人世，天下。

⑭必明法度以闭民欲，崇堤防以御水害：这两句用增高堤防来防水患比喻严明法度来限制百姓的欲望泛滥。以，凭着，靠着。明法度，使法度严明。闭民欲，限制百姓的欲望。闭，禁闭，引申为禁限、限制。崇，高大，这里作动词用，意思是增高。御，防御。

⑮替：废弃。而：用法同"则"，意为那么，那就。散乱：等于说"乱了套"。

⑯堕（huī）：毁坏。泛溢：泛滥。

【译文】

人的性情，没有不喜欢富贵荣华，穿着装饰华丽的衣服，戴着叮当作响而光彩夺目的佩饰，享用着香气扑鼻的美食的。白天则想着这些，夜里则梦到这些，对这些的追求无一刻不放在心上，如同激流趋下、川河奔谷那样急切。不慎重地对人们制定法度，那都要像公侯那样穿衣、像君王那样吃饭，越分地享受天子待遇，违反朝廷规定了。所以先王治理天下,一定会严明法度来限制百姓的欲望,如同增高堤防来防御水患。法度废弃那么百姓就乱了套,就像堤防毁损那么水便漫溢。

2　顷者①,法度颇不稽古②,而旧号"网漏吞舟"③。故庸夫设藻梲之饰④,匹竖享方丈之馔⑤,下僭其上,尊卑无别,如使鸡鹜蛇颈龟身,五色纷丽,亦可贵于凤乎⑥?礼坏而莫救⑦,法堕而不恒⑧,斯盖有识之士所为於邑而增叹者也⑨。律令虽有舆服制度⑩,然断之不自其源⑪,禁之又不密,而欲绝之为实⑫?璘玑玩饰匿于怀袖,文绣弊于帘帏也⑬。今使列肆卖侈功⑭,商贾鬻僭服⑮,百工作淫器⑯,民见可欲⑰,不能不买。贾人之列,户蹈僭侈矣⑱。故王政一倾⑲,普天率土莫不奢僭者⑳。非家至人告㉑,乃时势驱之使然㉒。此则天下之患一也㉓。

【注释】

①顷(qǐng)者:近来。

②法度颇不稽古:法度甚不鉴察以往。指法度不严,不以往事为戒。颇,甚,相当地。稽,考核,鉴察。

③而:这里作"如"解。号:称。网漏吞舟:鱼网漏了大鱼,比喻法网不严密,重犯得以逃脱。吞舟,能吞舟的大鱼。

④庸夫设藻梲(zhuō)之饰:平常一般人家也修盖彩画的梁柱和斗拱作为装饰。庸夫,庸常之人,指没有身份地位的平常人。设,设置,装修。藻梲,彩画的梁上短柱,"山节藻梲"的省文。山节是柱子与横梁交接处的斗拱,一种木建筑的支撑构件。据《礼记·明堂位》和《左传·文公三年》唐孔颖达疏引汉郑玄注,山节藻梲是天子宗庙的装饰。现在平常人家也修盖山节藻梲这种装饰,

是在下位之人越分做上位者之事,乱了尊卑次序,所以下文说"下僭其上,尊卑无别"。

⑤匹竖:匹夫竖子,是对地位低贱人的卑称。方丈之馔:馔,食物。食物摆满眼前一丈见方之地,极度形容菜肴丰盛。

⑥如使鸡鹜蛇颈龟身,五色纷丽,亦可贵于凤乎:就像使鸡鸭有蛇颈和龟身,虽五色斑斓,也能比凤凰珍贵吗? 这是比喻凡夫俗子虽奢侈靡费,但地位卑贱,毕竟不能同君王公侯之尊贵相比。鹜,鸭。蛇颈龟身,颈如蛇颈,身如龟身。纷丽,华丽。此言使鸡鸭毛色五彩华丽。贵于,严可均辑本"于"误作"放",据《太平御览》卷九百十九所引改。

⑦礼:礼仪制度。

⑧不恒:无准则。不,无。恒,长久,引申为常规。

⑨斯:此。盖:等于说"大概是"。所为(wèi):所以。於邑(wū yì):郁闷,忧伤。增叹:叹息再三。增,这里作"又"、"再次"解。

⑩律令:法令。舆服制度:对车乘仪仗、服装穿戴、器用形制等的规定。舆,车厢,泛指车乘。按,在封建等级社会,不同地位和级别的人,所用车乘仪仗和服装、器用等都各有规定,以区别尊卑次序,称作"舆服制度"。各个封建朝代的舆服制度虽有一定变化,但不同等级的人均限用所规定的"舆服",不能混用,尤其下位者不得越分用上位者的"舆服"。

⑪断:断绝。之:承上文"下僭其上,尊卑无别"而说,指违反舆服制度的现象。不自其源:不从根本源头上做起。

⑫而欲绝之为实:而想如实杜绝这种现象吗? 意思是办不到。为实,即如实,这里"为"用法和"如"同。

⑬璘玑玩饰匿于怀袖,文绣弊于帘帏也:珠宝藏于怀袖里失了光辉,精致的刺绣丝织品被用作帘幕而破败。二句意指奢侈浪费,使物不能尽其用。璘玑,闪光的珠子。璘,璘彬,指玉的光泽鲜

艳。玑,珠子。玩饰,即佩饰,可供赏玩,故称"玩饰"。匿于怀袖,藏在怀中袖里。匿,掩藏。文绣,刺绣花纹的丝织品。弊,通"敝"。破败。帘帏,门帘,帷幕。帏,通"帷"。按,这两句前后可能有脱失的文句。

⑭列肆:成排的店铺,指市场。肆,陈列,引申为摆设商品的成排店铺。侈功:奢侈的工艺品。功,成果,指工匠或女工制作的工艺品。

⑮商贾(gǔ):商人。鬻(yù):卖。僭服:违反舆服制度的衣服和装饰。

⑯百工:各行各业的工匠。淫器:不合制度规定的过度奇巧的物品。淫,过度。

⑰可欲:引发欲念的东西,即诱人的东西。

⑱贾人之列,户蹈僭侈矣:此句承上文"民见可欲,不能不买"而言,因为百姓都来买奢侈奇巧的商品,所以商人富起来,家家都过起越分的奢侈生活。之列,等于说"之辈"、"之流"。户,家家。蹈,实行。僭侈,越出本分的奢侈。

⑲王政:朝廷的政令。倾:倒塌,引申为废弛,废止不行。

⑳普天率土:"溥天之下"和"率土之滨"的省略,即遍天下四海之内的意思。《诗·小雅·北山》:"溥天之下,莫非王土。率土之滨,莫非王臣。"溥天之下,遍天下。溥,同"普"。率土之滨,循沿土地直至四海之滨,即四海之内。

㉑家至人告:意即到家家户户去劝说。家至,家家都到。人告,见人就说。家、人,都是名词作副词用,修饰动词"至"、"告"。

㉒乃时势驱之使然:是形势驱使人们变得这样。之,指奢侈靡费的人们。使然,使其如此。

㉓患:忧患。一也:等于说"之一"。

【译文】

近来,法度甚不鉴察以往,有如过去称"大鱼漏网"。平常一般人家也修盖彩画的梁柱和斗拱作装饰，凡夫俗子也享用满桌佳肴，在下位的人越分做上位的事，尊卑没有区别，就像使鸡鸭有蛇颈和龟身，虽五色斑斓，也能比凤凰珍贵吗？礼仪制度破坏无法挽救，法令废弃没有准则，这大概就是有见识的人所以郁闷而叹息不止的缘故。法令虽有舆服制度的规定，然而既不从根本上断绝违反制度，禁防又不严密，而想真正杜绝吗？珠宝玩物掩藏在怀中袖里失了光辉，绣花的锦缎被用作帘幕而破败。现在让市上卖奢侈的工艺品，商人卖违反制度的服饰，各行工匠制作奇巧物品，百姓看到诱人的东西，不能不买。于是商人之流，家家都富裕而越分地做奢侈之事。所以朝廷政令一旦废止不行，遍天下四海之内没有不奢侈越分的。这不是有人挨家挨户地去劝说，乃是时势驱使人们变得这样。这便是天下忧患之一。

3　且世奢服僭①，则无用之器贵②，本务之业贱矣③。农桑勤而利薄④，工商逸而入厚⑤，故农夫辍耒而雕镂⑥，工女投杼而刺绣⑦。躬耕者少⑧，末作者众⑨，生土虽皆垦乂⑩，故地功不致⑪，苟无力穑⑫，焉得有年⑬？财郁蓄而不尽出⑭，百姓穷匮而为奸寇⑮，是以仓廪空而囹圄实⑯。一谷不登，则饥馁流死⑰，上下俱匮⑱，无以相济⑲。国以民为根⑳，民以谷为命㉑。命尽则根拔㉒，根拔则本颠㉓，此最国家之毒忧㉔，可为热心者也㉕。斯则天下之患二也。

【注释】

①世奢服僭：世风奢侈，服饰违制。

②无用之器：指奇巧无实用的器物。贵：贵重，珍贵。

③本务：指农桑。贱：低贱，受轻视。

④勤：辛劳。

⑤逸：安闲。入厚：入即利入，收益。《意林》卷三引作"利厚"，文字虽异而意思相同。

⑥辍（chuò）耒（lěi）：指放弃耕地。辍，中断，引申为舍弃。耒，犁柄。

⑦工女：女工。投杼（zhù）：指放弃纺织。投，扔掉。杼，织布机用的梭子。

⑧躬耕：亲身从事农业生产。躬，亲自，亲身。

⑨末作：指工商业，相对称农桑为"本业"、"本务"而言。

⑩生土：生地，荒地。垦乂（yì）：翻土除草，亦即开辟、开垦。乂，同"刈"。割草。

⑪故地功不致：但不致力耕种。故，用法同"顾"，但是。《群书治要》卷四十五原文如此，严可均辑本改为"而"，现在据《群书治要》改回。地功，即田功，指耕种劳作。

⑫苟：如果。力穑（sè）：努力耕作。

⑬焉得：怎么能。年：年成，收成。

⑭财：地财，指农作物。土地生长五谷桑麻，供人衣食，所以称农作物为"财"、"地财"。《吕氏春秋·慎人》"掘地财"，汉高诱注："地财，五谷。"郁蓄：淤积。出：发掘。

⑮穷匮：贫穷匮乏。奸寇：奸盗，盗匪。

⑯仓廪（lǐn）：粮仓。囹圄（líng yǔ）：牢狱。实：满。

⑰一谷不登，则饥馁流死：五谷歉收一种，百姓就挨饿而流亡身死。一谷，五种谷物之一。五谷所指，说法不一，据《孟子·滕文公下》汉赵岐注，是稻、黍、稷、麦、菽。不登，歉收。登，成熟。饥馁流死，指百姓饥饿而流亡身死。馁，饿。按，此处强调即便一种谷物歉收，百姓已是如此，则两种以上谷物歉收更不必说了。

⑱上下俱匮：朝廷、百姓都匮乏。严可均辑本"俱"误为"相"，据《群书治要》卷四十五所引改。

⑲无以：无从。济：救济。

⑳国以民为根:根,树根。这是比喻百姓为建立国家的基础。

㉑民以谷为命:意思是百姓以谷物为生。

㉒命尽:指百姓没有粮食不能生存。根拔:指失去百姓,国家的根就被拔掉了。

㉓根拔则本颠:此言拔掉了百姓这个根,国家这个树干就倒下。本,树干。颠,跌倒,倒地。

㉔此最国家之毒忧:这最是国家的深忧。毒,通"笃"。深厚。

㉕热心:焦心。

【译文】

况且世风奢侈服饰违制,那么不实用的器物就贵重,农桑本业就受轻视。农桑辛劳而利润薄少,工商安闲而收益丰厚,所以农夫舍弃耕犁而从事雕刻,女工扔掉梭子而从事刺绣。自身耕地的人少,工商业者多,荒地虽都开辟了,但不致力耕种,如果不努力耕种,怎么会有年成?地里的财富淤积而不尽量发掘,百姓贫乏而为盗匪,结果粮仓空空而牢狱人满。五谷歉收一种,百姓就挨饿而流亡身死,上上下下都匮乏,无从互相救济。国家以百姓为根,百姓以粮食为生。百姓不能生存,国家的根就被拔掉,根被拔掉,国家这个树干就倒下了,这最是国家的深忧,令人为之焦虑的。这便是天下忧患之二。

4　法度既堕,舆服无限,婢妾皆戴瑱揥之饰而披织文之衣①。乃送终之家亦大无法度,至用輬梓黄肠②,多藏宝货③,饲牛作倡④,高坟大寝⑤。是可忍也,孰不可忍⑥?而俗人多之⑦,咸曰"健子"⑧!天下跂慕⑨,耻不相逮⑩。念亲将终⑪,无以奉遣⑫,乃约其供养⑬,豫修亡殁之备⑭,老亲之饥寒⑮,以事淫汰之华称⑯,竭家尽业,甘心而不恨⑰。穷厄既迫⑱,起为盗贼,拘执陷罪⑲,为世大戮⑳。痛乎,此俗之刑陷愚民也㉑。且橘、柚之贡，尧、舜所不常御㉒；山龙华虫㉓，帝王不以为亵服㉔。今之臣妾，皆余黄甘而厌文绣者，盖以万数矣㉕。其余称此㉖，不可胜记。古者墓而不坟㉗，文、武之兆与平地齐㉘，今豪民之坟已千坊矣㉙。欲民不匮，诚亦难矣㉚。是以天戚戚㉛，人汲汲㉜，外溺奢风㉝，内忧穷竭㉞。故在位者则犯王法以聚敛㉟，愚民则冒罪戮以为健㊱。俗之败坏乃至于斯，此天下之患三也。

【注释】

①婢妾：婢女，女仆。妾，女奴，也指女仆。戴瑱（tiàn）搦（tì）之饰：据《周礼·天官·追师》汉郑玄注及《诗·墉风·君子偕老·序》，瑱、搦都是王后和贵族夫人戴的首饰，现在女仆也戴起来，是违反舆服制度的。瑱，悬在耳旁的玉坠，玉坠用丝线连着簪子，斜插在左右发髻上。搦，一种象牙簪，可以搔发，俗称"搔头"。披：穿。织文：有花纹的丝织品，锦绣。

②辒（ér）梓黄肠：梓木棺和柏木椁。辒梓，指梓木棺。辒，也写作"輀"，运棺柩的车子。梓，梓木，一种质地优良的木材。这里以"辒梓"表示梓木棺。黄肠，指柏木的椁（guǒ，护棺的外套）。黄肠即"黄肠题凑"，一种用柏木枋在棺四周堆垒成的框形结构，即椁。肠，木心。柏木心黄，故称"黄肠"。据《礼记·檀弓上》和《汉书·霍光传》，梓木棺和"黄肠题凑"的柏木椁为天子和王公大臣葬制所用，现在平常人家办丧也用，是严重违背制度的。

③多藏（zàng）宝货：指墓中多埋宝物。藏，埋。

④飨牛：杀牛祭献死者。飨，通"享"。祭献。古代重农，一般人家不能自己随便杀牛。现在办丧事也杀牛，用全牛祭奠死者，是违反规定的。作倡：送葬唱挽歌（牵引灵柩时哀唱以伤悼死者）。

倡，同"唱"。据《晋书·礼志中》，汉代给天子或大臣送葬才唱挽歌，现在一般人家送葬也唱，违反规定。

⑤高坟大寝：筑高坟，建大庙。寝，陵寝，陵墓旁的庙殿。

⑥是可忍也，孰不可忍：这些都能容忍，还有什么不能容忍？语出《论语·八佾》：孔子谓季氏"八佾舞于庭，是可忍也，孰不可忍也"。

⑦俗人：平常人，指一般民众。多之：多，推重，称赞。之，指上文那些办丧事奢侈逾制之人。

⑧健子：能干的人。健，有能耐。

⑨跂（qǐ）慕：仰慕，羡慕。跂，通"企"。盼望，期待。

⑩耻不相逮：以自己不及那些能干的人而羞愧。耻，羞愧。不相逮，即"不逮之"。相，等于代词"之"，指上文"健子"。逮，及。

⑪念：念及，想到。亲：父母双亲。

⑫奉遣（qiàn）：置办随葬物品。奉，供给。遣，遣送，引申为随葬物。

⑬约：省减。其：指父母。

⑭豫：同"预"。预先，事先。修：具备，置办。亡殁之备：死后办丧事的物品。备，器备。

⑮老亲之饥寒：依文意，此句句首应该有"不顾"二字，意思才完足。

⑯以事淫汰之华称：图谋铺张办丧事的虚名。以，而。事，从事，这里引申为谋求。淫汰，奢侈无节制。这里指办丧事铺张讲排场。淫，过度。汰，同"泰"。奢泰，奢侈。原作"法"，据日本天明本《群书治要》卷四十五旧校改。华称，虚名。华，浮华，虚浮不实。称，称誉，名誉。

⑰不恨：不悔恨。

⑱穷厄既迫：受穷困所逼。厄，困厄。迫，逼近。此句承上文"竭家尽业"而言。

⑲拘执陷罪：犯罪被拘捕。此句等于说"陷罪拘执"，是倒置句。陷

罪,陷入犯罪地步。

⑳为世大戮:成为世间大耻辱之事。戮,耻辱。

㉑此俗之刑陷愚民也:这是风俗促使愚昧的百姓坠入刑罚。刑陷,即陷刑,使……陷入刑罚。

㉒且橘、柚之贡,尧、舜所不常御:根据《尚书·禹贡》托名汉孔安国的注,此句是说尧、舜不常令地方贡橘、柚来食用。御,用,食。

㉓山龙华虫:指君王、王后所穿的华丽礼服,刺绣有山、龙、雉等图案。华虫,雉。

㉔不以为亵服:不当作便服穿。亵服,指平时私下穿的衣服。

㉕今之臣妾,皆余黄甘而厌文绣者,盖以万数(shǔ)矣:现在的男女仆人,都是吃够了橘、柚,穿腻了锦绣,这些人大概以万计了。臣妾,男女仆人。余黄甘,橘、柚吃不完而有余,即吃够了。橘、柚皮黄而味酸甜,故称"黄甘"。厌文绣,穿够了锦绣。厌,这里是多得嫌烦腻的意思。数,计算。按,此句极力言富家男女仆人衣着饮食奢侈的人多。

㉖其余称此:其他与此相类的事。称,相符。

㉗墓而不坟:修墓不起坟丘。按,埋棺的坑穴填满后与地齐平,古代叫"墓"。在墓上堆起土丘,古代叫"坟"。现代语称"坟墓",没有区别。

㉘文、武之兆与平地齐:文王、武王的墓不封土丘,所以说"与平地齐"。文、武,周文王、武王。兆,墓地,墓。

㉙豪民:指富豪。千坊(fǎng):上千座高坟,言多。坊,本指堤防。坟的形状长方,上窄下宽,四面为斜坡,像一段堤防,也叫"坊",见《礼记·檀弓上》。

㉚欲民不匮,诚亦难矣:诚,确实。亦,句中语助。按,世风竞尚奢侈,百姓为此耗费钱财,所以说要民不贫乏,实在难了。

㉛天戚戚:指老天为民风而发愁。戚戚,忧伤。

㉜人汲汲：指人们急着攀比奢侈。汲汲，急切，迫切。

㉝外溺奢风：外表沉溺于奢侈的风气中，即对外讲究排场。

㉞内忧穷竭：背地里忧虑家中财尽。

㉟在位者：当官的。聚敛：收集，指搜刮钱财。

㊱愚民则冒罪戮以为健：愚昧的百姓则冒死罪来出风头。冒罪戮，冒着获罪处死之险。戮，杀。为健，争显能耐，即出风头。为，这里可理解作求、争。健，能耐，有办法。

【译文】

　　法度既废，舆服没有限制，女仆都戴起玉坠子和象牙簪之首饰，穿上锦绣之衣。而办丧事的人家也很没法度，甚至使用梓木棺、柏木椁，墓中多埋宝物，杀牛祭奠、哀唱挽歌，筑高坟、建大庙。对这些都能容忍，还有什么不能容忍？然而一般人赞许这么做，都说"真是能干人"！天下美慕，以自己不及那些能干的人而羞愧。想到父母将离世，无力置办随葬物品，于是省减对父母的供养，预先准备办丧事的物品，不顾老年人饥饿寒冷，而图办丧事风光的虚名，耗尽家财，心甘情愿而不悔恨。受穷困所逼，起而做盗贼，犯罪被拘捕，成为世间的大耻辱。这是风俗促使愚昧的百姓坠入刑罚，令人痛心。况且橘、柚这些贡品，尧、舜也不常食用；刺绣山、龙、雉图案的华丽礼服，帝王也不当便服穿。现在的男女仆人，都是吃够了橘、柚，穿腻了锦绣，这些人大概以万计了。其他与此相类的事，不胜枚举。古时候有墓而不起坟丘，周文王、武王的墓与地面齐平，现在富豪家的高坟已经上千座了。要民众不贫乏，实在难。于是老天为人们犯愁，而人们急着攀比奢侈，对外讲究排场，背地里忧心财竭。故此当官的则犯王法来搜刮钱财，愚昧的百姓则冒死罪来出风头。风俗败坏竟到了这个地步，这是天下的忧患之三。

　　5　承三患之弊①，继荒顿之绪②，而徒欲修旧修故③，而无匡改④，虽唐、虞复存⑤，无益于治乱也⑥。昔圣王远虑深思,患民情之难防⑦,忧奢淫之害政⑧,乃塞其源以绝其末⑨,深其刑而重其罚⑩。夫善堙川者必杜其源⑪,善防奸者必绝其萌。昔子产相郑⑫,殊尊卑,异章服⑬,而国用治⑭。岂大汉之明主,曾不如小藩之陪臣⑮?在修之与不耳⑯。

【注释】

①承:承继。三患:指上文奢侈逾制、弃农务商及厚葬败俗三种祸患。弊:弊病,害处。

②荒顿之绪:指荒废的政务。荒顿,荒废。绪,事业。

③修旧修故:此指就原有的框架修修补补,不思革新。故、旧的意思相同,指旧有的东西。

④匡改:更改,改革。

⑤虽:即使。唐、虞:指尧、舜。参见1·1注。

⑥治乱:治理乱政。

⑦患民情之难防:患,担忧。民情,百姓的性情。按,本篇开头就说,人的性情没有不喜欢富贵、追求享受的,如不加限制,则都趋向奢侈靡费而违反制度。所以此言担心百姓性情难防范。

⑧奢淫:奢侈过度。害政:有害于国家政事。

⑨乃塞其源以绝其末:于是堵塞事情的源头而断绝它的漫延。以,而。句中二"其"字,代指上文难以防范的"民情"和有害政事的"奢淫"。绝,断绝,铲除。末,末后,后来,指事情的发展与漫延。

⑩深其刑而重其罚:对奢淫违制的事情加重刑罚惩治。深、重,都是加重、从严的意思。

⑪堙(yīn):填塞。川:河流。杜:封堵。

⑫昔子产相(xiàng)郑:子产,即公孙侨,春秋时期郑国的大夫。他在郑简公二十三年(前541)至郑定公八年(前522)为郑国的相。

期间整理、改革田制,作"丘赋",铸刑书,立谤政,在晋楚争霸的
局势下维护了郑国的独立和尊严。相郑,当郑国的相。春秋时,
诸侯国的相,为辅佐国君的百官之长,是最高的行政官,大致等
于秦、汉以后的"宰相"。

⑬殊尊卑,异章服:即整饬舆服制度,使尊卑有序,防止做越分的
事。殊、异,区别,分清。章服,不同等级的礼服,绣有表示等级
的花纹图案。章,采章,彩色花纹。

⑭用:连词,等于说"因此"。

⑮曾(zēng):竟然。小藩:小国。藩,藩国,分封的属国。郑国是周
天子分封的诸侯国,故称藩。陪臣:指子产。陪,重叠。诸侯的
大夫是诸侯的臣子,而诸侯又是天子的臣子,所以诸侯的大夫对
于天子来说是臣子的臣子,因为这种重叠关系,所以叫"陪臣"。

⑯修:整治。与不(fǒu):即与否。

【译文】

承继了三患的弊病,延续了荒废的政事,而仅想就旧有的框架修修
补补,无所改革,即便尧、舜还在世,也无济于治理乱政。从前的圣王深
思远虑,担心民情难以防范,忧虑奢侈过度有害政事,于是堵塞事情的
源头而断绝它的漫延,加重刑罚惩治。善于填河的人,必定堵塞河流的
源头;善于防奸的人,必定铲除奸佞的萌芽。昔日子产当郑国的相,区
分尊卑,辨别礼服,国家因此得以治理。难道我大汉的明君,竟不如一
个小小藩国的陪臣吗? 关键在整治与否而已。

阙题四

【题解】

本篇由严可均辑自《群书治要》卷四十五。

崔寔说，当时官府对待百姓，很多地方都违背道理。他举例说官府失信于民，招来百姓做工，做完了却拖欠工钱，百姓哭告不理。久后才付给三成，还把破烂的东西折价当工钱，这些东西老百姓既不能修，卖也没人要。后来百姓逃窜，不肯应官府招募，官府便把他们抓来，强迫干活。百姓不乐意，自然敷衍了事，结果做出的东西低劣不能用。崔寔认为，所谓"上行下效"，就是下面跟着上面学，上面既然对下面不讲信用，下面自然也不真心对待上面，上下互相虚假对待，怎能解决弊端呢？既然官府失信在先，罚百姓则不公平，而不罚又没法治理，进退两难。所以社会虚伪成风，人们都奸诈凶横。这里，崔寔用当时一个真实的例子，说明了社会风气败坏的根由所在，即官府不合理地对待百姓，使百姓对官府失去信心，而百姓没了依恃，便造成社会混乱。

1　《易》曰："言行，君子所以动天地也[①]。"仲尼曰："人而无信，不知其可[②]。"今官之接民[③]，甚多违理，苟解面前[④]，不顾先哲[⑤]。作使百工[⑥]，及从民市[⑦]，辄设计加以诱来之[⑧]，器成之后，更不与直[⑨]。老弱冻饿[⑩]，痛号道路[⑪]，守阙告哀⑫，终不见省⑬。历年累岁⑭，乃才给之，又云"逋直，请十与三"⑮，此逋直岂物主之罪邪⑯？不自咎责⑰，反复灭之⑱，冤抑酷痛⑲，足感和气⑳。既尔复平弊败之物与之㉑，至有车舆、故谒者冠㉒，卖之则莫取，复之则不可㉓。其余杂物㉔，略皆此辈。是以百姓创艾㉕，咸以官为忌讳㉖，遁逃鼠窜㉗，莫肯应募㉘。因乃捕之㉙，劫以威势㉚，心苟不乐㉛，则器械行沽㉜，虚费财用，不周于事㉝。故曰："上为下效，然后谓之教㉞。"上下相效殆如此，将何以防之㉟？罚则不恕㊱，不罚则不治㊲，是以风移于诈，俗易于欺㊳，狱讼繁多，民好残伪㊴。为政如此，未睹其利。斯皆起于典藏之吏不明为国之体㊵，苟割胫以肥头，不知胫弱亦将颠仆也㊶。《礼》讥"聚敛之臣"㊷，《诗》曰"贪人败类"㊸，盖伤之也㊹。

【注释】

①言行，君子所以动天地也：引文见《周易·系辞上》。意为言行是君子感动天地的缘由。唐孔颖达解释说，君子的言行不离身，言行的善恶不断积累，能感动天地，所以言行不可不慎。动，感动，感应。按，崔寔引《周易·系辞上》，意在申述汉代"天人相应"的说法，认为天意与人事相互感应，言行作为善，人心和洽，则感动天降下祥瑞；言行作为恶，人心怨苦，则感动天降下灾难祸乱。

②人而无信，不知其可：引文见《论语·为政》。意为人没有信用，不知他还有什么让人认可之处。按，以上引《周易》、《论语》，意在指出言行和守信的重要，作为下面批评官府失信于民的发端语。

③接：对待。

④苟解面前：姑且应付眼前。苟，苟且，敷衍。解，解决。面前，面

对的问题,眼前之事。

⑤不顾先哲:不顾前世贤哲说的话。指不把《周易》、《论语》说的放在心上。

⑥作使百工:使用各行工匠。作使,役使。

⑦及从民市:如果从民间集市招工。及,若。从民市,指从民间集市招工匠,因为上文已经说明"作使百工",所以这句有所省略。

⑧辄:每每,常常。

⑨更不与直:反不给工钱。更,反而。与,同"予"。付给。直,同"值"。酬金,工钱。

⑩老弱冻饿:指被拖欠工钱的人家中老小饥寒交迫。

⑪痛号(háo)道路:在路上痛哭。号,大声哭。

⑫守阙(què)告哀:守住宫门诉苦。阙,宫门外两边的楼台,代指宫门。严可均辑本误作"关",据《群书治要》卷四十五改正。

⑬终不见省:始终不被理会。见,被。省,省察,这里是过问、关注的意思。

⑭历年累岁:过了一年又一年,即过了很久。

⑮逋直,请十与三:这是欠账,愿付三成。逋直,拖欠的工钱。十、三,十成、三成。

⑯此逋直岂物主之罪邪(yé):难道欠钱反是该得工钱的人有罪吗?物主,指该得工钱的人。邪,同"耶"。句末助词,表示疑问。

⑰不自咎责:不责备自己。咎,责怪。

⑱反复灭之:一再削减工钱。灭,通"蔑"。削减。之,指工钱。

⑲冤抑酷痛:指被拖欠工钱的人冤屈悲痛。酷,苦,惨。

⑳足感和气:足以触犯天地间的和气。感,触动。和气,天地间阴阳调和之气。这里说天地和气受触犯,正是官失信于民,民呼叫冤屈的结果。参本节注①。

㉑既尔:同"既而"。随后,不久。复平弊败之物与之:又拿破旧的

东西折价当作工钱付给他们。平,齐等。作动词用,即"使……
相等"。引申为把东西折合成钱。弊败,破败。

㉒至:甚至。车舆:车子。故:旧。谒者:这里指宫里的太监。

㉓复:修复。

㉔其余杂物:指其他作价抵偿的杂物。

㉕创艾(yì):戒惧。

㉖咸以官为忌讳:都以为官府是当躲避的。即都躲避当官的。忌
讳,回避。

㉗遁逃鼠窜:逃亡奔窜。鼠窜,像老鼠那样奔窜。

㉘应募:响应官家招募。

㉙因乃:于是。

㉚劫以威势:以威势逼迫。劫,胁迫。

㉛心苟不乐:苟,如果。此言百姓被迫干活,心里不乐意。所以下
面说做出来的东西粗劣不堪用,即干活敷衍了事。

㉜行沽(háng gǔ):行苦。谓货物质量差。

㉝不周于事:不适用。周,合。事,使用。

㉞上为下效,然后谓之教:语出《白虎通·三教》。意为上面怎么
做,下面就跟着学,这就叫身教。上为下效,即上行下效,《意林》
卷三引"上为"作"上行"。效,仿效。

㉟上下相效殆如此,将何以防之:这两句意为上下就是如此互相仿
效,将怎么防止弊端呢?殆,这里用作副词,意思与"乃"同,即
"就是"。按,上文说官府失信,欺骗百姓,百姓也做活偷懒,敷衍
官府,所以这里说上下互相虚假对待,没法制止弊端。

㊱罚则不恕:惩罚百姓则不公平。罚,指惩罚百姓。不恕,有失宽
恕之道,即不公平。恕,指设身处地替人着想,从而原谅别人,也
就是推己及人的意思。百姓敷衍官府,是因为官府失信在先,现
在官府不自反省,反而罚百姓,是有失宽恕之道,也即不公平。

㊲不罚则不治：不惩罚百姓，则无法治理弊端。

㊳是以风移于诈，俗易于欺：这两句等于“风俗移易于欺诈”一句，即风俗逐渐变得狡猾奸诈。移、易，都是转变、趋向的意思。诈，欺，都是奸猾、诈伪的意思。

㊴民好(hào)残伪：百姓都乐于凶横虚伪。

㊵斯：这些。典藏(zàng)之吏：主管国库出纳的官吏，治理财务的官员。典，掌管。藏，库藏。不明为国之体：不懂治国的要领。体，主体，纲要。按，《论语·颜渊》说“民无信不立”，宋邢昺解释：“治国不可失信，失信则国不立也。”意思是老百姓失去信任，国家就难维持了。可见信用是治国之本。上文说官府失信于民，所以说“不明为国之体”。

㊶苟割胫以肥头，不知胫弱亦将颠仆也：小腿在下，头在上，割损小腿去养肥头，腿弱了身子也要倒下。比喻损害百姓利益来敛财，百姓贫苦不能生存，国家也得倒台。苟，假定。胫，小腿。这里指腿肚子。颠仆，跌倒。

㊷《礼》讥“聚敛之臣”：《礼记·大学》：“与其有聚敛之臣，宁有盗臣。”意为宁可有盗窃国家财物的臣子，也不愿有搜刮百姓的臣子。这是讽刺那些搜刮民财的人还不如偷盗。讥，讥刺。聚敛之臣，急于搜刮民财的臣子。聚，通“骤”。急速。敛，征收，索取。

㊸《诗》曰“贪人败类”：见《诗·大雅·桑柔》。贪人败类，贪婪的人会伤害正道。败，毁害。类，善，指善道正理。据汉人毛公解释，“败类”为毁害正道；据宋朱熹解释，“败类”为毁害一族人。译文据前解。以“败类”指害群之马，是后来的引申义。

㊹盖伤之也：大概就是忧心于这些人吧。伤，忧伤，忧心。之，指搜刮、贪婪的人。

【译文】

《周易》上说：“言行是君子感动天地的缘由。”孔子说：“做人而不讲信用，不知他还有什么让人认可之处。"现在官府对待百姓，多不合理，只图应付眼前，不顾念前世贤哲说的话。役使工匠，如果从民间市集招工，往往设计诱骗他们来，东西做成之后，却不给工钱。那些工匠家中老小都在受冻挨饿，于是在道路痛哭，守住宫门诉苦，始终不被理睬。过了很久，才发给工钱，又说"这是欠的，愿付三成"，难道欠钱反是该得工钱的有罪吗？官府不责备自己，一再削减工钱，百姓冤屈叫苦，足以触犯天地间的和气。随后又拿破旧的东西折价当工钱付给他们，甚至有破车子、太监的旧帽子，这些东西卖也没人要，又不能修复。其他作价抵偿的杂物，大都是此类。所以百姓有了戒惧心，都躲避当官的，四处逃窜，不肯响应官府招募。于是就把百姓抓起来，施威逼迫，百姓心中如不乐意，做出的器械就粗劣，白费了财物，而东西不合用。所以说："上面怎么做，下面就跟着学，这就叫身教。"上下是如此互相效法，还怎么防止弊端呢？惩罚百姓则不公平，不罚又无法管理，所以社会风气逐渐变得狡猾奸诈，官司繁多，百姓都乐于凶横虚伪。治国如此，未见有什么好处。这都是由于管财务的官吏不懂治国的要领，只顾割小腿的肉来养肥脑袋，不知腿弱了身子也要跌到。《礼记》讥刺那些"急于搜刮民财的臣子"，《诗经》上说"贪婪的人败坏正道"，大概就是忧心于这些人吧。

阙题五

本篇由严可均辑自《群书治要》卷四十五。

崔寔在本篇揭露了当时官府造兵器的许多弊端，提出解决办法。当时官府造的兵器质量低劣不堪，管事的扣减工料器用，中饱私囊，下面的工匠也盗料省工，结果造出来的弓弩不能用，铠甲脆软又尺寸不足，刀和矛都是钝口的。所以边境老百姓为抵抗匈奴来犯，都自己打造兵器，不肯用官府的劣质兵器。崔寔说，国家所以能制止匈奴入侵，全靠独有弓弩和铠甲这个有利条件，现在铠甲不坚固，弓弩无力，这个有利条件就永久失去了。他说一个士兵如果用的兵器和铠甲不可靠，打起仗来就会犹豫不决，如果全军武器装备都低劣不可靠，那还指望军队奋勇作战吗？为此他提出，应该重新宣布过去那种精工细作的规定，免除所得税，恢复旧有的材料器用，这样做虽使官吏、工匠从中获利，但总比他们私下图利好。同时要严明法度，加强管理，工匠制器物要刻上自己的名字，一旦器物不合格，就追究他的罪，不能像当时那样，刻了名字却赏罚不到位，在上的玩忽职守，在下的无所顾忌。这里可看出崔寔的想法，即在当时上下舞弊成风的情况下，他认为要解决兵器弊端问题只能靠两条，一方面可允许官吏、工匠公开获利，提高他们的积极性，以杜绝私下作弊图利；一方面则确立规章制度，加强管理，严防弄虚作假。

这样,官吏、工匠既有利可图,工作又不敢怠慢。所以他说,只要保证武器质量,其他可不过问。一是有利可图,一是有法可依,只要有一条做不到,在当时情况下解决不了任何弊端问题。

1　传曰①:"工欲善其事,必先利其器②。"旧时永平、建初之际,去战功未久③,朝廷留意于武备④,财用优饶⑤,主者躬亲⑥,故官兵常牢劲精利⑦,有蔡太仆之弩及龙亭之剑⑧,至今擅名天下⑨。

【注释】

①传(zhuàn):泛指书籍。

②工欲善其事,必先利其器:引文见《论语·卫灵公》。工,工匠。善其事,做好他的事。利其器,使他的工具便利好用。利,使……便利。器,指工具。按,此篇论兵器精良才能抵制匈奴侵犯,所以引《论语》二句作为开端。严可均辑本"传曰"前面又有"陈兵策于安平之世,譬令未病者服药"二句,是从《意林》卷三所引抽出来补入的。根据文意,这两句不应该插在此处,故删除。

③旧时永平、建初之际,去战功未久:永平是东汉明帝刘庄的年号,58—75年。建初是东汉章帝刘炟的年号,76—84年。此时离光武帝攻战建国(25)四五十年,仍处东汉早期,所以说离战争时期不久。去,离开。战功,战争。功,通"攻"。

④武备:军备。

⑤财用优饶:财物充裕。优,丰足。

⑥主者:主事者,管事的人。躬亲:亲自做事。

⑦官兵:官府造的武器。兵,指兵器、武器。牢劲精利:坚固锐利。劲,坚硬。精,精良。

⑧有蔡太仆之弩及龙亭之剑：蔡太仆之弩、龙亭之剑，指东汉明帝
　　时宦官蔡伦于永平九年(66)监造的弓弩和剑，均品质优良，为后
　　世效法。蔡太仆，蔡伦。他在安帝时封为龙亭侯、长乐太仆，故
　　称"蔡太仆"、"龙亭"。龙亭之剑，严可均辑本原作"龙亭九年之
　　剑"，据《太平御览》卷三百三十九所引删去"九年"二字。

⑨擅名：独享其名，有名。

【译文】

　　书上说："工匠要做好他的事，必须先使他的工具便利好用。"以往
永平、建初年间，离战争时期不远，朝廷关心军备，财物充裕，管事的又
亲自办事，所以官府造的兵器常常坚固锐利，有蔡太仆之弩和龙亭之
剑，至今天下驰名。

　　2　顷主者既不敕慎①，而诏书又误进入之宾②，贪饕之
吏竞约其财用③，狡猾之工复盗窃之④。至以麻枲被弓弩⑤，
米粥杂漆⑥。烧铠铁焠醯中，令脆易治⑦，铠孔又褊小，不足
容人⑧。刀牟悉钝⑨。故边民敢斗健士皆自作私兵⑩，不肯
用官器⑪。

【注释】

①顷：近来。敕慎：严谨。敕，同"饬"。谨慎，严肃。

②诏书又误进入之宾：严可均疑此句"宾"字有误。按，根据下文崔
　　寔建议"除进入之课"(免除所得税)，那么此句意思应该是说，诏
　　书又下令征收所得税，指工匠的收入要交税。严说可信。根据
　　文意，译文译作"而诏书又下令征收所得税"。

③贪饕(tāo)：贪婪。竞约其财用：争相扣减工料。即挪用工料器用
　　以中饱私囊。约，减省。财用，指材料器用。财，通"材"。

④复盗窃之：之，指上句的"财用"。

⑤至以麻枲(xǐ)被弓弩：甚至用麻线缠绕弓弩之身。麻枲，指麻线。枲，大麻。被，覆盖表面。这里指缠绕弓弩的外表。弩，用器械发射的弓。按，据《周礼·考工记·弓人》，弓身要用致密的丝线缠绕加固，便于伸张，现在用松散的麻线代替，是减料而不合工艺。

⑥米粥杂漆：把米汤掺入漆中。米粥，米汤。杂，掺入。按，据《周礼·考工记·弓人》，弓身必须涂漆以防水，而漆以清纯为优，现在掺入米汤，是减料而不合工艺。

⑦烧铠铁焠醯中，令脆易治：烧炼铠甲铁叶放入醋中淬火，使铁叶脆软容易打造。铠铁，铠甲的铁叶。焠，同"淬"。淬火。醯，醋。按，铠甲的叶片须坚硬，现在放到醋里淬火，使叶片脆软容易打造，是图省力而不顾质量。

⑧铠孔又褊小，不足容人：铠甲尺寸又小，穿不上身。孔，空窍。这里指铠甲容身的空当。褊小，窄小。

⑨牟：严可均说，"牟"疑当作"矛"。按，牟借作"矛"。

⑩边民敢斗健士：边境老百姓中勇敢善斗的健壮男子。士，成年男子。自作私兵：私兵，民间私下打造的兵器，相对于官府打造的"官兵"而称"私兵"。按，边民自己打造兵器，是为了兵器好用，以抵抗匈奴侵边。

⑪官器：官府的兵器，即"官兵"。

【译文】

近来管事的既不严谨，而诏书又下令征收所得税，贪婪的官吏争着扣减工料器用，狡猾的工匠又盗窃。甚至用麻线缠绕弓身，用米汤掺入漆中。烧制铠叶用醋淬火，使之脆软容易打造，铠甲的空当又窄小，穿不上身。刀刃、矛锋都是钝口的。所以边境百姓中善斗的壮男都私自打造兵器，不肯用官府造的兵器。

3　　凡汉所以能制胡者①，徒擅铠弩之利也②。今铠则不坚，弩则不劲，永失所恃矣③。且夫士之身④，苟兵钝甲奭⑤，不可依怙⑥，虽孟贲、卞庄由有犹豫⑦。推此论之，以小况大⑧。使三军器械皆可依阻⑨，则胆勇势盛⑩，各有赴敌不旋之虑⑪。若皆弊败不足任用⑫，亦竞奋皆不避水火矣⑬？三军皆奋，则何敌不克？诚宜复申明巧工旧令⑭，除进入之课⑮，复故财用⑯。虽颇为吏、工所中⑰，尚胜于自中也⑱。苟以牢利任用为故，无问其它⑲。

【注释】

①凡：大抵。制胡：制止胡人入侵。胡，泛指北方游牧民族。这里指匈奴。

②徒擅铠弩之利也：仅仅单靠有铠甲和弓弩的有利条件。徒，仅仅。擅，专有，独享。按，匈奴等北方游牧民族缺乏铁和竹子，不能造铠甲和弓箭。

③所恃：指所依靠的有利条件。恃，依赖。

④且夫（fú）：况且。士：兵卒，士兵。

⑤奭（ruǎn）：同"软"。

⑥不可依怙：不可靠。依怙，依靠。

⑦虽孟贲、卞庄由有犹豫：即便是孟贲、卞庄尚且有犹豫不决之意。虽，即使，纵然。孟贲，古代著名勇士，见《吕氏春秋·用众》。传说他力大无穷，勇冠海岱，陆行不怕虎狼，水行不避蛟龙，一人同时可制服两头野牛。卞庄，即卞庄子，春秋时鲁国卞邑大夫，以勇闻名，见《荀子·大略》。由，通"犹"。尚且。

⑧以小况大：从小处可推测大处。况，比照，推测。小，此指士兵一身，大，指下面的"三军"。

⑨使：假如。三军：全军。古代军队编制，一万二千五百人为"军"，
天子有六军，诸侯大国有三军，见《周礼·夏官·司马》，所以用
"三军"或"六军"表示全军。器械：指武器。依阻：复义词，依靠。
阻，也是依靠的意思。

⑩胆勇势盛：胆壮气盛。

⑪各有赴敌不旋之虑：各自都有冲向敌人不后退的打算。旋，回
转。虑，计虑，念头。

⑫弊败：指武器装备粗劣破旧。不足任用：不能使用。足，严可均
辑本作"定"，据《群书治要》卷四十五改。任用，这里是利用、使
用的意思。

⑬亦竞奋皆不避水火矣：也都会奋勇地赴汤蹈火吗？竞奋，奋勇争
先。矣，用法与助词"耶"同，用于句末表示疑问。

⑭诚宜复申明巧工旧令：确实应该重新宣布过去精工细作的规定。
诚，确实。宜，应当。申，申明，宣布。巧工，工艺精巧。工，指工
艺。旧令，过去的规章法令。

⑮除进入之课：免除所得税。进入，收入。课，征税。

⑯复故财用：恢复原来的材料器用。财用，即材用，见第二节注。

⑰虽颇为吏、工所中：虽然略被官吏、工匠从中获利。颇，这里是
"略微"的意思。中，达到，得到，引申为得利。

⑱尚胜于自中也：还是比他们私下图利好。自中，自行获利，即私
下谋利。按，恢复原有供应，免除所得税，意在提高工作积极性。
这样做虽使官吏、工匠可从中稍微获利，但只要严明法度（见下
文），保证兵械质量就行，总比他们私下扣料怠工好，所以这么
么说。

⑲苟以牢利任用为故，无问其它：只要以兵器坚固好用来办事，其
他的都可不过问。苟，只要。牢利任用，坚固便利耐用。为故，
为务，专门以……做事。故，事。其它，同"其他"。按，这两句意

思是，在保证兵器质量的前提下，其他一些事情，比如官吏、工匠可从中稍微获利之类，可以不过问。

【译文】

　　大抵汉之所以能制止胡人，仅单靠拥有铠甲和弓弩这个有利条件。现在铠甲不坚固，弓弩无力，就永久失去所依赖的有利条件了。况且就士兵一身说，如果兵器钝而铠甲软，全不可靠，即便是孟贲、卞庄尚且有犹豫不决之意。由此推论，从小处可推测大处。假使全军武器装备都可靠，那么士兵就胆壮气盛，各自都有冲向敌人不后退的念头。如果武器装备都粗劣破旧而不能用，那样也都会奋勇地赴汤蹈火吗？全军都奋勇，什么敌人不能战胜？现在确实应该重新宣布过去精工细作的规定，免除所得税，恢复原有的材料器用。这样做虽然官吏、工匠可从中稍微获利，但还是比他们私下图利好。只要按兵器坚固好用来办事，其他的都可不过问。

　　4　《月令》曰①："物刻工名，以覆其诚②。功有不当，必行其罪，以穷其情③。"今虽刻名之④，而赏罚不能⑤，又数有赦、赎⑥，主者轻玩⑦，无所惩畏⑧。夫兵革⑨，国之大事，宜特留意，重其治罚⑩。敢有巧诈辄行之辈⑪，罪勿以赦、赎除⑫，则吏敬其职⑬，工慎其业矣⑭。

【注释】

①《月令》：以下引文见《礼记·月令》。月令是上古一种文章体裁，按照一年十二个月的时令，记述政府的祭祀礼仪、职务、法令、禁令，并把它们归纳在五行相生的系统中。《礼记·月令》，有人说为战国时作品，有人认为是两汉人杂凑撰集的儒家著作。

②物刻工名，以覆其诚：器物上要刻工匠名字，用以审察他的诚意。

覆其诚,即检查他是否工作负责。刻,《月令》原作"勒",勒也是
刻的意思。覆,《月令》原作"考",覆、考都是审察、考核的意思。

③功有不当,必行其罪,以穷其情:如果器物不合格,必定治他的
　罪,并究问原因。功,功效,成绩。这里指做成的器物。当,符合
　标准,合格。穷,究问。情,实情,原因。

④今虽刻名之:刻名,即铭刻。名,同"铭"。之,指工匠名字。

⑤而赏罚不能:即"而不能赏罚"。这里"赏罚"作动词,即施行赏罚。

⑥又数(shuò)有赦、赎:又屡有赦免或以赎金免罪。数,屡次,不
　断地。

⑦轻玩:轻慢玩忽。这里指玩忽职守。轻,轻心,轻率。

⑧无所惩畏:指下面的人无所顾忌。惩,戒惧。

⑨夫(fú):句首助词,无实义。兵革:兵器盔甲。革,去毛制成的兽
　皮。古代盔甲用皮革制成,故盔甲也称"革"。

⑩重其治罚:对有罪的人加重惩罚。重,加重。其,指玩忽职守及
　施工不合格的罪人。

⑪巧诈辄行:弄虚作假而擅自行事。巧诈,复义词,巧,也是诈伪的
　意思。辄,专擅,擅自。

⑫罪勿以赦、赎除:即"勿以赦赎除罪",不得以宽赦或赎免除罪。

⑬吏敬其职:官吏敬奉他的职责。

⑭工慎其业:工匠慎守他的业务。

【译文】

《月令》说:"器物上刻工匠的名字,以检查他是否负责。如果器物
不合格,必定治他的罪,并追问原因。"现在虽然刻了工匠名字,而不能
施行赏罚,又屡有赦免或以赎金免罪的事,管事的玩忽职守,下面的人
无所顾忌。兵器盔甲,是国家大事,应该特别关注,要对有罪的人加重
惩罚。敢有弄虚作假而擅自行事的,罪不得宽赦或赎免,这样官吏就敬
奉他的职责,工匠也慎守他的业务了。

阙题六

【题解】

本篇由严可均辑自《群书治要》卷四十五。

当时政治腐败，民怨很大，造成矛盾重重。为了缓和矛盾，朝廷表面上虽然屡次下诏安抚百姓，但因施政和用人的法度条令本身不合理，根本不解决实际问题，用崔寔的话说，就是"华繁而实寡"，光开花不结果，诏书成了有名无实。他认为，要安抚百姓，必须改变当时升降官吏的办法，采取措施以安定行政官吏，特别是地方县级官吏。崔寔说，西汉的文帝、章帝时，一个县官任职可以长达十多年，有些人在任期间都生下子孙了。县官任职一久，与朝廷之间就互相熟悉，上下无所隐瞒实情，自己能安心做事，作长远打算，不敷衍了事。对比当时来看，县官上任三个多月，如果政事不见改观，上司便已看不顺眼，一年之内没变化，便罢官走人。崔寔说，汉代前朝的贤能官吏，如黄霸、召信臣等，都治郡理事十多年才取得良好政绩。如果急于求得速成的政绩，那就一定会不择手段，必然有蛮横粗暴之失，而当时一般人则认为这是能办事。在这种急功近利的风气下，朝廷的安民诏书对于地方官吏是一纸空文，为追求政绩，本性残暴的人固然施政狠毒，本性仁慈的人也迫于风气而施行苛政。结果呢，朝廷用人得不到温良的官吏，百姓的性命全交到残酷的官吏手上，而百姓叫苦也都归罪于君主。他说，对老百姓好他们就爱戴你,对老百姓坏他们就仇恨你,等到仇恨满天下,那不可怕吗?所以崔寔认为,要安抚百姓,必须改变任用官吏的办法,不能急功近利,忽用忽废变化无常,要采取措施安定行政官吏,不加干扰地让他们安心工作,原谅他们的小过失,只要大致做到施惠于民就行。在本篇中,崔寔还指出当时官场贿赂成风的腐败现象,他说如果县官自身廉洁,不肯讨好上司,不私下送礼,和上司没有礼节交往,州、郡的长官都认为他亏欠了自己,便让下属捏造他的罪状,诬蔑他,捉拿他的家属,结果那县官只得自行辞去。不行贿就是亏欠上司,可见当时行贿已成官场惯例。实际上,当时朝廷用人无常更促进了官场贿赂。用崔寔的话说,当时朝廷用人有如"云扰波转,溃溃纷纷",像云变波翻那样杂乱无章,而"吏民疑惑,不知所谓",弄得下面的人都迷惑不解,摸不准上头用意。在这种环境下,君臣和上下级关系全无信任可言,那么官吏要么就敷衍了事地玩忽职守,要么就不择手段地追求表面政绩,凡是廉洁认真的官吏都无立足之处,而为保住官帽行贿上司、中伤忠良的风气自然就"应运而生"。

　　1　昔圣王之治天下,咸建诸侯以临其民①,国有常君②,君有定臣③,上下相安,政如一家④。秦兼天下,罢侯置县⑤,于是君臣始有不亲之釁矣⑥。我文、景患其如此⑦,故令长视事至十余年⑧,居位或长子孙⑨。永久则相习,上下无所宛情⑩,加以心坚意专,安官乐职⑪,图累久长⑫,而无苟且之政⑬。吏民供奉亦竭忠尽节⑭,而无壹切之计⑮。故能君臣和睦,百姓康乐。苟有康乐之心充于中,则和气应于外⑯,是以灾害不生,祸乱不作⑰。

【注释】

　　①咸:都。建诸侯:指分封诸侯。建,立。临:监视,统治。

②国有常君：天子分封诸侯，是世袭不变的，所以说"国有常君"。国，指诸侯之国。

③君有定臣：诸侯国君的臣下皆长久在任，所以说"君有定臣"。

④上下相安，政如一家：周朝初期，周天子大封诸侯，建邦立国，以分管四方，其中许多都是天子同姓亲属，就像一个巨大的家族分家。所以最初由于血缘的纽带，王室与各诸侯国关系亲近，彼此和睦共处，治理天下如一家人治家，所以说"上下相安，政如一家"。政，治理。

⑤秦兼天下，罢侯置县：秦灭六国统一天下后，丞相王绾（wǎn）等人建议秦始皇分封他的儿子为王，建立诸侯国，以便分管天下。廷尉李斯说，周初文王、武王封了许多同姓子侄辈为王，但后来诸侯的后嗣因亲属关系日益疏远，互相攻伐，而其势力已大，周王室无法禁止，所以不便设置诸侯。秦始皇同意李斯，便废除诸侯，建立郡县制。事见《史记·秦始皇本纪》。兼，兼并。罢侯，废除诸侯。罢，取消，免除。置县，设置郡县。这里"县"兼指郡、县二级地方行政区，因为"置县"与"罢侯"都以二字组成，所以不写作"置郡县"。

⑥于是君臣始有不亲之衅（xìn）矣：不同于诸侯是世袭的，而且与王室有血缘关系，郡县的长官是朝廷委任的，随时可罢免，所以说君臣之间不亲密，有嫌隙。衅，裂缝，嫌隙。按，崔寔不是不知道秦始皇废除诸侯的原因。而且汉初高祖刘邦分封子侄辈为同姓王，到文帝、景帝时，这些诸侯王国势力坐大，中央难以驾驭，于是有了削夺诸侯王封地、巩固郡县制、加强中央集权的建议，结果景帝时引起七国武装叛乱。这段历史崔寔自然知道。所以他说这话，用意不在赞美封建诸侯而贬低郡县制，而是他看到当时朝政败坏，不懂用人，任用或罢免官吏没有准则，下面官吏摸不准上面如何对待自己，于是或玩忽职守无所作为，或急功近利追

求政绩,同僚之间又互相攻讦、中伤,而君臣关系已无信任可言,所以他深为忧虑,有感于往昔"圣王"时代"上下相安,政如一家"而说这话。

⑦我文、景患其如此:我,我朝。文、景,汉文帝、景帝。患,担忧。其,指君臣。如此,指关系疏远。按,此句是承上句"君臣始有不亲之釁"说的。

⑧令长:县官。汉代万户以上为大县,其长官称"令",不满万户为小县,其长官称"长",见《汉书·百官公卿表上》,故县官称"令长"。视事:理事,治理政事。

⑨居位或长(zhǎng)子孙:意为县官任职久,在位时有的都生了子孙。或,有的人。长,生育,长养。

⑩永久则相习,上下无所窜情:县官在任长久,则与朝廷互相熟悉,所以上下对事情都无所隐瞒。永久,长久。习,熟悉。窜情,隐瞒实情。窜,隐藏。

⑪安官乐职:安于官位,乐于职务,即安心供职。

⑫图累久长:作任职长久的打算。图,考虑。累久长,指任职日期积累长久。累,积累。

⑬而无苟且之政:政事上不马虎。苟且,敷衍搪塞,得过且过。按,由于官职稳定长久,所以说心思专一,安心工作,不马虎从事。

⑭吏民供奉亦竭忠尽节:官吏奉公、百姓供事都尽忠守节。供奉,供事,奉公。

⑮而无壹切之计:没有敷衍一时的打算。壹切,权宜,临时。

⑯苟有康乐之心充于中,则和气应于外:如果百姓内心充满安乐,天地间阴阳调和之气就感应于外。按,这是汉代的"天人相应"之说,参4·1注。《后汉书·钟离意传》说"民用和睦,故能致天下和平,灾害不生,祸乱不作","以人神之心洽,然后天气和也",说的也是这个意思。

⑰作:起,发生。

【译文】

　　从前圣王治理天下,都封建诸侯以统治百姓,国有不变的君主,君主有固定的臣子,上下和睦相处,治理天下如治理一家。秦兼并天下,废除诸侯,设置郡县,于是君臣之间开始有不亲近的嫌隙。我朝文帝、景帝担心君臣关系如此,所以县官治事长达十多年,在位时有的都生下子孙。县官任职一久就与朝廷互相熟悉,上下无所隐瞒实情,又加上心意专一,安心供职,作长久打算,而不马虎做事。官吏奉公、百姓供事都尽忠守节,没有敷衍一时的念头。所以能君臣和睦,百姓安乐。如果百姓内心充满安乐,天地间阴阳调和之气就感应于外,因此不生灾害,不起祸乱。

　　2　自顷以来,政教稍改①,重刑阙于大臣②,而密网刻于下职③。鼎辅不思在宽之德④,牧牧守守逐之⑤,各竞摘微短⑥,吹毛求疵,重案深诋⑦,以中伤贞良⑧。长吏或实清廉⑨,心平行洁⑩,内省不疚⑪,不肯媚灶⑫,曲礼不行于所属⑬,私敬无废于府⑭。州、郡侧目⑮,以为负折⑯,乃选巧文猾吏⑰,向壁作条⑱,诬覆阖门⑲,摄捕妻子⑳。人情耻令妻子就逮㉑,则不迫自去㉒。

【注释】

①政教稍改:政令与教化逐渐改变。稍,逐渐。

②重刑阙于大臣:不对大臣用重刑,阙,同"缺"。

③而密网刻于下职:而严法只苛责下级官吏。网,指法网。刻,苛求,严责。

④鼎辅不思在宽之德:执政大臣不念及宽厚之德。此言对下属苛

刻。鼎辅,指辅佐政事的大臣,宰相。在宽,宽厚,宽容。《尚书·舜典》"敬敷五教,在宽",意思是施行伦理教育,务要宽厚。

⑤牧牧守守逐之:州牧、郡守个个跟着学。此指各州牧、郡守跟着执政大臣不讲宽厚之德。"牧牧守守"即各个牧、守。汉代的州是监察单位,主管视察所辖各郡,州的长官称"牧",也称"刺史"。郡是地方行政单位,下属单位是县,郡的长官称"守",也称"太守"。见《汉书·百官公卿表上》。逐,从,跟。之,指上句的"鼎辅"。

⑥各竞摘(tì)微短:各自争着揭发小毛病。摘,揭发。短,缺点,过失。

⑦重案深诋:严厉追查而深加诋毁。案,审查。诋,诋毁,诽谤。

⑧中伤:诬蔑伤害。贞:忠贞。

⑨长(zhǎng)吏:俸禄六百石以上的官吏。据《汉书·百官公卿表上》,县令的俸禄在六百至千石,故这里"长吏"指县官。

⑩心平行洁:心念公平,品行洁白。

⑪内省(xǐng)不咎:内心反省无愧疚,即问心无愧。

⑫不肯媚灶:不肯讨好当权。媚灶,语出《论语·八佾(yì)》"与其媚,宁媚于灶",意思是与其巴结屋里供奉的神,宁可巴结灶王爷。这是当时流行的俗话,因为神虽比灶王爷地位尊,但相传灶王爷每年年终上天言这家善恶之事,所以比喻为掌握实权的人。

⑬曲礼不行于所属:与上司没有礼节交往。曲礼,指贺喜、吊唁、节庆等各种礼节。《礼记》有《曲礼》篇。行于,用于。所属,指自己隶属的上司。

⑭私敬无废于府:严可均说"府"字下有脱字。按,"府"或指居宅,或指官署,因为"府"字前面或者后面有脱字,不知具体指什么说的。但这句是说送私礼,则"府"应该是指上司家。私敬,私人礼物。废,通"发"。送。

⑮州、郡：指州牧、郡守。侧目：斜着眼睛怒视。侧，不正。

⑯以为负折：以为亏欠自己。负折，拖欠，亏欠。按，不向上司送礼，就认为是亏欠，可见当时官场贿赂已成风气，不这么做的人反而被看成不正常。

⑰巧文猾吏：舞文弄墨的奸猾下属小官。巧文，善于玩弄法律条文。吏，这里指胥吏，下级小官。

⑱向壁作条：凭空捏造罪状。向壁，向壁虚造，凭空构想。条，条状，条列的罪状。

⑲诬覆阖（hé）门：即全家遭诬蔑。阖，全部。

⑳摄捕妻子：拘捕妻子与子女。摄，执持。妻子，妻子与子女。

㉑就逮：被捕。

㉒不迫自去：不待逼迫而自行离去。去，指辞官而去。

【译文】

近年以来，政令教化渐渐改变，对大臣不用重刑，而严法只苛责下级官吏。执政大臣不念及宽厚之德，下面各州牧、郡守跟着学，各自争着揭发小毛病，吹毛求疵，严厉追查而深加诋毁，以此来诬蔑忠良。县官有的本就廉洁，心念公平而品行洁白，问心无愧，不肯讨好当权，与上司没有礼节交往，不送私礼到上司家。于是州牧、郡守都斜目怒视，以为亏欠了自己，就挑选舞弄文墨的狡猾下属，捏造他的罪状，诬蔑他全家，拘捕他的妻子与子女。人之常情都以使妻子与子女被捕为羞耻，所以不待逼迫就自行辞官离去。

3　且人主莫不欲豹、产之臣①，然西门豹治邺一年，初亦见诅②；子产相郑，民欲杀之，三载之后，德化乃洽③。今长吏下车百日④，无他异观⑤，则州郡睥睨⑥，待以恶意，满岁寂寞⑦，便见驱逐⑧。正使豹、产复在⑨，方见怨诅，应时奔驰⑩，何缘得成易歌之勋⑪，垂不朽之名者哉？犹冯唐评文帝之不能用李牧矣⑫。

【注释】

①豹：西门豹，战国时魏国邺邑的长官，官职相当于县令。产：子产，春秋时郑国之相，见3·5注。

②西门豹治邺一年，初亦见诅：西门豹初治理邺邑时，发动百姓开凿水渠十二道，引河水灌田。百姓开始以为劳苦，不愿意干，责骂西门豹。西门豹说："现在百姓虽怨恨我，但百年之后，后代子孙会想到我说的话没错。"后来当地百姓因水利得以富足。事见褚少孙补《史记·滑稽列传》。见，被。诅，咒骂。按，"初亦见诅"句，原与下"民欲杀之"句互相调换，不符合史实传闻，现在改正。

③子产相郑，民欲杀之，三载之后，德化乃洽：子产作郑国相，划分田界，征收田赋，又规定贵族、平民服饰不得相混（春秋时服饰规定已经不严，所以子产严加整顿），百姓以为不便，作歌骂他，说"谁来杀子产，我来帮他"。之后三年，郑国治理得好，百姓又作歌颂扬子产。事见《吕氏春秋·乐成》。德化，教化。洽，遍布、普及。按，以上举西门豹、子产事，说明治理政事需要时间才见成效。

④下车：指到任。

⑤无他异观：指政事没有改观。

⑥则州郡睥睨（pì nì）：州牧、郡守就讨厌他。睥睨，斜着眼看，表示厌恶。

⑦寂寞：指政事没有什么动静。

⑧便见驱逐：就被赶走。驱逐，指罢官走人。

⑨正使：复义词，都是"假定"的意思。

⑩方见怨诅，应（yīng）时奔驰：意指受上司苛责驱使，身不由己，无法依从自己的意思办事。应时奔驰，随时奔走应命。应时，此指随时随刻。奔驰，指奔走从命，即忙于应付上司指令。

⑪易歌之勋：子产初治理郑国，百姓作歌咒骂他："取我衣冠而褚之，取我田畴而伍之，孰杀子产？吾其与之！"三年后终有政绩，百姓又另作歌颂扬他："我有子弟，子产诲之；我有田畴，子产殖之。子产而死，谁其嗣之。"即所谓"易歌之勋"。

⑫犹冯唐评文帝之不能用李牧矣：汉文帝时冯唐为郎中署长（郎中署是皇帝侍从护卫的办公所），他对文帝说，即使陛下得到战国时赵国大将李牧，也不能用他。他认为古时候君王派遣将领出征，都信任不疑，军中一切都由将在外处理，君王不从中牵制，所以李牧得以尽己之才智，大破胡人，抑制秦国。而文帝则法太严，云中郡郡守魏尚，就因为报战功稍有误差，多报了杀敌六人，就斤斤计较，下令革职审问，由此看来，即使得到李牧也无法用他。按，崔寔举冯唐评论文帝这个例子，意在说明用人不疑，要放手让他做事，不要从旁牵制他。李牧，战国中后期赵国大将。早年曾长期驻守赵国北部边境，抗击匈奴；后到朝中任职。因在宜安之战大败秦军，得到武安君的封号。之后又几次打败秦军。前229年，赵王迁中了秦国的离间计，听信谗言夺取了李牧的兵权，不久后将李牧杀害。

【译文】

　　况且人君没有不想得到西门豹、子产这样的臣子，然而西门豹治理邺邑一年，最初也遭百姓咒骂；子产当郑国的相，百姓要杀他，三年之后，教化才普及。现在县官到任一百天，政事没有改观，州牧、郡守就讨厌他，恶意相待，如一年政事没有变化，便被赶走。即便西门豹、子产还在世，也正遭上司苛责咒骂，随时奔走应命，怎么能成就为百姓称颂的功绩，留传下不朽的名声呢？这正如冯唐评论文帝不能用李牧一样。

4　近汉世所谓良吏^①,黄侯、召父之治郡^②,视事皆且十年^③,然后功业乃著。且以仲尼之圣,由曰"三年有成"^④,况凡庸之士而责以造次之效哉^⑤?故夫卒成之政,必有横暴酷烈之失^⑥,而世俗归称^⑦,谓之辨治^⑧。故绌已复进,弃已复用^⑨,横迁超取^⑩,不由次第^⑪。是以残猛之人遂奋其毒^⑫,仁贤之士劫俗为虐^⑬,本操虽异,驱出一揆^⑭。故朝廷不获温良之用^⑮,兆民不蒙宽惠之德^⑯,则百姓之命委于酷吏之手^⑰,嗷嗷之怨咎归于上^⑱。

【注释】

①近汉世:称"近"表示本朝,参 2·1 注。良吏:贤吏,有才德的官。

②黄侯:黄霸(前 130—前 51),字次公,西汉名臣,主要活动于武帝、昭帝、宣帝时。因汉宣帝五凤三年(前 55)为丞相,封建成侯,所以称"黄侯"。黄霸三次担任颍川郡郡守,前后治事八年,鼓励农耕蚕桑,救济孤苦贫困,郡中日益治安,百姓顺服,监狱里没有重犯。见《汉书·循吏传》。召父:召信臣,字翁卿,西汉良吏。汉元帝时任南阳郡郡守,在任期间为民兴利,鼓励农耕,亲自到田里去视察水利,开凿沟渠灌溉农田,又提倡节俭,民田每年增产,百姓爱戴他,称为"召父"。见《汉书·循吏传》。治郡:严可均辑本作"治都",据《群书治要》卷四十五改。

③视事:管理职事。且:将近。

④且以仲尼之圣,由曰"三年有成":况且以孔子这样的圣人,尚且说"三年才有成就"。典出《论语·子路》,原文为:"子曰:'苟有用我者,期月而已可也,三年有成。'"意思是:"假如有人用我治理政事,一年已可实行教化,三年才见成绩。"由,通"犹"。尚且。

⑤责:责求,要求。造次之效:速成之效果。造次,片刻。

⑥故夫(fú)卒(cù)成之政,必有横暴酷烈之失:二句意为急切地追求政绩,必然不择手段,施政蛮横粗暴。故夫,所以。夫,助词。卒成之政,急促形成的政绩。卒,通"猝"。匆忙,急切。政,政事。这里指政绩。

⑦世俗:世间一般的人。归称:复义词,称赞。归,也是赞许的意思。

⑧谓之辨(bàn)治:说是能办事。辨,治理,办成。在这个意义上,后来写作"辦",简化字作"办"。按,以上二句是指当时风气急功近利,所以都赞扬那些靠不择手段快速取得政绩的官吏。

⑨故绌已复进,弃已复用:意即不见政绩则降职、罢免此人而另起用一人,后一人不见成效,则又降职、罢免,转而用前次降职、罢免的人。绌,通"黜"。降职。弃,弃用,罢免。

⑩横迁:任意升迁。横,放纵,恣意。超取:破格录用。超,超次,越等,即不遵从官员升迁的顺序。

⑪不由次第:由,从,经。次第,次序,顺序。按,以上几句是指当时朝廷用人急功近利。上文说县官到任百日,政事不见改观,就看不顺眼,一年无成效,就赶走,也是指这个意思。所以用人只求有速效,不很快见效就降职、罢免,另起用一人,又不见成效,则又降职、罢免,转而用前次降职、罢免的人,如此则降了又升,弃了又用,任意升降官职,全无章法顺序。

⑫遂:尽力。奋:施展。毒:狠毒。

⑬仁贤之士劫俗为虐:仁贤的人也迫于时俗而行为凶残。劫俗,受迫于时俗。劫,被威逼,被胁迫。为虐,做事凶残。按,以上二句是指由于当时官场风行急功近利,所以为了追求政绩不择手段,不仅凶残之辈逞其狠毒,就是仁慈的人也被迫施政暴虐。

⑭本操虽异,驱出一揆(kuí):本操,原本的操守。驱,追赶,追逐。一揆,一致。这里指要达到的目的一致。按,此两句是承上文

"是以残猛之人遂奋其毒,仁贤之士劫俗为虐"说的,意思是指残暴者与仁贤者虽然节操本不相同,但急于追求政绩的目标是一致的。

⑮温良:指善良的官吏。

⑯兆民:天子之民,民众。

⑰委:付托。酷吏:指滥用刑罚、残害百姓的官吏。

⑱嗷嗷(áo):哀号声。归咎:归罪。咎,罪过、过失。上:指君主。

【译文】

我朝汉世所称的贤良官吏,黄霸、召信臣治理郡,他们管理政事都将近十年,然后成绩才显著。而且以孔子这样的圣人,尚且说"三年见成效",何况是普通人而要求他速见成效呢?所以急促取得的政绩,必然有横暴残酷的过失,而世间众人都赞扬,说是能办事。于是已经降职的又升职,已经罢官的又起用,任意迁升,破格录用,全不遵从顺序。因此残暴的人极力施逞他的狠毒,仁贤的人也迫于时俗而做事凶残,二者虽原本操行不同,追求的目标却一致无二。所以朝廷得不到温和善良的官吏可用,百姓得不到宽厚仁惠的恩德,那么百姓的性命就交到残害人的官吏手上,他们哀号的怨声也都归罪于君主了。

5　夫民,善之则畜①,恶之则雠②,雠满天下,可不惧哉③!是以有国有家者甚畏其民④,既畏其怨,又畏其罚,故养之如伤病,爱之如赤子⑤,兢兢业业⑥,惧以终始⑦。恐失群臣之和,以堕先王之轨也⑧。

【注释】

①善之则畜(xù):对他们好就爱戴你。善,善待。之,指民。畜,爱悦,喜爱。

②雠：同"仇"。这里指仇视、怨恨。

③可不惧哉：难道不可怕么。可不，岂不。

④有国有家者：指诸侯和大夫。此指君主。诸侯有国，大夫有家。国，诸侯的封地叫做"国"。家，卿大夫的封地叫做"家"。

⑤故养之如伤病，爱之如赤子：因此养百姓如养伤病，爱百姓如爱婴儿。赤子，婴儿。"如伤病"、"如赤子"的"如"后面省略了"养"和"爱"字。

⑥兢兢业业：小心谨慎。兢兢、业业，在这里都是谨慎、戒备的意思。

⑦惧以终始：自始至终戒惧着。以，及，连及。

⑧恐失群臣之和，以堕（huī）先王之轨也：恐失和于君臣，坏了先王的法度。以，而。堕，毁坏。轨，法度。按，上文说的都是君主畏民而小心对待，与此两句意思不相连贯，前面当有脱文。

【译文】

老百姓，对他们好就爱戴你，对他们坏就仇恨你，等到仇恨满天下，岂不可怕么！所以拥有国家的人很怕他的百姓，既怕他们怨恨自己，又怕他们惩罚自己，因此养百姓如养伤病，爱百姓如爱婴儿，小心翼翼，始终怀着戒惧。恐失和于君臣，坏了先王的法度。

6　今朝廷虽屡下恩泽之诏①，垂恤民之言②，而法度制令甚失养民之道③，劳思而无功，华繁而实寡④。必欲求利民之术，则宜沛然改法⑤，有以安固长吏⑥，原其小罪，阔略微过⑦，取其大较惠下而已⑧。

【注释】

①朝廷：指天子，所以可说"下恩泽之诏"。恩泽：指施惠于民。

②垂恤民之言：垂，由上达于下叫"垂"，和上句"下"意思同。恤民，体恤百姓，和上句"恩泽"意思同。言，指诏令，和上句"诏"意思同。按，以上两句是一个意思，分成两句说，形成两个对偶的句子，叫"对仗"，其实只是一句。

③而法度制令甚失养民之道：然而法度条令很是有失养民的道理。制令，复义词。法令，条令。制，也是教令的意思。

④劳思而无功，华（huā）繁而实寡：劳思而无功，指天子徒劳思虑而没有功效。华繁而实寡，花开得繁多而结果实少，比喻诏令有名无实。华，同"花"。按，这两句是指天子虽有意体恤百姓，然而体制不合理，再怎么下达诏令也无效，所以说徒劳思虑而没有功效，花多而果实少。

⑤则宜沛然改法：就应该普遍改变办法。沛然，宽广，广泛。法，这里指任用官吏的办法。

⑥有以安固长吏：有安定县官的措施。有以，有用来……的办法。长吏，指县的地方官，见第二节注。按，汉代地方官制，基本为州、郡、县三级，管理行政的为郡、县二级。县是基层单位，与民生直接有关。县官职位稳固，有利于熟悉地方民情，办好事情。

⑦阔略微过：不计较小过失。阔略，宽大不计较。阔，宽大。略，忽略。

⑧取其大较惠下而已：认同他们大致能施惠于民就行了。取，收受，采纳，这里引申为认可、肯定。大较，大致，大略。按，要让地方官安心工作，除了稳定职位，工作上也不能苛求，一般小过失可忽略不计，只要他们大致能对老百姓好，肯定此一点即可。

【译文】

　　如今天子虽屡次下达施惠于民体恤百姓的诏令，然而法度条令很是有失养民的道理，徒劳思虑而无功效，花多而果实少。如一定要谋求有利于民的办法，那就应该普遍改变任用官吏的办法，有安定地方县官的措施,宽恕他们的小罪,不计较小过失,肯定他们大致能施惠于民就行。

　　7　昔唐、虞之制[1],三载考绩,三考黜陟[2],所以表善而简恶[3],尽臣力也[4]。汉法亦三年壹察治状[5],举孝廉、尤异[6]。宣帝时,王成为胶东相[7],黄霸为颍川太守[8],皆且十年,但就增秩、赐金、封关内侯[9],以次入为公卿[10],然后政化大行[11],勋垂竹帛[12],皆先帝旧法,所宜因循[13]。及中兴后[14],上官象为并州刺史[15],祭肜为辽东太守,视事各十八年[16],皆增秩中二千石[17]。建初中[18],南阳阴意以诏除郎[19],为饶阳令,视事二十三年,迁寿阳令又十八年[20]。

【注释】

①昔唐、虞之制:唐、虞,指尧、舜时代,参1·1注。制,制度。

②三载考绩,三考黜陟(zhì):每三年考核官吏政绩,三次考核后决定官吏的升降。语出《尚书·舜典》:"三载考绩,三考黜陟幽明。"载,年。考,考核。黜陟,指官吏的贬退和升迁。黜,降。陟,升。

③所以表善而简恶:用此来表彰好官而剔除坏官。所以,用来。表,表彰。简,通"柬"。挑选,引申为剔除、淘汰。这是承上文"三载考绩,三考黜陟"说的。

④尽臣力也:使臣子尽力。尽,动词的使动用法。按,因为考核官吏政绩,根据政绩升降,促使臣子勉力工作,所以说"尽臣力也"。

⑤汉法亦三年壹察治状:壹察,考察一次。治状,治理的情况,即政绩。

⑥举孝廉、尤异:举孝廉、举尤异。举孝廉,指各郡、各国(国为汉代

王、侯的封地,其大小等同郡或县)在当地孝敬、廉洁的人中挑选最好的,举荐给朝廷。如果不能举荐,说明当地风化不好,就是郡守、国相的失职。举尤异,尤异即优异,指上司把政绩特别出众的官吏举荐给朝廷。二者都和考察政绩有关。

⑦王成:汉宣帝时胶东相。地节三年(前67),汉宣帝下诏书褒奖他劝勉招怀百姓从不懈怠,招来流民八万余人,治理地方有特殊的功劳。赐给王成爵号关内侯,俸禄中二千石。见《汉书·循吏传》。胶东:汉诸侯国名。汉文帝前元十六年(前164)置,立刘雄渠为胶东王,都即墨。相:汉代王、侯国的行政长官。王、侯封国大小等同郡县,由朝廷指派的相管理行政,国地位同郡守或县令。

⑧太守:即郡守。汉代郡的长官称"守",也称"太守"。见6·2注。

⑨但就:仅从。此是总冒下文"增秩、赐金、封关内侯"三件事说的。但,仅。就,从。增秩:增加俸禄,升官。赐金:赏赐黄金。关内侯:爵位名称,为第十九级,没有封地,只收取指定县的租税,见晋司马彪《续汉书·百官志五》(在《后汉书》中)。

⑩以次入为公卿:顺次序入朝为公卿。公卿,泛指朝廷大臣。因为从增加俸禄、赏金、封侯,一步步升迁封赏,直至入朝为公卿,所以说"以次"。王成从胶东相,诏封关内侯,增俸禄满二千石;黄霸赐关内侯,赏黄金百斤,增俸禄满二千石,后入朝为丞相。二人都是"以次入为公卿"。

⑪政化:政令教化。大行:广泛推行。

⑫勋垂竹帛:功勋载于史册。垂,留传。竹帛,古代早先无纸,用竹简或帛记事,故书籍称"竹帛"。这里指史册。

⑬所宜因循:所当沿用。因循,沿袭,继承。

⑭中兴:衰落后中途振兴。这里指光武帝兴立东汉王朝。

⑮上官象:其人情况未详。

⑯祭(zhài)肜为辽东太守:祭肜于光武帝建武十七年(41)任辽东郡太守,在任期间大破鲜卑游牧部落,使鲜卑来归附。见《后汉书·祭肜传》。

⑰视事各十八年:据《后汉书·祭肜传》及《东观汉纪·列传四》,祭肜治理辽东凡三十年,这里说与上官象都理事十八年,与《后汉书》等说法不同。视事,理事。

⑱中(zhòng)二千石(shí):据唐颜师古《汉书·百官公卿表上》注,中二千石即满二千石,为月俸一百八十斛(hú,十斗为斛)。中,达到。石,官吏俸禄的计量单位,也表示官位的级别。

⑲建初中:建初年间。建初,东汉章帝刘炟年号,76—84。中,期间。

⑳南阳阴意以诏除郎:南阳阴意以诏令受郎官。南阳,郡名。阴意,其人未详。除,授官。郎,郎官,天子的随从。

㉑迁寿阳令又十八年:"又"下省略"视事"。按,阴意事说明任县官时久。

【译文】

从前尧舜时代的制度,每三年考核官吏政绩,三次考核后决定升降,用此来表彰好官而淘汰坏官,使臣子勉力办事。汉代法度也是三年考察一次,举孝廉、举尤异。宣帝时,王成为胶东国相,黄霸为颍川太守,理事都将近十年,仅从增加俸禄、赏赐黄金、封关内侯,按顺序直至入朝为公卿,然后政令教化广泛推行,功勋载于史册,这些都是先帝的旧法,应该遵循。到光武帝中兴后,上官象为并州刺史,祭肜为辽东太守,各自理事十八年,都增加俸禄满二千石。章帝建初年间,南阳阴意以诏令受郎官,后为饶阳县令,理事二十三年,迁任寿阳县令后又理事十八年。

8　近日所见,或一期之中郡主易数二千石①,云扰波转②，溃溃纷纷③，吏民疑惑，不知所谓④，及公卿尚书亦复如此⑤。且台阁之职尤宜简习⑥，帝时尚书但厚加赏赐⑦，希得外补⑧，是以机事周密⑨，莫有漏泄。昔舜命九官⑩，自受终于文祖⑪，以至陟方⑫，五十年不闻复有改易也⑬。圣人行之于古，以致时雍⑭；文宣拟式⑮，亦至隆平⑯。若不克从⑰，是羞效唐、虞而耻遵先帝也。

【注释】

①期：周年。郡主：郡的长官。二千石：指郡守。汉代郡守的俸禄为二千石，故郡守称"二千石"。

②云扰波转：此句比喻官吏升降变化无常。云扰，如云之纷扰多变。波转，如波之翻滚无常。

③溃溃纷纷：杂乱无章。溃溃、纷纷，都是纷乱的意思。

④吏民疑惑，不知所谓：官吏和百姓都迷惑不解，不知上头的意思。所谓，指用意所在，意旨。按，这两句也是指朝廷用人无章法，官吏的去留没有定准，所以下面都心怀疑惑，不知上头的意思。

⑤及公卿尚书亦复如此：至于朝廷公卿、尚书情况也是如此。尚书，东汉时，尚书台为总理国家各项政务的中枢机构，长官为尚书令，副职为尚书仆射（yè），下分六个部门，即"六曹"，各设尚书一人，见晋司马彪《续汉书·百官志三》。按，此句是指即使朝中大臣也同样职位不稳固。

⑥台阁：即尚书台。简习：熟悉。这里指熟悉政务。简，通"娴"。娴熟。

⑦帝时尚书但厚加赏赐：严可均说"帝"上脱一字。按，当作"先帝"，崔寔《政论》每说"先帝"，指汉室前代君主。但，只。

⑧希得外补：少有外调。希，稀少。外补，外调，调任地方官。按，

以上三句是指尚书一职是协助皇帝处理政务的,因而了解国家机密,故不宜调任地方官,以免机密泄漏于外。所以下文说"是以机事周密,莫有漏泄"。

⑨机事:国家机密之事。周密:这里指保守得严密。

⑩昔舜命九官:事见《尚书·舜典》。命,任命。九官,禹作司空,掌管土地,治水土;弃作后稷,掌管农业;契(xiè)作司徒,掌管教化;咎繇(gāoyáo,也做"皋陶",读音同)作士,掌管刑狱;垂作共工,掌管工务;益作朕虞,掌管山泽;伯夷作秩宗,掌管典礼;夔(kuí)作典乐,掌管乐律;龙作纳言,掌管传布王令和反映下情。

⑪受终:承受帝位,指尧禅位于舜。文祖:尧的祖庙。相传尧在祖庙禅位于舜。

⑫以至陟(zhì)方:此指舜死。以至,直到。陟方,巡狩。相传舜巡守南方,死于苍梧之郊野,故以"陟方"表示舜死。以上并见《尚书·舜典》。

⑬五十年不闻复有改易也:五十年,指舜在位五十年。改易,指换人担任九官。以上三句是说舜自登帝位,直到南巡而死,在位五十年间没听说有换人任九官之事。

⑭以致时雍:以此使天下太平。致,使达到。时雍,语出《尚书·尧典》"黎民于变时雍"句,意思是百姓变得和睦。后来以"时雍"表示世间太平。

⑮文宣拟式:文帝、宣帝照着做。拟式,模拟效法。式,效法。

⑯隆平:兴旺太平。

⑰若不克从:如果不能跟从他们。克,能够。

【译文】

近来看到,有时一年之中郡中换了几次太守,如云之纷扰多变、波之翻滚无常,杂乱无章,官吏百姓都迷惑不解,不知上头的意思,至于朝廷公卿、尚书情况也是如此。况且尚书的职务尤其要熟悉政务,先帝时只是对尚书重加赏赐，很少有调任地方官的，所以国家机密保守得严密，不会外泄。从前舜任命九官，从他在尧的祖庙登帝位起，到南巡身死，五十年间没听说有换人担任九官之事。古时候圣人这么做，以至于天下太平；文帝、宣帝跟着做，也达到国家兴盛。如果不能跟从他们，就是羞于效法尧舜而耻于遵从先帝了。

阙题七

【题解】

本篇由严可均辑自《群书治要》卷四十五。

汉代官吏的俸禄低,这在物价低廉而稳定的时候,问题还不明显,一旦物价腾跃而不稳定,影响到一般官吏的生计,问题就大了。崔寔举例说,当时一个地方县官的月俸收入,扣除仆从的佣金和自己的日常生活费用,剩下的就只够供马料的开销,至于四季添换衣被、祭祀祖先及平时应酬宾客等费用根本支付不出,更谈不上接养父母妻子。而这些无钱赡养父母家小的官吏,正是手握职权、统治百姓、审理案子、掌管仓库的官吏。崔寔说让他们去治民理财,等于让渴马守水,饿狗看肉,不可能不侵占,那就必然产生贪污受贿、监守自盗的罪恶。崔寔认为,人有了生计,才能知情达理,有羞耻之心。所以他说人们衣食足备,然后可用礼义教化他们,用刑罚威慑他们;如果衣食不足,父母也不能使儿子孝顺自己,那么君主能约束臣下吗? 也就是说,要官吏廉洁,必须建立在他们的俸禄足够养家的基础上。所以他建议适当增加俸禄,使官吏有足够的收入养家,杜绝他们因顾家而起犯罪的念头。同时,要加重对官吏贪污受贿的处罚。这样,官吏于养家既无内顾之忧,在外做官又畏惧遭严惩而不敢贪污,他们就会人人心存廉洁,而老百姓也不会受侵犯。其实,俸禄的充裕对官吏保持廉洁能起一定作用,但时值东汉晚期,能否做到普遍提升薪俸,以及提升后能否根本解决吏治问题,这些都是崔寔未能考虑到的。

1　昔明王之统黎元①,盖济其欲而为之节度者也②。凡人情之所通好③,则恕己而足之④。因民有乐生之性,故分禄以颐其士⑤,制庐井以养其萌⑥,然后上下交足⑦,厥心乃静⑧。人非食不活,衣食足,然后可教以礼义,威以刑罚⑨。苟其不足⑩,慈亲不能畜其子⑪,况君能捡其臣乎⑫？故古记曰⑬:"仓廪实而知礼节,衣食足而知荣辱⑭。"

【注释】

①黎元:即黔首,百姓。

②盖济其欲而为(wèi)之节度者也:既满足他们的欲望又为他们节制欲望。盖,句首助词,没有具体意义。济,成全,满足。节度,节制,调节。

③凡人情之所通好:大凡人的性情所共同喜好的。通,普遍的,共同的。

④则恕己而足之:就由自己想到别人而满足他们。恕己,站在自身的立场上替别人着想。之,与"己"相对,指他人。

⑤分禄以颐其士:分发俸禄来养活士民。颐,养。其士,百姓中的士,指士民。按,古代之民,分为士、农、工、商四民,士民为四民之首,即读书以谋做官的人。分禄,给予不同的官职。

⑥制庐井以养其萌:划分田地来养活农民。制,制定,划分。庐井,指井田。相传周代行井田制,九百亩土地划分为九块,四周八块为私田各百亩,中间百亩为公田,像"井"字形,见《孟子·滕文公上》。因为庐舍就在井田中,所以称"庐井",这里是泛指田地。

其萌,百姓中的农民。萌,同"甿"。种田的人。

⑦上下:指士与农。士为四民之首,故称"上",农的地位在士下,故称"下"。这里的"上下"不是泛指君臣或朝廷与百姓。交足:都满足。交,俱,皆。士有官做,农有田耕作,所以说"交足"。

⑧厥心乃静:他们的心才安定。厥,其。

⑨"人非食不活"以下四句:意思是说百姓有了生计,衣食足了,才知情达理,有羞耻之心,所以能用礼义教化,用刑罚威慑。言外之意就是,如果百姓失去生计,活不下去,就会铤而走险,无论怎么"教化"或"威慑"都没用处。

⑩苟其不足:如果衣食不足。此句是承上文"衣食足"说的。苟其,即苟若、如果。苟、其,都是假如的意思。

⑪慈亲:指父母。畜(xù):孝顺。这里作动词用,即"使……孝顺"。

⑫捡:同"检"。禁限,约束。

⑬古记:古书的记载。

⑭仓廪实而知礼节,衣食足而知荣辱:引文见《管子·牧民》,《牧民》二"而"字皆作"则"。仓廪,粮仓。实,满。知荣辱,知道什么是光荣和耻辱,即有是非心。

【译文】

从前贤明的君王统治百姓,既满足百姓的欲望而又为他们节制欲望。大凡人的性情所共同喜好的,就由自己想到别人而满足他们。因为百姓有以生为乐的本性,所以分发俸禄来养士民,划分田地来养农民,然后士、农都满足了,他们的心才安定下来。人没有食物不能活,衣食足备,然后可用礼义教化他们,用刑罚威慑他们。如果衣食不足,连父母也不能使儿子孝顺自己,何况君主能约束臣下吗?所以古书上说:"粮仓满了而后懂礼节,衣食足了而后有是非心。"

2　今所使分威权、御民人、理讼狱、干府库者①,皆群臣之所为②,而其奉禄甚薄③,仰不足以养父母,俯不足以活妻子④。父母者,性所爱也⑤;妻子者,性所亲也。所爱所亲方将冻馁⑥,虽冒刃求利,尚犹不避⑦,况可令临财御众乎⑧?是所谓渴马守水,饿犬护肉⑨,欲其不侵,亦不几矣⑩。夫事有不疑,势有不然,盖此之类⑪。虽时有素富骨清者⑫,未能百一,不可为天下通率⑬。

【注释】

①分威权:分掌职权。威权,威势权力。这里指官职所赋予的权力。御民人:御,治理。民人,即人民。理讼狱:审理案子。讼狱,诉讼,打官司。干(guǎn)府库:管理仓库。干,通"管"。府库,公家储藏财物的库房。

②群臣:指大小各官吏。

③而其奉禄甚薄:奉,通"俸"。薄,少。

④仰不足以养父母,俯不足以活妻子:上不足以赡养父母,下不足以养活妻小。仰、俯,等于说上、下。活,动词,养活。妻子,妻与子女。

⑤性所爱也:天性喜爱的。性,天性。

⑥方将冻馁:正要受冻挨饿。方,正当。馁,饿。

⑦虽冒刃求利,尚犹不避:即使迎着刀锋求财利,尚且不躲避。虽,纵使,即便。尚犹,尚且。犹、尚,意同。

⑧临财御众:掌管财务、治理民众。临、御,都是治理、掌管的意思。

⑨是所谓渴马守水,饿犬护肉:这就是所谓让渴马守水,让饿狗看肉。这两句是比喻官吏俸禄少,使之理财治民必然贪占。护,守护。

⑩欲其不侵,亦不几(jī)矣:要它们不侵占,是没指望的。其,指渴

马、饿狗。亦不几，没希望。亦，助词，没有具体意义。几，通
"冀"。期望。

⑪夫事有不疑，势有不然，盖此之类：事情有无可怀疑的，形势有必
然如此的，大概就是说的这类情况。不然，当作"必然"。盖，大
概。按，这三句是针对上文以"渴马守水，饿犬护肉"比喻官吏理
财治民不能不贪占说的。

⑫虽时有素富骨清者：官吏中虽有时也有家本富裕、品行清廉的
人。意思是这类人不会贪占。时，时或，有时。素，向来。骨，
品行。

⑬通率：通行的标准，常规。

【译文】

现在用来分掌职权、治理百姓、审理案子、监管财物的，都是各个官
吏在做，而他们的俸禄很少，上不足以赡养父母，下不足以养活妻小。
父母，是天性所爱的人；妻小，是天性所亲的人。所爱所亲的人正将受
冻挨饿，即使迎着刀锋求财利，尚且不躲避，何况让他们去掌管财物、治
理民众呢？这就是所谓让渴马守水，让饿狗看肉，要马和狗不侵占，是
没指望的。事情有无可怀疑的，形势有必然如此的，大概就是说的这类
情况。虽然有时也有家本富裕、品行清廉的人，但百中无一，不能当作
天下官吏的通例看待。

3　圣王知其如此①，故重其禄以防其贪欲，使之取足于
奉②，不与百姓争利，故其为士者习推让之风③，耻言十五之
计④，而拔葵去织之义形矣⑤。故三代之赋也⑥，足以代其
耕⑦。故晏平仲，诸侯之大夫耳，禄足赡五百⑧，斯非优衍之
故耶⑨？

【注释】

①其：指官吏。如此：指俸禄少就会起贪念这种情况。

②使之取足于奉：使官吏从俸禄中得到足够的钱。即靠俸禄足以养家。之，指官吏。奉，通"俸"。

③故其为士者习推让之风：所以官吏们做官都习惯了廉让的风气。其，指官吏。为士，做官。士，同"仕"。推让，清廉谦让。

④十五之计：指计算利益。十、五，都是计数之单位，这里以"十五"表示计算利益。

⑤而拔葵去织之义形矣：而不与民争利的道德就体现出来了。拔葵去织，拔去葵菜，弃去织布机。鲁国的国相公仪休，家里人种的葵菜好吃，织的布好用，公仪休就把葵菜全拔掉，把织布机烧毁，说："你们这么做，让农夫、工女怎么卖东西？"事见《史记·循吏列传》。后来就以"拔葵去织"表示做官不与百姓争利。义，这里指正当的行为，即符合道德规范的行为。形，显露，体现。

⑥三代：指夏、商、周。赋：赋予。这里指俸禄。

⑦足以代其耕：足以代替官吏自己耕种谋生。指俸禄足供官吏养家之用。

⑧故晏平仲，诸侯之大夫耳，禄足赡五百：晏婴为齐国之相，能爱自己的亲属，靠他的俸禄赡养的亲属有五百家。见汉刘向《晏子春秋叙录》。晏平仲，晏婴，春秋时齐国大夫。因为齐国是诸侯国，所以称晏婴为"诸侯之大夫"。大夫，泛指卿大夫之类高级官吏。

⑨斯：这。优衍：复义词。优、衍，都是富饶的意思。

【译文】

圣王知道官吏的这种情况，所以多给俸禄以防他们起贪心，使他们从俸禄中得到足够的钱，不和百姓争夺利益，因此官吏们做官都习惯了廉让的风气，耻于计较利益，而不与民争利的道德就体现出来了。所以三代的俸禄，足以代替官吏自己耕种谋生。所以像晏婴，不过是诸侯国一个大夫，而俸禄足够赡养五百家，这不就是俸禄丰厚的缘故吗？

　　4　昔在暴秦，反道违圣①，厚自封宠②，而虏遇臣下③。汉兴，因循未改其制④。夫百里长吏⑤，荷诸侯之任⑥，而食监门之禄⑦。请举一隅⑧，以率其余⑨。一月之禄，得粟二十斛，钱二千⑩。长吏虽欲崇约，犹当有从者一人，假令无奴⑪，当复取客⑫。客庸一月千⑬，刍膏肉五百⑭，薪炭盐菜又五百，二人食粟六斛⑮，其余财足给马⑯，岂能供冬夏衣被、四时祠祀、宾客斗酒之费乎⑰？况复迎父母、致妻子哉⑱？不迎父母，则违定省⑲；不致妻子，则继嗣绝⑳。迎之不足相赡，自非夷、齐，孰能饿死㉑？于是则有卖官鬻狱、盗贼主守之奸生矣㉒。

【注释】

　①反道违圣：违背圣人正道。"反道"与"违圣"是一个意思，都是指秦朝俸禄微薄，不同于三代俸禄丰厚以防官吏贪婪。

　②厚自封宠：意即对宠幸的人自行厚加封赏。此句针对所爱的人，与下句"而虏遇臣下"相对。

　③虏遇臣下：对待臣下如奴仆。虏，奴隶，仆役。这里作副词用，即"像对待奴仆一样"。遇，对待。

　④因循未改其制：沿袭秦代制度未改。指汉代俸禄和秦代一样微薄。

　⑤百里长吏：汉代的县大致方圆百里，见《汉书·百官公卿表上》，所以称县官为"百里长吏"。长吏，县官，见6·2注。

　⑥荷诸侯之任：古代诸侯之国，封地大致也是方圆百里，见《孟子·万章下》。汉代县官掌管方圆百里之地，相当于古代诸侯的封

地,所以说县官担负着诸侯的责任。荷,担负。

⑦食监门之禄:享用看门人的俸禄。食,享受。监门,看守城门的人。此言县官俸禄低。

⑧请:敬辞。表示自己愿意做某件事而请求对方允许。举一隅:举一个例子。一隅,一个例子。隅,角落。《论语·述而》:"举一隅不以三隅反,则不复也。"意思是告知一个角落,学生不能反过来类推其余三个角落,老师就不再重复说。后来有成语"举一反三",表示触类旁通。

⑨率(shuài):总计,总括。

⑩一月之禄,得粟二十斛(hú),钱二千:按,据《汉书·百官公卿表上》,县官俸禄高的在六百石以上,低的在五百石以下。汉代县官的俸禄假定按每月六百石计算,则每月有六七十斛谷子,这里说二十斛,应该没有把钱二千文折合为谷子。粟,未去糠的谷子。斛,十斗。钱二千,二吊钱。一千文铜钱用绳子穿钱孔成串,为一吊,也称一贯。

⑪奴:奴仆,即上句的"从者","奴"是卑称。

⑫当复取客:应再雇用仆人。客,寄食于人的人。这里指受雇的仆从。

⑬客庸一月千:客,指受雇的仆从。庸,同"佣"。指佣金。千,钱千文,一吊钱。

⑭刍膏肉五百:肉钱每月五百文。刍膏肉,泛指各类肉食。刍,指牛羊。膏,肥肉。

⑮二人:指主仆二人。

⑯其余财足给(jǐ)马:剩下来的仅够喂马。财,通"才"。仅仅。给,供应。按,县官每月俸禄二吊钱,全部用于仆人佣金及肉食和其他杂费上;又粟二十斛,主仆食用六斛,剩下十四斛,只够喂马。

⑰四时:四季。祠祀:指祭祖。宾客斗酒:指以酒食招待宾客。费:

总承上面"冬夏衣被、四时祠祀、宾客斗酒"的费用而言。

⑱ 况复迎父母、致妻子哉：何况又要接来父母妻室。迎、致，都是接到任职所在地的意思。妻子，下文说"不致妻子，则继嗣绝"，则此处单指妻室。

⑲ 违定省（xǐng）：违背孝道。《礼记·曲礼上》说，做人子的要对父母"昏定而晨省"，意思是晚间为父母铺好床席，早晨来看望问安。后来用"定省"表示尽孝道。

⑳ 继嗣绝：断了后代。继嗣，后嗣。

㉑ 自非夷、齐，孰能饿死：夷、齐，指伯夷、叔齐。二人是商代孤竹君的儿子，周武王灭商后，二人耻于接受周代俸禄，逃避于首阳山，后饿死，事见《史记·伯夷列传》。这两句是指官吏俸禄薄少，为了养家只能贪污受贿，不会像伯夷、叔齐那样坚守节操。自非，若非。

㉒ 卖官鬻狱：利用职权受贿、枉法断案。卖官，指利用职权受贿，替人违法办事。官，指职权。鬻狱，指靠枉法断案受人贿赂。鬻，出卖。狱，讼案，案件。盗贼主守：掌库房的人自为盗贼，即监守自盗。主守，指掌管守护库房的人。奸：罪恶。

【译文】

往日在暴虐的秦朝，违背圣人正道，对宠幸的人自行厚加封赏，而对待臣下如同奴仆。汉代建立后，沿袭秦代制度未改。掌管方圆百里的县官，担负着诸侯的责任，而享用看门人的俸禄。愿举一个例子，以概括其余情况。一个月的俸禄，得到谷子二十斛，铜钱二吊。县官即便想崇尚节约，还是该有一个仆从，假如没有奴仆，应再雇用仆从。仆从每月佣金一吊钱，买肉钱每月五百文，柴炭、油盐、蔬菜等费用每月又五百文，主仆二人每月食六斛谷子，剩下的仅仅够喂马，哪里供得起冬夏的衣服被褥、四季祭祖、招待宾客酒食的费用？何况又要接来父母妻室呢？不接父母，就有违孝道；不接妻室，就断了后代。接来父母妻室又无力赡养,如果不是伯夷、叔齐,谁能甘心饿死? 于是利用职权受贿、枉法断案、监守自盗的罪恶就发生了。

　　5　孝宣皇帝悼其如此①,乃诏曰②:"吏不廉平,则治道衰③。今小吏皆勤事④,而奉禄薄⑤,欲其不侵渔百姓⑥,难矣。其益吏奉百石以下什五⑦。"然尚俭隘⑧,又不上逮⑨。古赋禄虽不可悉遵⑩,宜少增益⑪,以赒其匮⑫,使足代耕自供⑬,以绝其内顾念奸之心⑭。然后重其受取之罚⑮,则吏内足于财⑯,外惮严刑⑰,人怀《羔羊》之洁⑱,民无侵枉之性矣⑲。

【注释】

①孝宣皇帝:汉宣帝。悼:哀怜。其:指官吏。如此:指俸禄微薄造成的种种情况。

②诏曰:此诏为神爵三年(前59)秋八月所下,见《汉书·宣帝纪》。

③治道衰:治国的途径衰废。即国家治理不好。

④小吏:低级官吏。勤事:勤恳办事。

⑤奉禄:奉,通"俸"。下文"奉百石以下"、"始建薄奉"之"奉"同。

⑥侵渔:侵夺,从中侵吞牟利。渔,捕鱼,引申为掠夺。

⑦其益吏奉百石以下什五:官吏俸禄在百石以下的可增加十分之五。其,在这里表示命令语气。奉百石以下,据《汉书·百官公卿表上》唐颜师古注,指每月俸禄在十六斛以下。

⑧俭隘:复义词,俭、隘都是少、不足的意思。

⑨又不上逮:又不顾及百石以上的。逮,逮及,照顾到。此句是针对宣帝增加俸禄只限于百石以下俸禄最低者说的。

⑩古赋禄:古时发给的俸禄。赋,给予。

⑪少：略微，这里等于说"稍"。

⑫赒(zhōu)：周济，接济。匮：贫乏。

⑬使足代耕自供：使俸禄足够代替农耕来自供家用。

⑭以绝其内顾念奸之心：以此来杜绝官吏因顾家而起做坏事的念头。以，以此，用这个办法。内顾，顾念家。念奸，想着干坏事。

⑮受取：贪污受贿。

⑯内：家中。

⑰外：在外做官。惮：忌惮，畏惧。

⑱人怀《羔羊》之洁：人人都怀有《羔羊》诗所称颂的廉洁心。《羔羊》，指《诗·召南·羔羊》，其《序》曰："召南之国化文王之政，在位皆节俭正直，德如羔羊也。"称颂官吏廉洁。

⑲民无侵枉之性矣：老百姓生活也不会遭侵害受冤屈。侵枉，被侵害受冤屈。性，通"生"。生存，生活。

【译文】

宣帝哀怜官吏这样的处境，于是下诏说："官吏不廉洁公平，国家就治理不好。现在下级官吏都勤恳办事，而俸禄微薄，要他们不侵夺百姓，就难了。官吏俸禄在百石以下的可增加十分之五。"然而还是不足，又没顾及百石以上的。虽不能悉数依照古时发给俸禄，也应当稍加提高，接济官吏的贫乏，使俸禄足够代替农耕来自供家用，以此来杜绝官吏因顾家而起念头做坏事。然后加重对官吏贪污受贿的惩罚，那么官吏家中钱财充裕，做官又畏惧严厉的刑罚，他们就怀有《羔羊》诗所称颂的廉洁心，而老百姓生活也不会遭侵害受冤屈。

6　昔周之衰也，大夫无禄，诗人刺之①。暴秦之政，始建薄奉。亡新之乱②，不与吏除③。三亡之失，异世同术④，我无所鉴⑤。夏后及商覆车之轨，宜以为戒⑥。

【注释】

①昔周之衰也，大夫无禄，诗人刺之：《诗·小雅·正月》，讽刺西周末代的幽王，诗中有"忧心惸惸（qióng，忧愁的样子），念我无禄"的句子。

②亡新：西汉末年，王莽篡国，改国号为"新"，后来被刘玄的起义军所灭。

③不与吏除：不给官吏升官。即薪俸不提高。与，同"予"。授予。除，迁升新职。

④三亡之失，异世同术：指周、秦、新三朝之亡都是因俸禄微薄产生的弊病。三亡，指周、秦、新三朝灭亡。失，失误，过错。同术，走同一条道，意即因同一缘由。术，道路。

⑤我无所鉴：指汉朝仍然沿袭俸禄微薄的制度，对前朝灭亡无所戒鉴。我，我朝，指汉。鉴，戒鉴。

⑥夏后及商覆车之轨，宜以为戒：意即不可重蹈夏、商灭亡的覆辙。夏、商之末，政治败坏，民心背离，终于灭于汤和武王。崔寔这里是提醒，不解决俸禄问题，会造成吏治不清，国家动乱，最终走上夏、商灭亡的老路。后，王。覆车，翻车。

【译文】

从前周朝衰落时，大夫没有俸禄，诗人作诗讽刺。暴虐的秦朝当政时，开始建立俸禄微薄的制度。已亡的新朝乱世，不给官吏升迁。三朝灭亡的过失，时代不同而原因一样，我朝对此无所戒鉴。夏、商翻车的旧路，应该引以为戒。

阙题八

【题解】

本篇由严可均辑自《群书治要》卷四十五。

崔寔以为，大赦自古就有，但都用在特定时期，不随便用。汉承袭秦的制度，原来也不随便用大赦，到了东汉后期，才日愈滥用。当时几乎每年都大赦，甚至一年不止一次。崔寔说，老百姓都习惯了大赦，所以对犯罪少有顾忌，罪犯都期待着大赦，一旦等不到大赦，便逃命结集在一起，聚众作乱，成了祸患，于是朝廷陷于被动，不得不大赦。结果呢？崔寔说大赦造成更多犯罪，犯罪又促进一再大赦，是这么一个恶性循环的结局。所以他建议朝廷改变大赦的做法，向人们宣布今后永不大赦，那么下面的人才会害怕，不敢轻易犯罪。即便做不到这样，也该十年以上才偶尔大赦一次，不能形成习惯。其实，大赦是为了缓和社会矛盾，大赦的滥用只能出现在动乱社会，而实际上解决不了社会犯罪问题。在这一点上，崔寔的看法是对的。但纵使取消大赦，也不意味着问题能解决，犯罪问题的根子在社会制度。

1　大赦之造^①，乃圣王受命而兴^②，讨乱除残^③，诛其鲸鲵^④，赦其臣民，渐染化者耳。及战国之时^⑤，犯罪者辄亡奔邻国^⑥，遂赦之以诱还其逋逃之民^⑦。汉承秦制，遵而不越⑧。孝文皇帝即位二十三年乃赦⑨，示不废旧章而已⑩。近永平、建初之际⑪，亦六七年乃壹赦。亡命之子皆老于草野⑫，穷困惩艾⑬，比之于死⑭。

【注释】

①大赦之造：大赦的开始。造，始。

②受命：接受天命。古代凡兴建国家、统治天下的帝王，都自称是受了上天的命令。

③讨乱除残：讨伐暴乱的国家。下文"诛其鲸鲵，赦其臣民"，即承此句而言。

④诛其鲸鲵：惩罚他们的元凶。诛，惩罚。其，指那些暴乱之国。鲸鲵，俗称鲸鱼。雄的称"鲸"，雌的称"鲵"。引申为元凶、罪魁。

⑤战国：春秋时，前403年韩、魏、赵三家分晋，形成秦、楚、齐、燕、赵、魏、韩七国争雄时代，史称"战国"，至前221年秦灭六国统一天下，战国时代结束。

⑥辄：每每，常常。亡：逃。

⑦遂赦之以诱还其逋逃之民：因而赦免他们来劝导本国逃亡的百姓返回。遂，于是。之，指犯罪逃奔邻国的百姓。诱，诱导，劝导。其，代词，于上文无所承应，根据文意，是相对于"邻国"而代指本国。逋逃，复义词，逃亡。逋，也是逃亡的意思。

⑧遵而不越：遵循而不违背。越，跨过，引申为背离。按，这里说汉承袭秦的制度，遵循不违，没有具体指何种制度。根据上下文，应该是指不常用大赦。上文说，大赦的最初出现，是"圣王"受天命而兴起，讨伐残暴，只惩罚元凶，而普遍赦免臣民，这是指商汤灭夏桀、周武王灭商纣之类的特殊革命时期。又说到了战国时，百姓犯罪往往逃奔邻国避罪，为了召回本国逃亡百姓，也赦免那些逃亡者。所以大赦在古代只用于特定时期，不滥用。秦代也

不轻易施行大赦。秦始皇没有大赦过,到了秦二世,仅大赦过一次,即赦免骊山的囚犯,让他们当兵去抵挡反秦的军队,也是在特定时期用大赦。这里说"汉承秦制",即是指不常用大赦而言。所以下文说汉文帝及后来的明帝、章帝都不像崔寔当时所见那样年年大赦。

⑨孝文皇帝即位二十三年乃赦:按,"赦"前面当脱一数目字。据《汉书·文帝纪》,文帝在位二十三年中,大赦五次。译文中直接补为"五次"。

⑩旧章:旧有的章程制度。这里指大赦制度。

⑪近永平、建初之际:永平,东汉明帝刘庄年号,58—75年。建初,东汉章帝刘炟年号,76—84年。因为都在东汉,相对于西汉的文帝而称"近"。这里不能解释为"近来",译文用"后来"表达。

⑫亡命之子皆老于草野:此句意指犯罪外逃的人得不到赦免,所以在荒野中躲避惩罚到老。亡命之子,指犯罪离家外逃的人。老,终老,到老。草野,荒野。

⑬惩艾(yì):戒惧。

⑭比之于死:都这样到死为止。比,皆。之,至。

【译文】

大赦的开始,是圣王受天命而兴起,讨伐暴乱的国家,惩罚他们的元凶,赦免他们的臣子百姓,逐步地感化他们。及至战国时,犯罪的人往往逃奔邻国,因而赦免他们来劝导本国逃亡的百姓返回。汉承袭秦制,遵循不违。文帝登位二十三年中才五次大赦,不过为表示不废除旧章程而已。后来永平、建初年间,也是六七年才大赦一次。亡命之徒都终老荒野,穷困戒惧,都这样到死为止。

2　顷间以来,岁且壹赦①,百姓忸忕②,轻为奸非。每迫春节徼幸之会③,犯恶尤多。近前年一期之中④,大小四赦,谚曰⑤:"一岁再赦,奴儿喑恶⑥。"况不轨之民⑦,孰不肆意⑧?遂以赦为常俗⑨,初切望之,过期不至,亡命蓄积⑩,群辈屯聚⑪,为朝廷忧。如是则劫⑫,不得不赦。赦以趣奸,奸以趣赦⑬,转相驱蹴,两不得息⑭,虽日赦之,乱甫繁耳⑮。由坐饮多发消渴⑯,而水更不得去口,其归亦无终矣⑰。

【注释】

①岁且壹赦:一年几乎大赦一次。且,几乎。

②忸忕(niǔ shì):习惯,适应。这里指对大赦已经习以为常。

③迫春节徼幸之会:临近春季能侥幸获赦免罪的时节。因为春天是万物生长的季节,古人顺应节气,往往春季下大赦令,故云。但实际上大赦时间并不限于春季。迫,迫近,临近。春节,春季,特指立春。按,春节,古代指立春或春季,和现在"春节"指农历正月初一不同。农历正月初一,古代称"元旦"。徼幸,指遇大赦免罪。会,际,时刻。

④一期(jī):一周年。

⑤谚:民间流传的俗语。

⑥一岁再赦,奴儿喑恶(yìn wù):一年两大赦,小人也嚣张。再,两次。奴儿,此指非君子之小人。奴、儿,都是对人的卑称,等于称人"家伙"、"小子"。喑恶,大声喝叫,气盛。

⑦不轨:越轨,不守法度。

⑧孰:谁。肆意:纵情任性。

⑨遂以赦为常俗:犯罪者以大赦为惯例。遂,于是。常俗,习俗,一贯的做法。

⑩亡命蓄积:逃亡相聚。蓄积,聚集。

⑪群辈屯聚:群辈,这里是同类相聚合的意思,即结伙。屯聚,集

结,指聚众作乱。

⑫如是则劫:如此则朝廷被动。劫,这里是受到胁迫的意思,参照
6·4注。

⑬赦以趣(cù)奸,奸以趣赦:赦免促使犯罪,犯罪又促使赦免。趣,
促使。奸,罪恶。

⑭转相驱蹴(cù),两不得息:赦免与犯罪互相推动,都无法停止。
转相,互相。驱蹴,催促,推动。蹴,通"蹙"。驱、蹙,都是逼赶、
催促的意思。

⑮虽日赦之,乱甫繁耳:纵使天天赦免,乱子将越来越多。虽,纵
使。日,每日。甫,刚刚,正将。

⑯由坐饮多发消渴:如同由于饮水多而引发消渴病。由,通"犹"。
如同。坐,因为,由于。消渴,中医学病名。口渴,善饥,尿多,消
瘦。包括糖尿病、尿崩症等。

⑰其归亦无终矣:这种矛盾的结果是没有止境的。其,指以上两句
所说因口干多喝水而诱发病,发病则更想喝水这种自相矛盾的
情况。归,结果。无终,无止境。按,上文说大赦促使犯罪多,犯
罪一多又不得不大赦,所以这里用消渴病与饮水来比喻这种自
相矛盾。

【译文】

最近以来,一年几乎大赦一次,百姓都习惯了,便轻率地为非作歹。
每当临近春季能侥幸获赦免罪的时节,犯罪尤其多。近来前年一年之
中,大小四次赦免,民谚说:"一年两大赦,小人也嚣张。"何况那些不法之
徒,谁不胡作非为?犯罪者因而把大赦看成惯例,起先迫切盼望大赦,等
过了期大赦不来,便逃亡相聚,结伙聚众作乱,成了朝廷的祸患。如此则
朝廷被动,不得不大赦。赦免促使犯罪,犯罪又促使赦免,相互推动,都无
法停止,即使天天大赦,乱子将越来越多。如同由于饮水多而引发消渴
病,病发了则水更加不能离口,这种矛盾的结果是没有止境的。

3　又践祚改元际①,未尝不赦,每其令曰"荡涤旧恶,将与士大夫更始"②,是褒己薄先③,且违"无改"之义④,非所以明孝抑邪之道也⑤。

【注释】

①又:另外。践祚:即位。这里指新皇帝登基,即继位。祚,严可均辑本误为"作",据《群书治要》卷四十五改。改元:改用新年号。新年号以元年开始,所以称"改元"。新君即位,往往改用新年号。际:时刻。

②每其令曰"荡涤旧恶,将与士大夫更始":往往新君诏令说"扫除旧弊,将和众臣一起革新"。每,每每,往往。其,指继位的新君。荡涤,扫荡剔除。恶,指弊病。士大夫,泛指官吏。更始,重新开始,更新。

③是褒己薄先:这是新君赞扬自己而贬低先帝。褒,称赞。己,指新君自己。薄,轻视,看低。先,先帝。按,上文说新君下令称"荡涤旧恶",这"旧恶"指已故的父亲在位时的弊端,所以说是"褒己薄先"。

④且违"无改"之义:而且违背"不忍改变父业"的道理。《论语·学而》说"三年无改于父之道",意思是孝子思念父亲,三年不忍改变父亲做的事。这里"无改"即"三年无改于父之道"的省略。

⑤非所以明孝抑邪之道也:不是用来彰明孝道、抑制邪恶的办法。按,大赦不能制止犯罪,加之大赦的诏令中有除旧更新的话,又涉嫌违背"无改"之孝,所以说"非所以明孝抑邪之道"。

【译文】

另外新君继位改新年号时,未曾不大赦,往往新君诏令说"扫除旧弊,将和众臣一起革新",这是新君赞扬自己而贬低先帝,而且违背"不忍改变父业"的道理,不是用来彰明孝道、抑制邪恶的办法。

4　昔筦子有云①:"赦者奔马之委辔,不赦者痤疽之砭石②。"及匡衡、吴汉,将相之隽,而皆建言不当数赦③。今如欲尊先王之制④,宜旷然更下大赦令⑤,因明谕使知永不复赦⑥,则群下震栗⑦,莫轻犯罪。纵不能然⑧,宜十岁以上乃时壹赦。

【注释】

①筦子:即管子。筦,同"管"。管子即管仲,春秋时辅助齐桓公称霸诸侯。

②赦者奔马之委辔,不赦者痤(cuó)疽之砭石:见《管子·法法》。赦者奔马之委辔,赦免就是驾驭奔跑的马而放掉缰绳。即放任马横冲直撞而不加控制。这是比喻滥用赦免会造成百姓犯罪无顾忌。委,放弃。辔,缰绳。不赦者痤疽之砭石,不赦免就是治疗毒疮的石针。这是比喻制止犯罪就要严厉从而达到治理。痤疽,脓疮。砭石,石针,古代用来刺破肿疮排出脓血。

③及匡衡、吴汉,将相之隽,而皆建言不当数(shuò)赦:匡衡为丞相前曾任博士,上疏说不宜用大赦,见《汉书·匡衡传》。吴汉病重时,光武帝亲自去探视,问他有什么话要说,吴汉说:"臣愚昧无知,但愿陛下千万不要大赦。"见《后汉书·吴汉传》。匡衡(生卒年不详),字稚圭,东海郡承县(今山东枣庄)人。西汉经学家,以说《诗》著称。元帝时位至丞相。吴汉(?—44),字子颜,南阳宛县(今属河南)人,东汉开国名将,云台二十八将第二位。协助刘秀建立东汉,刘秀称帝后,任大司马、广平侯,先后扫灭刘永、董宪、公孙述、卢芳等割据势力。死后谥忠侯。隽,通"俊"。俊杰。

建言,建议。数,屡次。

④尊:通"遵"。奉行。

⑤旷然:在这里是公开、不加掩饰的意思。旷,明朗。更下大赦令:改变下大赦令的做法。更,更改。

⑥因:从而,然后。谕:告晓,告示。

⑦震栗:惊惧。栗,通"慄"。战栗,恐惧。

⑧纵不能然:纵,纵使,即便。然,如此,指永不大赦。

【译文】

从前管子说:"赦免就是驾驭奔跑的马而放掉缰绳,不赦免就是治疗毒疮的石针。"后来到了匡衡、吴汉二人,都是将相中的杰出者,而都建议不宜经常赦免。现在如想奉行先王的制度,应该公开地改变下大赦令的做法,然后明白告示使人们知道永远不再大赦,那么下面的人就惊怕,没有轻易犯罪的。即便不能做到这样,也应当十年以上才偶尔大赦一次。

阙题九

【题解】

本篇由严可均辑自《通典》卷一。

东汉后期，土地兼并造成社会贫富严重两极化，大量自耕农失去土地，失业流浪。他们不得不卖身依附于豪族地主，过着"失生人之乐"的日子。当时情况正如崔寔在本篇中描述的，一方面富家积累了亿万资财，拥有土地之广比得上王侯，他们贿赂当地官员，欺凌百姓，杀人不抵罪，家中养生送死的花费可与帝王相比；一方面贫民困苦无处立足，只得带领妻子儿女卖身于富人，世世为奴，缺衣少食，活着一生劳苦，死后无葬身之地。针对这种"朱门酒肉臭，路有冻死骨"的局面，崔寔提出移民开垦的办法，以解决民生问题。当时中原黄河流域人口稠密，而无足够耕地，且肥田大多为豪族地主侵吞，而西北部及北部各州郡土地宽广，人口稀少，却没人开发。或人多地少，或地多人少，这种耕地与人口比例不平衡的现象，崔寔认为主要是百姓留恋乡土，不肯搬迁造成的。所以他以汉景帝、武帝先后移民为例，建议朝廷动用行政力量疏散人口，把不能自谋生计的贫民迁徙到耕地宽广的未开发地区，利用屯田来救济百姓。从理论上说，崔寔这个建议没有不妥，但还有个实际施行的问题。景帝、武帝大规模移民，是在社会相对稳定的情况下进行的。崔寔生当东汉末期的动乱社会，朝廷有能力做到有组织地大规模迁徙贫民和流民么？即便迁徙了，怎么安排土地给百姓？又怎么防止新的兼并？这些，崔寔都没有考虑到。

1　昔者，圣王立井田之制①，分口耕耦，地各相副适②，使人饥饱不偏，劳逸齐均③，富者不足僭差，贫者无所企慕④。

【注释】

①井田：相传周代实行井田制，九百亩土地划分为九块，四周八块为私田各百亩，中间百亩为公田，像"井"字形，见《孟子·滕文公上》。

②分口耕耦，地各相副适：分散人口来耕种，土地广狭都相符合。分口，疏散人口。耕耦，复义词，耦，耕种。地各相副适，指土地面积与耕种人口相符。副适，适合，符合。按，井田制是按户口平均分配田地的土地制度，一定面积的土地有一定人数的耕户。而各处的可耕土地广狭不一，所以人口必须从稠密地区疏散到稀疏地区，以免造成地少人多或地多人少的情况。开篇谈井田制和分散人口，是为本篇后文论移民开垦作引子。

③使人饥饱不偏，劳逸齐均：使人们没有饥饱不均，而且劳逸平均。不偏，没有不均。不，无。偏，偏重，偏向，即不均匀。齐均，平均。按，因为人人有田，所以不会出现或饱或饿的偏差；而人口多少与耕地大小相称，所以劳逸平均。

④富者不足僭差，贫者无所企慕：二句指因为均田，所以贫富差别不会过大，富者虽有余而不至于过富，贫者虽不富裕也不至于羡慕富者。僭差，差别过度。僭，过分。

【译文】

从前，圣王建立井田制度，分散人口来耕种，土地广狭都相符合，使人们没有饥饱不均，而且劳逸平均，富者不足以富过头，贫者也不会羡慕别人。

　　2　始暴秦隳坏法度①，制人之财既无纲纪②，而乃尊奖并兼之人③。乌氏以牧竖致财，宠比诸侯④；寡妇清以攻丹殖业，礼以国宾⑤。于是巧猾之萌遂肆其意⑥，上家累巨亿之赀⑦，斥地侔封君之土⑧，行苞苴以乱执政⑨，养剑客以威黔首⑩，专杀不辜⑪，号无市死之子⑫，生死之奉多拟人主⑬。故下户崎岖⑭，无所跱足⑮，乃父子低首⑯，奴事富人，躬率妻孥为之服役⑰。故富者席余而日炽⑱，贫者蹴短而岁踧⑲，历代为虏⑳，犹不赡于衣食㉑，生有终身之勤，死有暴骨之忧㉒。岁小不登㉓，流离沟壑㉔，嫁妻卖子㉕，其所以伤心腐藏、失生人之乐者㉖，盖不可胜陈。

【注释】

①隳（huī）坏：毁坏。

②制人之财既无纲纪：既已无法度限制人们的财富。纲纪，法度。

③而乃尊奖并兼之人：而又推重奖励那些占地聚财的人。并兼，并吞，多指侵吞土地、聚敛财产。按，秦孝公用商鞅，废除井田制，鼓励发展农事，其本意为增加赋税，积蓄国力，但由此开启兼并之路，庶民有能力者占地聚财，导致贫富日益分化。《汉书·食货志上》说秦"庶人之富者累巨万（积累了亿万家资），而贫者食糟糠"，就是指兼并造成的结果。

④乌氏以牧竖致财，宠比诸侯：乌氏县名叫倮（luǒ）的牧人放牧，把牲畜卖了换来珍宝丝绸，献给西北戎族的大王，戎王赐给倮十倍赏金，倮又用这笔钱放牧，牛马多得不可计算，甚至以满一山谷

为计算单位，秦始皇尊重倮如同受封的侯王。事见《史记·货殖列传》。乌氏，秦代乌氏县人，名倮。牧竖，牧童，这里代指放牧。致财，取得财富。宠，宠爱，尊崇。比，等同。

⑤寡妇清以攻丹殖业，礼以国宾：寡妇清家中先人获得丹砂矿穴，几代人垄断开矿利益，累积家资富不胜计，秦始皇用宾客之礼接待寡妇清，为她建筑女怀清台。事见《史记·货殖列传》。寡妇清，秦代巴邑人，名清。攻丹，开采丹砂。攻，开山取矿石。殖业，累积家业。殖，积聚。礼以国宾，按照国宾的身份礼遇寡妇清。礼，礼遇，礼敬。

⑥巧猾之萌：指机巧狡猾，善于谋取财利的人。萌，民。遂：就，便。肆其意：放纵任意，指做事不择手段。

⑦上家：与下文"下户"相对，上、下指贫、富。巨亿：亿亿。形容数量极大。赀：通"资"。资财。

⑧斥地：开拓土地。斥，严可均辑本作"户"，据《通典》卷一引文改。侔（móu）：齐等，与之相当。封君之土：王侯的封地。

⑨行苞苴以乱执政：行贿以蛊惑掌权者。苞苴，古代编织芦苇、茅草的叶子用来包裹鱼肉，称"苞苴"。引申为礼品，贿赂。乱，迷惑，使动心，意即收买。执政，掌权管事的人。

⑩剑客：这里指武士、打手。威：威逼，欺凌。黔首：百姓。

⑪专杀：擅自杀人。

⑫号无市死之子：扬言不抵死罪。号，号称，宣扬。市死之子，当众处死的人。古代处决犯人在街市人多地方执行，称"市死"。子，这里是"人"的泛称。按，《文选》鲍照《咏史诗》"百金不市死"，元刘履《风雅翼》卷七《汉诗补注》："言金多者不死于市。"《史记·货殖列传》："千金之子，不死于市。"都是指有钱的人可以脱罪。见清黄生《义府下》。上文说"行苞苴以乱执政"，即行贿收买当权的官吏，这里说杀人不抵罪，正是"行苞苴以乱执政"的结果。

⑬生死之奉多拟人主：养生送死的花费之多比得上君主。奉，供给。拟，比拟。

⑭下户崎岖：穷人生活困苦。崎岖，地势高低不平，引申为艰难困苦。

⑮跱(zhì)足：立足，容身。跱，犹立。

⑯低首：低头乞求。

⑰躬率妻孥为(wèi)之服役：亲自带着妻儿为富人服劳役。躬，亲自。率，带领。孥，子。

⑱故富者席余而日炽：所以富者酒肉有余而日益昌盛。席，酒席。这里泛指酒肉。日，日益，一天比一天。炽，火势旺，引申为昌盛。这里指钱财势力兴盛。严可均辑本原作"织"，据《通典》卷一引文改。

⑲贫者蹑(niè)短而岁蹙(cù)：贫者困乏而一年比一年窘迫。蹑短，局促，困乏。蹙，通"蹙"。窘迫。

⑳历代：世世。虏：奴隶。

㉑不赡于衣食：缺衣缺食。赡，充足。

㉒暴骨：暴露尸骨，指死无葬地。

㉓岁小不登：荒年歉收。岁，年成。小，短缺，不足。不登，谷物不成熟。

㉔流离沟壑(hè)：流浪在道边。沟壑，路边的排水沟。

㉕嫁：通"贾"。卖。

㉖伤心腐藏：等于说刺心裂肝，伤心断肠。

【译文】

当初暴虐的秦朝毁坏法度，既已无法度限制人们的财富，而又推重奖励那些占地聚财的人。乌氏保靠着放牧致富，受尊宠如同诸侯；寡妇清靠开发丹砂积累家业，受到国宾的礼遇。于是机巧狡猾的人便不择手段，富家积累了亿万资财，开拓的土地可与王侯的封地相比，行贿略蛊惑掌权者,养武士欺凌百姓,擅自杀死无辜的人,而扬言不抵死罪,养生送死的花费多得比拟人君。因而贫户困苦,无处容身,便父子低头乞求,像奴隶一样侍奉富人,亲自带妻儿为富人服劳役。所以富者酒肉有余而日益昌盛,贫者困乏而一年比一年窘迫,他们世世为奴,尚且缺衣少食,活着有一生的劳苦,死后有暴露尸骨之忧。一遇荒年歉收,便流浪路边,卖妻卖儿,他们所以伤心断肠、失去生活乐趣的诸般情由,怕是不能说得完。

3　故古有移人通财①,以赡蒸黎②。今青、徐、兖、冀人稠土狭③,不足相供④,而三辅左右及凉、幽州内附近郡⑤,皆土旷人稀,厥田宜稼⑥,悉不肯垦发。小人之情⑦,安土重迁⑧,宁就饥馁⑨,无适乐土之虑。故人之为言瞑也⑩,谓瞑瞑无所知⑪,犹群羊聚畜⑫,须主者牧养处置⑬,置之茂草则肥泽繁息⑭,置之硗卤则零丁耗减⑮。是以景帝六年诏郡、国⑯,令人得去硗狭,就宽肥⑰。至武帝,遂徙关东贫人于陇西、北地、西河、上郡、会稽⑱,凡七十二万五千口,后加徙猾吏于关内⑲。今宜复遵故事⑳,徙贫人不能自业者于宽地㉑,此亦开草辟土振人之术也㉒。

【注释】

①故古有移人通财:《周礼·地官·大司徒》:"大荒大札,则令邦国移民通财。"据汉郑玄注及唐贾公彦疏,意思是遇到荒年和瘟疫,就迁移当地人口到米价低廉地区,并把米价低廉地区的谷米运输到当地。崔寔下面谈移民开垦,所以举《周礼》的"移民通财"为话头,提出疏散人口来开垦荒地,以解决民生问题。人,当作"民",后人避唐太宗李世民的名讳所改。下文各句中"人"字,除

"小人之情"外,其余均当作"民"。通财,流通谷米。财,地财,指
谷物,参3·3注。

②赡:赡养。蒸黎:百姓。

③今青、徐、兖(yǎn)、冀人稠土狭:青、徐、兖、冀皆州名。青州,在
今山东境内。徐州,在今江苏北部及山东东南部等地。兖州,在
今山东西南部及河南东部等地。冀州,在今河北中南部及山东
西部、河南北部等地。稠,稠密。

④不足相供:土地不足以供人耕种。

⑤三辅:西汉指京城及所管辖的附近地区,在今陕西中部。左右:
一带。凉、幽州内附近郡:凉州、幽州内相邻近各郡。凉州,在今
甘肃、宁夏、青海等地。幽州,在今京、津、河北北部、辽宁等地。

⑥厥田宜稼:那里的田土适合耕种。厥,其,指上文三辅地区及凉、
幽州等地。稼,耕作。

⑦小人:相对于"君子",指被统治者、百姓,特指农民等从事体力劳
动的人。情:本性。

⑧安土:安于乡土。重迁:难以外迁。重,以……为难。

⑨宁(nìng):宁可。就:将就,这里等于说"忍受"。馁:饿。

⑩故人之为(wéi)言瞑也:"民"这个字就是"瞑"的意思。人,当作
"民",唐代为避太宗李世民的名讳而改。为言,作为一个字。
言,即字。这里指"民"字。瞑也,这是对"民"字的解释,即"就是
'瞑'"。按,民、瞑两字古音相近。古代有一种解释字义的方法,
即用一个同音或读音相近的字来解释另一个字,称"声训"。"民
之为言瞑",就是声训。

⑪谓瞑瞑无所知:说的是愚昧无所知。谓,意谓。瞑瞑,眼睛昏花,
看不清,引申为昏昧不明。按,把百姓看成愚昧无知,像"民之为
言瞑也","民者,瞑也"这些话,过去以为是统治者诬蔑下层劳作
者。其实,这是整个中国历史上专制社会的普遍看法,并非是什

么人的偏见。在一个"劳心者治人,劳力者治于人"的封建等级社会里,学政治、受教育都属于治人的"劳心者"之特权,是只有当官的和读书的"士"阶层才享有的权利,农民等下层劳作者自然被视为没有文化的阶层。崔寔作为一个汉代官僚士大夫,虽然同情百姓,自然也无例外地有这种看法。

⑫犹群羊聚畜(xù):就像一群羊被集聚在一起饲养。聚畜,聚在一起饲养。畜,饲养。

⑬须:等待。主者:主管。这里指羊的主人。牧养处置:放养安排。

⑭泽:光泽,指毛色光润。繁息:滋长。繁,通"蕃"。蕃、息都是生长的意思。

⑮硗(qiāo):土地瘠薄。卤:盐碱地。零丁:孤单。这里是稀疏的意思。耗减:耗损减少。

⑯是以景帝六年诏郡、国:六年,当作"元年"。据《汉书·景帝纪》,汉景帝元年(前156)春正月下诏,说连年歉收,老百姓缺食,可以听从百姓迁徙到地广可耕的地区。因为没有版本依据可参照,仍依原文作"六年"。译文加括号作"元年"。国,汉代王、侯的封地,级别随大小等同郡或县。

⑰令人得去硗狭,就宽肥:使百姓可以离开土地贫瘠狭小的地区,到土地宽广肥沃的地区去。人,当作"民"。得,能够,可以。去,离开。硗狭,土地贫瘠狭小地区。就,往,到。宽肥,土地宽广肥沃的地区。

⑱至武帝,遂徙关东贫人于陇西、北地、西河、上郡、会稽:汉武帝迁徙贫民到陇西、北地、西河、上郡、会稽等地,在元狩四年(前119)冬,见《汉书·武帝纪》。遂,于是,便。关东,函谷关以东,又称"关外"。陇西等皆郡。陇西,在今甘肃境内。北地,在今陕西境内。西河,在今山西、陕西等地。上郡,在今陕西、内蒙古等地。会稽,在今江苏、浙江等地。

⑲后加徙猾吏于关内：加徙，加，外加，这里是"又"、"再"的意思。猾吏，奸猾的官吏。关内，即关西，指函谷关以西的京畿地区。按，据《汉书·武帝纪》，元狩五年(前118)春诏令"徙天下奸猾吏民于边"，是说迁徙到边远地区，则与此处说"关内"不符合。因为没有版本依据可参照，原文、译文仍作"关内"。

⑳故事：旧例，指景帝、武帝迁徙百姓的先例。

㉑自业：自己立业，即自谋生计。业，立业。宽地：耕地宽广的地区。

㉒此亦开草辟土振人之术也：这也是开垦荒地来救济百姓的办法。开草辟土，开，开发。草，杂草丛生之处，指荒地。辟，开垦。振，救济。

【译文】

所以古代有移民和流通谷米的办法，用来赡养百姓。现在今青、徐、兖、冀各州人多地少，土地不足耕种，而三辅地区一带及凉、幽州内邻近各郡，都地广人少，那里的田土适合耕种，而都不肯开垦。小民的本性，都安于乡土难以搬迁，宁可忍饥受饿，也不打算搬迁到安乐的地方。所以说"民"这个字就是"瞑"的意思，是说他们愚昧无所知，就像一群羊被集聚在一起饲养，等待主人放养安排，把羊群放到草茂盛的地方，则羊群就肥润增长；把羊群放到贫瘠的盐碱地，则羊群就稀疏不旺。所以景帝六年(元年)诏令各郡、国，使百姓可以离开土地贫瘠狭小的地区，到土地宽广肥沃的地区去。到了武帝时，便迁徙关东贫民到陇西、北地、西河、上郡、会稽等地，共计七十二万五千人，后来又把奸猾的官吏迁徙到关内。现在应当遵行旧例，把不能自谋生计的贫民迁徙到耕地宽广的地区，这也是开垦荒地来救济百姓的办法。

附录　崔寔传（节录自《后汉书》卷五十二《崔骃传》）

寔字子真，一名台，字元始。少沉静，好典籍。父卒，隐居墓侧。服竟，三公并辟，皆不就。

桓帝初，诏公卿、郡国举至孝独行之士。寔以郡举，征诣公车，病不对策，除为郎。明于政体，吏才有余，论当世便事数十条，名曰《政论》，指切时要，言辩而确，当世称之。仲长统曰："凡为人主，宜写一通，置之坐侧。"其辞曰……（下引《政论》见本书，从略）

其后辟太尉袁汤、大将军梁冀府，并不应。大司农羊傅、少府何豹上书荐寔才美能高，宜在朝廷。召拜议郎。迁大将军冀司马，与边韶、延笃等著作东观。

出为五原太守。五原土宜麻枲，而俗不知织绩，民冬月无衣，积细草而卧其中，见吏则衣草而出。寔至官，斥卖储峙，为作纺绩、织纴、练缊之具以教之，民得以免寒苦。是时胡虏连入云中、朔方，杀略吏民，一岁至九奔命。寔整厉士马，严烽候，虏不敢犯，常为边最。

以病征，拜议郎，复与诸儒博士共杂定五经。会梁冀诛,寔以故吏免官,禁锢数年。

时鲜卑数犯边,诏三公举威武谋略之士,司空黄琼荐寔,拜辽东太守。行道,母刘氏病卒,上疏求归葬行丧。母有母仪淑德,博览书传。初,寔在五原,常训以临民之政,寔之善绩,母有其助焉。服竟,召拜尚书。寔以世方阻乱,称疾不视事,数月免归。

初,寔父卒,剽卖田宅,起冢茔,立碑颂。葬讫,资产竭尽,因穷困,以酤酿贩鬻为业。时人多以此讥之,寔终不改。亦取足而已,不致盈余。及仕官,历位边郡,而愈贫薄。建宁中病卒。家徒四壁立,无以殡敛,光禄勋杨赐、太仆袁逢、少府段颎为备棺椁葬具,大鸿胪袁隗树碑颂德。所著碑、论、箴、铭、答、七言、祠、文、表、记、书,凡十五篇。

【译文】

崔寔字子真,又名台,字元始。年轻时性子沉着冷静,喜爱书籍。父亲去世,他幽居父墓旁守丧。丧期满,三公都聘请他,他不应聘。

桓帝初年,诏令公卿、郡国推荐孝行显著和节操出众之士。寔崔由所在郡推荐,召往公车署,因病没有对策,授予郎官之职。他通晓为政的大体,治事的才能有余,议论当时宜做的事几十条,题名叫《政论》,切中时事的要害,言论明晰而确切,当时人都赞许这书。仲长统说:"凡是人主,应该抄写一份,放在座位旁边。"书中说……(以下引《政论》均见本书,从略)

后来受聘于太尉袁汤及大将军梁冀官署,都不应聘。大司农羊傅、少府何豹上奏推荐崔寔才能出众,适合在朝任职,诏令授予议郎职。升迁为大将军梁冀官署的司马,与边韶、延笃等人在东观撰写国史。

后到地方任五原太守。五原土地适合种麻,而当地风俗不懂纺织,老百姓冬天无衣，堆细草睡在草堆中，看到官就披着草出来。崔寔到任，便卖掉备用的什物，为百姓制作纺线、织布的机子来教他们用，百姓赖以免去受寒之苦。当时鲜卑、匈奴北方游牧部族接连入侵云中、朔方各县，杀戮掠夺官民，百姓一年中竟至多次逃命。崔寔整治兵马，严守烽火台，胡人不敢来犯，五原常是防御最好的边郡。

因病召回朝廷，授议郎职，又同各儒臣博士共同校定五经。适逢梁冀被杀，崔寔因是梁冀原来的下属官吏而被免官，禁止做官数年。

当时鲜卑屡次侵犯边境，诏令三公推荐善用兵而懂谋略的人，司空黄琼推荐崔寔，授予辽东太守职。崔寔上任途中，母亲刘氏病故，他上奏求归家葬母守丧。崔寔的母亲有为人母之道，人品贤惠，博览群书。当初，崔寔在五原，母亲常以治民之政务教导崔寔，崔寔有良好的政绩，他母亲有所帮助。守丧完毕，召回朝廷授予尚书职。崔寔因时世正当兵乱，托病不管事，过了几个月就免官回家了。

当初，崔寔父亲去世，他标价出卖田地宅第，修筑坟墓，立碑颂扬。葬父毕，家产耗尽，因为穷困，以卖酒为职业。当时的人多因这事讥笑他，他始终不介意。卖酒不过取得足够的日常费用而已，不求有余。后来当官，历次治理边郡，反而更贫穷。崔寔在建宁年间病故，家中空空荡荡，无钱入殓出殡，光禄勋杨赐、太仆袁逢、少府段颎替他办置棺木等下葬用具，大鸿胪袁隗为他立碑颂德。崔寔所著碑、论、箴、铭、答、七言、祠、文、表、记、书，共十五篇。

昌　言

前言

　　西汉王朝延续二百三十年，至王莽篡政，西汉亡；东汉王朝延续一百九十五年，至献帝让位于曹丕，正式建立三分天下之一的魏国，东汉亡。两汉之亡，殊途同归，都摆脱不了历代封建王朝灭亡之规律，即因君主体制与生俱来的弊病，使得越到后来朝政越腐朽，吏治越腐败，致使生民涂炭，天下不安而动乱起，最后都通过表面不同而实质一样的形式改朝换代。

　　"凡天下之所以不治者，常由世主承平日久，俗渐弊而不寤，政寝衰而不改，习乱安危，逸不自睹"，这是东汉后期崔寔《政论》说的。这里说的久享"太平"的"世主"，主要是指那些王朝后期的君主们。他们面对日趋败坏的社会风气和衰朽的朝政不醒悟，不革改，早已见惯了动乱的局面，安居危境而不自知。这些后期的皇帝，用崔寔的话说，就是"守文之君，继陵迟之绪，譬诸乘弊车矣"，即因循守旧，继承了已衰败的朝政，就像乘着一辆破车上路。这样的皇帝与朝政，怎能使天下得治？那自然是由衰败而乱，由乱而亡的。如果说崔寔看到封建王朝衰败灭亡的原因之梗概，那么其后的仲长统所著《昌言》在这方面就说得更全面。

据《后汉书·仲长统传》，仲长统字公理，山阳高平(今属山东)人，少时博览好学，二十多岁便离家出游求学。有文才，为人豪放，不拘小节。尚书令荀彧(尚书六曹管理朝政各事务，由尚书令统之)举荐他入朝，当了尚书郎，后来又在丞相曹操幕府参议过军事。汉献帝逊位于曹丕那年(220)，他也去世，时年仅四十一，可谓随着东汉亡而亡。本传说，他那部因"每论说古今及时俗行事，恒发愤叹息"而写成的《昌言》，"凡三十四篇，十余万言"。所谓"昌言"，就是正当的言论。不过，和崔寔的《政论》一样，《昌言》也佚失了，现在能看到的，同样只有清朝人的辑本，整段和零碎文句加起来，不过保存了全书的十之一二而已。这十之一二的文字，既记述了他关注政治的议论，又表达出他避世离俗的情绪。这种入世与出世、积极与消极并存的思想，看似矛盾，其实正是封建社会士大夫知识分子的通病之一，即既不满意现实而针砭之，又觅求脱离现实的精神寄托。但从今存的辑本内容看，入世的积极方面还是主要的。正如他本人说的，自己不能行导气养生之术，是因为"心驰于世务，思锐于人事"(见本书附篇二·1)，于世事放不下的缘故。

仲长统对君主制政权从兴建、稳定、衰落到灭亡的过程，在《理乱篇》中有较全面的分析：

一、武力征服，建立政权时期。他说"豪杰之当天命者，未始有天下之分者也。无天下之分，故战争者竞起焉。于斯之时，并伪假天威，矫据方国，拥甲兵与我角才智，程勇力与我竞雌雄"，"角知者皆穷，角力者皆负，形不堪复伉，势不足复校，乃始羁首系颈，就我之衔绁耳"(并见理乱·1)。就是说，开始的时候，天下并非命中注定属于那些开国之君的。既无名分，自然大家都来争抢，于是战争兴起，人人都假托天命，霸据一方，以武力与我争强斗智。等到打得智穷力尽，形势再也不足与我对抗下去，这才俯首称臣。王先谦《后汉书集解》于"豪杰之当天命者，未始有天下之分者也"句下引苏舆说:"此论固然。然以此昌言于曹氏秉政之时,何以为汉地邪?"苏氏意思是,仲长统这话固然不错,但在曹操专擅汉政之时,直言不讳地说这话,那将置名义上还在位的汉朝皇帝于什么地位?因为这等于是说天下不过是武力征服得来,帝王不是天命选定的。所谓成王败寇,你强,就跪称你皇帝;你弱,别人就取代你,你就是寇贼了。既然"当天命"的人不过是如此,那么这"天命"也就是事后的装饰,而不是事先的注定。今天看来这个浅显的道理,在两千年前"正统"、"天命"观念统治人思想的时代,由仲长统婉转地表达出来,诚属难能可贵。

二、天下一统,政权稳固时期。如果政权建立之初,尚不稳定,那些不甘心失败者还在"匈(胸)詈腹诅,幸我之不成,而以奋其前志"(理乱·1),等到传位了一二世之后,政权已稳固,"普天之下,赖我而得生育,由我而得富贵,安居乐业,长养子孙,天下晏然,皆归心于我矣"(理乱·2)。这时,"贵有常家,尊在一人。当此之时,虽下愚之才居之,犹能使恩同天地,威侔鬼神"(理乱·2),即贵贱尊卑秩序已立,天子一人居至高无上之位,其政权无人可以撼动了。

三、后期朝政腐朽,政权衰落至灭亡时期。在这个时期,继位的君主们见天下无人敢违背自己,自以为如同天地一样不可灭亡,于是纵欲穷侈,君臣上下公然淫乱作恶,毒害无辜百姓,弄得"祸乱并起,中国扰攘,四夷侵叛,土崩瓦解,一朝而去"(理乱·3),一日之间便亡了国。

一个君主制朝代由武力夺得政权,这个政权从开国之君起,经过一段巩固稳定时期,必然在后继的君主们手里衰败直至灭亡。于是一个新的君主制朝代又取而代之,并且无例外地重复着前一朝代的兴亡过程。仲长统总结说"存亡以之迭代,治乱从此周复,天道常然之大数也"(理乱·3)。一姓之家天下就这样轮换着,兴亡的过程就这样重演着。有些中国思想史的著作评论说,这是"历史循环论",我个人不同意这样讲。所谓"历史循环论",在古代中国是结合阴阳五行说,把历朝的替代看成是"五行相克"的结果,而根据仲长统上面的原话,他只是总结历代王朝兴亡的三个基本阶段,并未涉及人文与社会的历史变化。纵观中国君主制时代的兴亡过程,难道大抵不是如他所说吗?只是各王朝兴衰的周期有长短,灭亡和替代的形式互有异同罢了。为什么一姓之家天下,总是毁在后代子孙皇帝们手里呢?在今天看来,这个"天道常然之大数",就是专制体制必然造成权力集中,权力的集中到后来就形成权力的无限制和滥用,而无约束地滥用权力,就一定激发人性中的贪婪,权力化的贪婪必然产生日益腐败的人治。所以这并非因为后代子孙皇帝们生来全都是"愚主",而是君主专制体制的必然,它造成了许多"愚主"。当然,仲长统还不可能说出亡国的"愚主"是制度造成的,但他似乎感觉到了。他说:"至于运徙势去,犹不觉悟者,岂非富贵生不仁,沉溺致愚疾邪?"(理乱·3)这里"不仁"是麻木的意思,和"愚疾"都指一种病态。这"生不仁"之"富贵"与"致愚疾"之"沉溺"的背后,不就是无限制的权势么?不就是以皇帝为代表的君主专制体制么?

　　汉武帝罢黜百家,独尊儒术,这个"儒术"和先秦时代孔子创始的儒家学说是有区别的,是被神学化的儒学。它的代表人物就是董仲舒,主要观点就是"天人一也"之说(《春秋繁露·阴阳义》),即后人说的"天人合一"、"天人感应"。这个说法把天说成是有意志的,天与人事相互感通,比如人事的善与恶会感动天,天也会以祥瑞报应人事之善,以灾异警示人事之恶。所以天意能干预人事,人事必须体现天意。这实际等于把自然现象和社会现象挂钩。这个"天人感应"说,与战国时代荀子提出"明于天人之分"(指天道与人事无关)的说法正相反,在今天看,可谓倒退了一大步。但是,至少终两汉之世,"天人感应"说一直影响着汉人的思想,这只要翻翻《汉书》、《后汉书》,从那些奏言、谏书、对策中便能找到证据,仲长统自然也受其影响。他在《法诫篇》中指责外戚与宦官擅权,害民乱国,结果民怨四起,天地阴阳二气失和,日亏月食,妖象频现,虫食庄稼,水旱成灾,这都是外戚宦官作恶招来的。还说当官的让黎民困苦,用人不贤,百姓不安宁,告官争诉不断,于是天地多灾变,人多妖异。这些都是"天人感应"之说。他在《阙题四》中说:"天文,宦者四星,在帝坐傍,而《周礼》有其官职。"(4·1)这也是说人参照天象,用于政事。不过仲长统对天道和人事之关系,看法往往自相矛盾。在《阙题九》中,他谈到两汉的创立者汉高祖和光武帝,以及萧何、曹参、陈平、周勃等功臣,说"二主数子之所以震威四海、布德生民、建功立业、流名百世者,唯人事之尽耳,无天道之学焉。然则王天下、作大臣者,不待于知天道矣"(9·1)。照这样说,建国立功的君主和大臣们只是尽力于人事而已;当天下之主子,作辅国之大臣,不依靠了解天道。这等于说这些事和"天意"无关,可以作为他说的"豪杰之当天命者,未始有天下之分者也"这句话的注脚。那么如何看待天道?他说:"所贵乎用天之道者,则指星辰以授民事,顺四时而兴功业,其大略也,吉凶之祥又何取焉?"(9·1)这里,仲长统实际已经把"天之道"看成天文的四时变化规律,而利用它来"授民事"、"兴功业",落实到人事上去。他说"所壹于人事者,谓治乱之实也"(9·2),即所专注于人事的,是指与国家治乱攸关的实务。像这些说法,可说是摆脱了"天人感应"的观念。然而他又说,如果君主用人无私,亲信贤良,勤谨政务,省察政绩,奖功罚罪,国泰民安,事事得当,"则天地将自从我而正矣,休祥将自应我而集矣,恶物将自舍我而亡矣"(9·2),这仍是"天人感应"的观念。但须注意,他说的天地正常、祥瑞来集,都是"从我"、"应我"而生,也就是"我"的主动作为之结果,不是"我"祈求上天得来的。所以,如果君主的作为和上面说的正相反,把天下弄乱了,那么他说即使勤于占卜问吉凶——"著龟积于庙门之中",勤于祭祀神祇——"牺牲群于丽碑之间",观天象吉凶的冯相氏坐在望台上不下来,管祭祀的祝史俯伏在祭坛旁不起身,也挽救不了国家的败亡。所以他紧接着说:"从此言之,人事为本,天道为末,不其然与?"(9·2)由此可见,尽管仲长统在议论时虽还没有完全摆脱"天人感应"的观念(是否也可以说,他还不能直接否定这个约束当时人思想的观念），但在天道与人事之关系上，他把人事放在"本"的主动地位。在他的议论中，大凡涉及"天人感应"的，几乎都是借用"天道"来针砭"人事"之失的。他甚至说"不求诸己，而求诸天者，下愚之主也"（9·3）。这正是本于"人事为本，天道为末"、"所壹于人事者，谓治乱之实也"之观念所下的评判。

东汉中后期以降，朝政之日益腐朽在政治、经济、民生、社会风俗各方面都表露无遗。把君主不尽力人事看成"下愚之主"的仲长统，著书议论不可能不涉及政病时弊：

在《阙题三》中，他批评后妃临政和外戚擅权，认为就是在万人仰望的人中精心挑选，其中也未必能得到治国之良才，何况在那些骄逸跋扈的外戚家族中选取人，能指望邀天之幸获得人才么？举用那些人当大将军辅政，那国家自然"所赖以治理者甚少，而所坐以危乱者甚众"。（3·1）

在《阙题四》中，他批评灵帝亲信宦官，说灵帝对亲信的宦官宠爱日甚，唯其言是听，有求必应。大凡宦官们贪婪放纵，僭越横行，毒害民政的事，从顺帝、桓帝时兴起，到灵帝时盛行，前后五十多年，"天下亦何缘得不破坏耶"？（4·1）

在《法诫篇》中，他批评外戚、阉党害民乱国，说他们势力遍布朝廷内外，卖官鬻爵，用人不良，守边的人庸弱，治民的人贪狠，侵犯了百姓，惹怒了四方少数民族，招致反叛，国乱民困。《理乱篇》中他又说亲信谄谀的宦侍，尊宠后妃的家人，如使饿狼看守厨房，饥虎放牧牲口，乃至敲骨吸髓，耗尽民脂民膏。

在《损益篇》中，他批评那些被封土授爵的王族子弟专权放纵，说他们掌握着封地内的士人与庶民之命运、生杀予夺之大权，于是恣意骄纵，永知不足，侵害百姓以满足其欲望，同宗不顾上下辈分人伦地淫乱以发泄其情欲。对上有篡夺政权之坏心，对下有侵暴百姓之祸害。

在《阙题五》中，他批评那些王室的子女们娇生惯养，道德败坏，说他们生长于骄慢放纵的环境里,恣欲于声色之中,不知道书上说的正当道理,不听从师傅良言教诲,使得头脑像未开化的夷狄,行为等同禽兽。长幼互相仿效,子孙相继承袭,家成风气,世代为俗。所以名门世家不和王侯之家通婚,不就是因为他们父子兄弟之间不和睦,而妇女品行污秽么?

在《理乱篇》中,他批评靠土地兼并的豪族地主之奢靡与权势,说豪富之家,房屋数百幢相连,沃田遍野,奴婢成千群,田奴以万计。水陆经商遍于各地,囤货居奇满于都城,大屋装不下财宝,山谷容不了牲群。满室尽是娈童美女,后堂成列歌舞艺伎。在《损益篇》又说豪富贸易聚财,房屋、田亩遍布州内各郡。自己未受一乡官之任命,而僭用帝王之服饰;未当百姓一保长之职务,而能驱使千户之大邑听命服役。荣耀享乐超过列侯,权柄势力等同太守、县令。财政自理,犯法不受罚。养武士剑客,为其拼命。

在《阙题二》中,仲长统还批评当时民间闹新房的不良风俗和社会迷信,说在婚礼上棒打戏弄新郎,酗酒纵情以闹事,于公众之中对新娘浪言秽语,当着男女方家人之面公开谈其隐秘之事,助长淫荡邪恶之风气,无过于此了。在《阙题五》中,批判世人忘记了占卜、祈祷是为了表达自己的虔诚的本意,而竞相礼拜邪神、迷信巫术、风水等恶俗,谴责了那些以此为牟利途径的奸邪之辈。

仲长统对历史、天人关系之观念,以及对政病时弊之批评,梗概如上。他所看到的种种政病时弊,在他之前的王符、崔寔也大致说过,并都提出纠正、补救的主张。那么仲长统呢?他在《损益篇》中对于匡改政病时弊,有一个总的说法:“作有利于时、制有便于物者,可为也。事有乖于数、法有玩于时者,可改也。故行于古有其迹,用于今无其功者,不可不变;变而不如前,易而多所败者,亦不可不复也。”(损益·1)意即凡创新利于时,制度便于事,可以去做;事情不合道理,法度忽略时宜,可以改。所以,有些事虽以前做过而有遵循的依据,但施用于现在没有效果,那不能不改。有些事改变了反而不如前,换了办法反而坏事,那也不能不恢复原来的办法。所以在他看来,不论创新、革变、因循、复旧,要看是否宜于时、利于事,再定其可否行之。有些中国思想史的著作引用"变而不如前,易而多所败者,亦不可不复也"这句,便认为仲长统有"复古"的思想倾向,这其实是一种"思维习惯"的误解。须知仲长统是只看效果,不问古今,他上面那段原话说得再明白不过。至于在具体问题上,他认为哪些该革变,哪些该复旧,这是否真行得通,又是否行之有效,那是另一回事。先看看他在《损益篇》中主张"损"什么,"益"什么:

一、抑制藩国势力。削藩之议,西汉文、景之世便提出来,景帝中元五年(前145)下令诸侯王不得管理封邑之百姓,由朝廷派官吏管理,就是说只能享用封邑的租税,没有治民之权。但仲长统认为这样做还不够,藩王的"涛秽之行、淫昏之罪"(损益·2)还很多。虽削弱了藩王的根基,减少了朝廷给的恩惠,他们还是能凭借自己往日的权位,收拢士人庶民为己用。何况他们都是专有其国,世袭其位的,岂能如对平民一样鞭打喝骂,唯我朝廷所为是听呢?所以他说还要"收其奕世之权,校其从横之势,善者早登,否者早去"(损益·2),即取消藩王世袭的权利,抵制他们横行的势力,守法的早早册封,不守法的早早削除。他说取消藩王世袭的权利,等于使藩王的子孙不再享有特权,可说是抑制藩国势力的一种釜底抽薪的办法。他认为这样做是"此变之善,可遂行者也"(损益·2)。

二、恢复井田制与移民开垦。秦孝公用商鞅策废井田,由秦至汉,从此开启土地并兼之路,加速社会贫富两极分化,如《汉书·食货志上》所说"庶人之富者累巨万,而贫者食糟糠"。贫富两极分化至东汉已达极点,土地集中在豪富大庄园主之手,失地之农民大众生计日益恶化,是一个活生生的"朱门酒肉臭,路有冻死骨"之社会,那自然也就是个动荡不安的社会。仲长统认为只有恢复秦以前的井田制,才能扩大太平之世的治理,建立安定社会的基础,调均百姓之贫富,纠正奢靡过度之风气。相传周代把九百亩地划分为井字形九个分区,八家各得周边私田百亩,中间百亩为公田,由八家共为公家耕种,所以井田实际是一种耕地面积和耕户数有定制的均田制度。但仲长统主张恢复井田,其意不是要把富豪手中已并兼来的土地归还于民,而是为移民垦荒打算。他说中原土地狭窄不够用,边远州郡原野空阔未开发,而百姓留恋乡土,老死也不愿迁离。朝廷不指使,谁愿自己去边缘之地? 也可以迁徙罪人去开垦,又便于守边。是的,中原沃土早已被日益并兼,用仲长统的话说,百姓是"田无常主,民无常居"(损益·8),随时可能失去土地,不得安居,除了移民开垦,还有什么解决民生问题的办法? 但移民开垦,必须防止新的并兼又起。所以他说"限夫田以断并兼"(损益·5),即限制一丁所得耕地,断绝并兼之源头。又说对于现在地广人少的边远地区,尚未开垦的中等土地,还是要限制富豪大家,勿使占地过制。凡长草可耕种的荒地,都属官家之田,自己有耕种能力的,才允许他受田。如果听任自取,必然又有并兼的罪恶之事。这就是仲长统恢复井田制的用意。移民开垦,西汉就做过,东汉崔寔也说过,但仲长统还提出必须限田,防止新一轮并兼,则是崔寔未及见的。

三、增赋税以充国用。古代税制十取一,汉代施行轻赋,大抵皆三十取一。到东汉末期,国帑空乏,各地接连出现盗乱、荒灾,要赈救突至的荒灾,又匆匆派军队平乱,于是横蛮征收民财,扣减官吏俸禄,财用还是不足,于是征收名目日益繁多,造成遍地穷困,不能互相救应。针对这种国帑不足应急的情况,仲长统说"可为法制,画一定科,租税十一,更赋如旧"(损益·8),立法规定什一之税,恢复古代税制。具体说来,就是推行征收肥田的租税,计算庄稼的年产量,假定亩产三十斗,则每十斗收税一斗,不算很多。这样一年之间便有数年的储备,即使朝廷临时兴兵,恣意挥霍,遍赐宠幸,尚用不尽。不遵照古税制,效法施行轻税,等到一方报警要兴兵,一方遇灾要救济,不及三年,就会出现核算库帑亏短,眼睁睁看着兵士缺食,一眼望去路上都是饿死的人的情况了。

仲长统主张增加赋税,是针对当时国库空虚,用度不支,一遇灾荒、盗乱便横征暴敛以应急,且下面官吏也借端巧立名目以谋私利。而且他是说征收肥田的租税,肥田基本都在豪富手里,所以增赋主要也是针对豪富的。然而时至东汉末期垂亡之际,民生涂炭,增赋真能利国利民么?百姓负担得起么?豪富真会听任朝廷增赋以充国用么?恐怕仲长统自己也说不上来了。

四、恢复肉刑。汉代肉刑是残伤肢体的中等刑罚,如割鼻、斩足等,比死刑轻,比髡钳、鞭笞之轻刑重。文帝十三年(前167)下令废除肉刑。仲长统主张恢复肉刑,他认为废除肉刑后,使得罚罪的轻重没有适当等级,死罪减一等便为髡钳(去发,以铁箍束颈),髡钳减一等便为鞭笞。处死则不得复生,髡钳又无伤于人。既然髡钳、鞭笞不足惩戒中罪,则中罪岂能不和重罪同罚,都处死呢?而像男女私奔、送酒贿赂人、因失误而伤害人之类,罪不当死,处死则罚过重,髡刑则罚过轻。现在顾虑刑轻不足惩恶,于是利用栽赃以成罪名,或者使其死于牢里而假称病死。这样罪律就轻重无标准,名实不相符。肉刑在古代也被看成是不人道的,文帝废除肉刑就是为此。但废除后出现新问题,汉人议论颇多。改肉刑为杖打鞭笞,因施刑过重,往往反致犯人于死或残伤肢体,《汉书·刑法志》说"是后外有轻刑之名,内实杀人。斩右止(止同趾)者又当死,斩左止者笞五百,当劓(割鼻)者笞三百,率多死",就是说的这个问题。至景帝,先后三次减轻笞刑,犯人才得以保全性命和肢体。但减轻笞刑后又产生新问题,即少了肉刑,中罪既不当死,改罚鞭笞则又轻,如《刑法志》所说"死刑既重,而生刑又轻,民易犯之"。仲长统反映当时狱吏故意栽赃以成罪名,或使之死于牢中而假托病死,硬是把犯中罪的人弄死,此类作弊情况也是由于这个问题产生的。既然无一定之处罚标准,或轻或重操之吏手,则其中鬻狱作弊也就免不了。

仲长统在《损益篇》中提出纠改时弊的主要措施,大概如上,他在其他各篇中也涉及类似话题。但这一切纠正措施,都离不开一个前提,即首先朝廷要有所作为,看皇帝怎么"尽人事"。仲长统理想中的皇帝,是什么样子的呢?他在《阙题六》中说"有天下者,莫不君之以王,而治之以道。道有大中,所以为贵也,又何慕于空言高论、难行之术哉"(6·1)。所谓"大中"就是中正不偏,也即中庸。他希望皇帝要以"道"治国,不要羡慕那些空谈高论和难以实现的法子。在《阙题一》中,他希望将来人主对礼、仪、法、教这四项基本的东西,要"临之以至公,行之以至仁,壹德于恒久,先之用己身"(1·1),即以最公正的心监督它,以最仁慈的心施行它,而且始终坚持不变,并以身为表率。又说"我有公心焉,则士民不敢念其私矣。我有平心焉,则士民不敢行其险矣。我有俭心焉,则士民不敢放其奢矣。此躬行之所征者也"(1·2)。由此可看出,仲长统心目中的为君治国之道,仍属于德治、身教的范畴,正如他自己在《阙题一》中说的:"德教者,人君之常任也,而刑罚为之佐助焉。"(1·1)对于君主制的统治者来说,德治、身教的确是"常道",但在东汉垂亡之际,希望汉献帝做到"大中"、"至公"、"至仁",做到"公心"、"平心"、"俭心",做到集中权力,能使"政不分于外戚之家,权不入于宦竖之门"(1·1),这和他自己反对的"空言高论、难行之术",又有什么区别?稍前于仲长统的崔寔作《政论》,说治乱世只能靠严法,不能靠德教,提出"参以霸政","重赏深罚","明著法术",就是搞法治。搞法治就能挽救垂亡的东汉王朝么?自然也不能。但至少崔寔能看到,这时候再谈"德教"已是空话。仲长统对崔寔的《政论》很欣赏,《后汉书·崔寔传》引仲长统说"凡为人主,宜写(《政论》)一通,置之坐侧"。但就现存的《昌言》辑本看,他大抵是主张德教的。《新唐书·艺文志》著录《昌言》,改变旧目录分类,从"杂家"移入"儒家",大概由此。

仲长统对于时弊批评中肯,但针对问题提出的解决办法却软弱无力。这是中国君主制时代的士大夫知识分子、尤其是历朝末期的士大夫知识分子之通病。因为他们本来就站在维持垂亡朝廷的立场上说话,所以拿不出真正有效的办法,只能吁嗟唏嘘,看着王朝轮替。直到历史吹响结束君主制的号角,中国知识分子才能说出真有价值的革变办法。

　　面对谁都不以为然的现实,而看不到可以解决问题的任何办法,仲长统陷于自我矛盾中,产生避世离俗的情绪。《后汉书》本传载录了他写的两首诗,其中一首写道"寄愁天上,埋忧地下。叛散五经,灭弃风、雅。百家杂碎,请用从火。抗志山栖,游心海左"。大意是说:把愁闷送上天,把忧虑埋下地。《诗》、《书》五经抛弃吧,《国风》、《雅》、《颂》扔了吧,诸子百家烧掉吧。我要居山中以高尚志趣,临东海以游冶心情。他要把自己议论时政所根据的经书典籍统统扔掉烧光,他要完全忘掉忧愁,他要居山中、临海曲,放情丘壑了。他在《昌言》中写了一篇卜居乐志的文章(见本书附篇一),同样反映了避世离俗的情绪。他甚至关注道家导气养生之说、羽士神仙之术,以求精神寄托。在本书附篇二中,他就替道家长生之说辩护过。《隋书·经籍志》把《昌言》分在"杂家",大概就是因为里面杂有道家的东西,非"醇儒"。自然,道家之术没使他长生不死,丁壮之年就去世,那年正好他所针砭的东汉王朝也亡了。"殆百草欲衰,而鹎鸱为之先鸣乎"? 这是王夫之《读通鉴论》评论崔寔《政论》说的话。鹎鸱即子规,就是杜鹃鸟,春夏时昼夜啼鸣不止,直到秋来百草将要枯萎,才止啼。王夫之的意思是说,《政论》是给东汉王朝敲丧钟的。那么仲长统的《昌言》,不也是"殆百草欲衰,而鹎鸱为之先鸣"么?

理乱篇

【题解】

本篇由严可均辑自《后汉书·仲长统传》。

"理乱"即"治乱","理"是唐人避高宗李治名讳所改。在本篇中,仲长统总结了君主专制政权由兴起走向灭亡的三个阶段。第一,通过武力征服夺取旧的专制政权,建立新的专制政权时期。仲长统开篇就说"豪杰之当天命者,未始有天下之分者也"。那些所谓"当天命"作天子的豪杰们,本来并没有拥有天下的名分。既然根本没有命中注定的天子,那么人人都可以来争夺天下。所以当旧政权维持不下去的时候,大家都假托天命,霸据一方,凭武力与"我"(指争夺天下的最终胜利者)斗智斗力,一起争夺天下。等到斗得智穷力竭,形势再也无法与"我"对抗,这才俯首帖耳,向"我"臣服,而新专制政权就此建立起来。但这个新建政权并非一开始就稳定,因为那些与"我"争夺天下的失败者,他们有的地位本来比"我"高,或者与"我"同辈,或者还是"我"的旧主子,或曾做官关押过"我",岂能甘心服"我"?于是都在暗中咒骂"我",期待"我"事情搞不成,从而东山再起。第二,政权稳定巩固时期。等到新皇帝都继位了,这个政权已经稳固,百姓要穿衣吃饭、养儿育女,士大夫要获取功名富贵,都得依仗新朝廷,而想要争夺天下的豪杰们此时也早死了心,于是天下归顺,四海太平。这时,天子地位独尊海内,即便是才智最低下的人坐在皇帝位子上，尚且能使他的恩泽如同天地之广大，威怒如同鬼神之可畏了。而且民政、军政、学政一统于新朝廷，就算聪明如周公、孔子，勇武如孟贲、夏育的人，也都受朝廷管辖，不能摆脱朝廷施展他们的才能。第三，后代君主荒淫无道，朝政腐败，政权由衰落走向灭亡时期。那些后代君主坐享太平日久，看到天下没人敢违背自己，自以为如同天地般不会灭亡，于是荒废政务，抛弃人才，恣情纵欲，无所不为，君臣公开淫乱，上下一同作恶。他们亲近的都是宦者、外戚，这些人如同"饿狼守庖厨，饥虎牧牢豚"，以至榨尽百姓脂膏，吸光生民骨髓。结果"祸乱并起，中国扰攘，四夷侵叛"，国家土崩瓦解，一日而亡。这个"三部曲"，基本上反映了君主专制政权由兴起到灭亡的三个阶段，用仲长统的话说，就是"存亡以之迭代，治乱从此周复，天道常然之大数也"。由于后期的君主无道、朝政腐败，历代君主专制政权就这么从兴旺到衰亡，周而复始地轮换着。为什么政权总是毁在"后嗣之愚主"的手里呢？又为什么后代的君主总是导致亡国的"愚主"呢？这正是君主专制体制与生俱来的弊病，即权力集中而无所制约，愈到后来就愈形成权力的滥用，必然产生日益腐败的人治。仲长统其实已经感觉到这个问题了，他说那些后代"愚主"们"至于运徒势去，犹不觉悟者，岂非富贵生不仁，沉溺致愚疾邪"？但这麻木头脑的"富贵"和导致愚病的"沉溺"之背后，不就是无限制的权力么？不就是君主专制体制么？也就是说，是这个专制体制造成了许多"愚主"。在本篇，仲长统还指出，每到政权没落时期，天下都要大乱一番，而且祸乱愈来愈严重。他说，战国时七国争雄，其乱胜过春秋时周王朝之乱；秦末的暴政，导致项羽、刘邦的楚汉战争，其乱又胜过战国；西汉末王莽篡政之乱，算计那期间被杀戮的百姓又倍于秦末及项羽所杀。直至今日献帝时，"名都空而不居、百里绝而无民者，不可胜数"，已是满目荒凉，遍地无人烟，这乱则又胜过王莽之时。仲长统说，世道"变而弥猜，下而加酷"，愈变愈可怕，愈往后乱愈严重，"推此以往，可及于尽矣"，汉代该走到尽头了。事情果如仲长统所料，汉献帝真成了东汉的末代君主。仲长统最后感叹："不知来世圣人救此之道，将何用也？又不知天若穷此之数，欲何至邪？"由此看出，仲长统对于注定造成世乱的君主专制体制，已没有什么信心了。

  1 豪杰之当天命者①，未始有天下之分者也②。无天下之分，故战争者竞起焉③。于斯之时④，并伪假天威⑤，矫据方国⑥，拥甲兵与我角才智⑦，程勇力与我竞雌雄⑧，不知去就⑨，疑误天下⑩，盖不可数也⑪。角知者皆穷⑫，角力者皆负，形不堪复伉，势不足复校⑬，乃始羁首系颈，就我之衔继耳⑭。夫或曾为我之尊长矣⑮，或曾与我为等侪矣⑯，或曾臣虏我矣⑰，或曾执囚我矣⑱。彼之蔚蔚⑲，皆匈罾腹诅⑳，幸我之不成㉑，而以奋其前志㉒，讵肯用此为终死之分邪㉓？

【注释】

①豪杰之当天命者：豪杰中受天命的人。之，句中结构助词，用在主语和谓语之间，使整个句子成为与下句有关联的部分。当天命，指为天子。当，承受。天命，上天的命令，天的旨意。古代认为天子是受命于天的。

②未始：从未，本来没有。天下：指拥有天下。分：名分。者也：等于"也"。者，表示语气停顿，没有具体意义。

③战争者：指武力争夺天下的人。竞起焉：一起出现。竞，争着，争相，也即一同。起，出现。焉，句末语气词。

④于斯之时：在这时候。于，在。斯，此，这个。

⑤伪假：伪托。假，凭借，依托。天威：天命之威。按，此句以及下面直到"疑误天下"各句，都是承上文"故战争者竞起焉"说的。

⑥矫据方国：霸据一方。矫，僭。指非分，越分。方国，本指四方诸

侯之国。这里指一方土地。

⑦甲兵：披甲的士兵。我：指战争的最终胜利者。角（jué）：竞争，较量。

⑧逞：通"逞"。施展。勇力：这里指武力。竞雌雄：争胜负。

⑨不知去就：不懂该做的和不该做的。即做事不知分寸，任意妄为。去就，离去或接近，引申为取舍。

⑩疑误：迷惑贻误。

⑪盖：大概，恐怕。不可数（shǔ）：多不胜计。

⑫知：通"智"。穷：指计穷，无计谋可用。

⑬形不堪复抗，势不足复校：这两句说的是一个意思，即形势上已经无法与我对敌。形，情形。抗，通"抗"。对抗。势，局势。校，较量。

⑭乃始羁首系颈，就我之衔绁（xiè）耳：这才俯首帖耳，向我臣服。乃始，才。羁首，套上笼头。羁，马笼头。系颈，系住脖子。就，服从。衔，马嚼子。绁，缰绳。耳，句末语气词。按，这是以马套上笼头，顺服我的嚼子、缰绳来操控，比喻那些与我斗智斗力的人俯首归顺。

⑮夫（fú）：代词，彼，那些人。或：有人，有的。这里"或"也是代词。以下各句"或"字用法同。

⑯等侪（chái）：同辈。侪，辈。

⑰臣虏：奴仆。这里作动词用，即奴役，役使。

⑱执囚：拘捕囚禁。按，以上四句意思是，这些臣服我的人有的过去是地位比我高的人，有的是我的同辈，有些还是当主子、当官的，所以下面说他们心中郁闷，不肯真心归顺。

⑲蔚蔚（yù）：蔚，通"郁"。抑郁，郁闷。

⑳皆匈詈（lì）腹诅：都在心中咒骂我。匈，"胸"的古字。詈，骂。诅，诅咒，咒骂。

㉑幸：期待，盼望。不成：指事情失败。

㉒而以奋其前志：而因此重振昔日与我争夺天下的志向。以，因此。奋，振奋，振发。前志，往昔的志向，指昔日与我争夺天下的志向。

㉓讵(jù)肯用此为终死之分邪(yé)：岂肯以当臣子作为终身的名分呢？讵，岂。用此，以此。此，指向我称臣。终死，终身至死。分，名分。邪，同"耶"，句末助词，表示疑问。

【译文】

　　豪杰中受天命的人，本来并没有拥有天下的名分。既然没有这个名分，那么武力争夺天下的人就都出现了。在这个时候，大家都假托天命之威，霸据一方，拥兵同我较量才能智慧，施展武力同我争胜负，任意妄为，迷惑贻误天下，这类人恐怕多不胜计。等到斗智的人都计穷了，斗力的人都失败了，情形已不能再对抗，局势已不足再较量，这才俯首帖耳，向我臣服。那些人有的曾是我的尊长，有的曾与我是同辈，有的曾役使过我，有的曾关押过我。他们心情郁闷，都暗中咒骂我，盼着我事情搞不成，而因此重振昔日与我争夺天下的志向，岂肯以当臣子作为终身的名分呢？

　　2　及继体之时①，民心定矣。普天之下，赖我而得生育②，由我而得富贵③，安居乐业，长养子孙④，天下晏然⑤，皆归心于我矣⑥。豪杰之心既绝⑦，士民之志已定⑧，贵有常家⑨，尊在一人⑩。当此之时，虽下愚之才居之⑪，犹能使恩同天地，威侔鬼神⑫，暴风疾霆不足以方其怒⑬，阳春时雨不足以喻其泽⑭，周、孔数千⑮，无所复角其圣⑯；贲、育百万⑰，无所复奋其勇矣⑱。

【注释】

①继体：新君继位。

②我：指本国朝廷。生育：生长。这里指生存。

③富贵：指功名富贵。

④长养：养育。

⑤晏然：安然，安宁。

⑥归心：一心归附。

⑦心：指与我争锋的心思。

⑧士民：士与民，指知识阶层和劳动大众。志：志向。这里指安分守己的决心。

⑨贵有常家：意即尊贵有常。按，这句意思是，社会尊卑次序已定，高贵者地位固定不变，所以说"贵有常家"。

⑩尊在一人：奉天子为尊。一人，指天子。

⑪虽：即使。下愚之才：才智最低下的人。居之：居于帝位。之，指帝位。

⑫犹能使恩同天地，威侔鬼神：尚且能使他的恩泽同天地之广大，威怒如鬼神之可畏。犹，尚且。侔，等同。

⑬暴风疾霆不足以方其怒：暴风迅雷不足比拟他的震怒。疾霆，迅雷。方，比方。

⑭阳春时雨不足以喻其泽：暖春时雨不足比喻他的恩惠。阳春，暖春。其，他的，指天子的。

⑮周、孔：周公、孔子。

⑯角（jué）：竞争。圣：这里是聪明、明智的意思。

⑰贲（bēn）、育：孟贲、夏育，古代著名勇士。

⑱无所复奋其勇矣：奋，逞，施展。按，以上四句的含义是，天下一统，民政、军政、学政都归朝廷统管，即便圣明如周、孔，勇武如贲、育的人，也都受朝廷管辖，不能摆脱朝廷施展他们的才能。

【译文】

等到新君继位的时候,民心都已安定。天下的人,依靠朝廷而得生存,从朝廷得到功名富贵,安居乐业,养育子孙,天下安宁,都归附朝廷了。豪杰既断绝了争夺的念头,士民也定心安分守己,尊贵有常,奉天子为尊。在这个时候,即便是才智最低下的人居帝位,尚且能使他的恩泽如同天地之广大,威怒如同鬼神之可畏,暴风迅雷不足比拟他的震怒,暖春时雨不足比喻他的恩惠,便有数千个周公、孔子,也没处再争竞他们的圣明;有百万个孟贲、夏育,也没处再施展他们的勇力。

3　彼后嗣之愚主①,见天下莫敢与之违②,自谓若天地之不可亡也③,乃奔其私嗜,骋其邪欲④,君臣宣淫⑤,上下同恶⑥。目极角抵之观⑦,耳穷郑、卫之声⑧。入则耽于妇人而不反⑨,出则驰于田猎而不还⑩。荒废庶政⑪,弃亡人物⑫,澶漫弥流⑬,无所底极⑭。信任亲爱者,尽佞谄容说之人也⑮;宠贵隆丰者,尽后妃姬妾之家也⑯。使饿狼守庖厨,饥虎牧牢豚⑰,遂至熬天下之脂膏,斫生人之骨髓⑱。怨毒无聊⑲,祸乱并起,中国扰攘⑳,四夷侵叛,土崩瓦解,一朝而去。昔之为我哺乳之子孙者㉑,今尽是我饮血之寇雠也㉒。至于运徙势去㉓,犹不觉悟者,岂非富贵生不仁,沉溺致愚疾邪㉔?存亡以之迭代㉕,治乱从此周复㉖,天道常然之大数也㉗。

【注释】

①后嗣:后代。

②天下莫敢与之违:天下不敢违背自己。之,指上文“后嗣之愚主”。

③自谓:自以为。谓,认为。

④乃奔其私嗜,骋其邪欲:肆行他们的嗜好,放纵他们的邪欲。奔、骋,都是放纵、肆行的意思。奔,通"奋"。私嗜,个人爱好,嗜好。

⑤宣淫:公开淫乱。宣,显示,宣扬。

⑥恶:作恶。

⑦目极:看尽。极,尽。角抵:相扑,古代类似摔跤的竞技。观:表演。

⑧耳穷:听尽。穷,尽。郑、卫之声:春秋时郑、卫二国的音乐。儒家称郑、卫二国的音乐为"乱世之音",见《礼记·乐记》。泛指靡靡不振的淫荡音乐。

⑨入:内,指在家。耽于妇人:沉迷女色。不反:与下句"不还"意思相同,指陷溺其中而不能自拔、流连不舍。反,"返"的古字。

⑩出:指在外。驰于田猎:驰骋于狩猎。按,以上四句是指"愚主"们过着声色犬马的荒淫生活。

⑪庶政:各种政务。庶,众多。

⑫弃亡:忘掉,抛弃。亡,通"忘"。人物:这里指人才。

⑬澶(dàn)漫弥流:恣情纵欲。澶漫,纵逸,放荡。弥流,横流,放纵。

⑭无所底极:没有终止的地方,没完没了。底极,终止。

⑮佞谄容说之人:花言巧语、奉承讨好之辈。指阿谀逢迎的宦官。佞谄,即谄佞,花言巧语。容说,奉承讨好。说,同"悦"。

⑯宠贵隆丰者,尽后妃姬妾之家也:宠贵,宠爱重视。隆丰,尊崇。隆、丰都有高大的意思,引申为尊崇。家,指家族。按,这句指所尊宠的人都是外戚。

⑰使饿狼守庖厨,饥虎牧牢豚(tún):庖厨,厨房。牢豚,泛指牲畜。牢,养牲口的栏圈。豚,小猪。按,这两句是比喻让宦官、外戚得势,必然侵占民财,犹如使饿狼看守厨房,让饥虎放牧牲畜。

⑱遂至熬天下之脂膏，斫生人之骨髓：以至榨尽百姓脂膏，吸光生民骨髓。天下，指百姓。斫，砍，指砍碎骨头，吸取骨髓。

⑲怨毒：冤屈毒害。怨，通“冤”。无聊：无依赖。指贫困无依的百姓。聊，依靠。

⑳扰攘：骚乱。

㉑为（wèi）我哺乳之子孙者：指百姓。为，被。我，指君主。哺乳，养育。按，据君主专制社会的观念，君对于民，如同父母与子女的关系，如贾谊《新书·春秋》即云：“夫君者，民之父母也。”

㉒今尽是我饮血之寇雠也：如今都是我的结盟仇敌了。饮血，歃血为盟，结盟。寇雠，仇敌。雠，同“仇”。

㉓至于：等到。运徙势去：国运转移而大势已去。

㉔岂非富贵生不仁，沉溺致愚疾邪：难道不是富贵麻木了头脑，迷恋享乐导致愚昧不明吗？不仁，麻木。沉溺，指迷恋享乐。愚疾，愚病，指愚昧不明。

㉕存亡：指朝代的兴亡。以之：由此。之，指上文所述“愚主”们的荒淫昏聩。迭代：更替，轮换。

㉖治乱从此周复：治乱由此反复着。周复，周而复始，反复。治乱，严可均辑本原作“政乱”，据《资治通鉴》卷六十五的引文改。政，唐人避高宗李治名讳所改。

㉗常然：自然。大数：趋势。

【译文】

那些后代的愚昧君主，看到天下不敢违背自己，自以为如同天地一样不能灭亡，便肆行他们的嗜好，放纵他们的邪欲，君臣公开淫乱，上下一同作恶。看尽了相扑的表演，听尽了淫荡的音乐。在家则沉迷女色而不能自拔，在外则驰骋于狩猎而流连忘返。荒废各种政务，抛弃人才，恣情纵欲，没完没了。所信任喜爱的人，都是花言巧语、奉承讨好之辈；所宠爱尊崇的人，都是后妃姬妾之家族。如同使饿狼看守厨房，让饥虎放牧牲畜，以致榨尽百姓脂膏，吸光生民骨髓。冤屈毒害贫困无依的百姓，祸乱四起，中原地区骚乱，四方少数民族侵扰背叛，国家土崩瓦解，一日而亡。昔日被我养育的子民，现在都是我的结盟仇敌了。等到国运转移而大势已去，还不觉悟，难道不是富贵麻木了头脑，迷恋享乐导致愚昧么？兴亡由此更替着，治乱由此反复着，这是天道的自然趋势。

4　又政之为理者，取一切而已①，非能斟酌贤愚之分，以开盛衰之数也②。日不如古，弥以远甚③，岂不然邪④？汉兴以来，相与同为编户齐民⑤，而以财力相君长者⑥，世无数焉。而清洁之士⑦，徒自苦于茨棘之间⑧，无所益损于风俗也⑨。豪人之室⑩，连栋数百⑪，膏田满野，奴婢千群⑫，徒附万计⑬。船车贾贩⑭，周于四方⑮；废居积贮⑯，满于都城⑰。琦赂宝货⑱，巨室不能容；马牛羊豕⑲，山谷不能受。妖童美妾，填乎绮室⑳，倡讴妓乐，列乎深堂㉑。宾客待见而不敢去㉒，车骑交错而不敢进㉓。三牲之肉，臭而不可食㉔；清醇之酎，败而不可饮㉕。睇盼则人从其目之所视㉖，喜怒则人随其心之所虑㉗。此皆公侯之广乐，君长之厚实也㉘。苟能运智诈者㉙，则得之焉；苟能得之者，人不以为罪焉㉚。源发而横流，路开而四通矣㉛。求士之舍荣乐而居穷苦、弃放逸而赴束缚㉜，夫谁肯为之者邪㉝？夫乱世长而化世短㉞。乱世则小人贵宠㉟，君子困贱㊱。当君子困贱之时，局高天，蹐厚地㊲，犹恐有镇厌之祸也㊳。逮至清世，则复入于矫枉过正之检㊴。老者耄矣，不能及宽饶之俗㊵；少者方壮，将复困于衰乱之时㊶。是使奸人擅无穷之福利，而善士挂不赦之罪辜㊷。

苟目能辩色㊽,耳能辩声,口能辩味,体能辩寒温者,将皆以
修絜为讳恶㊽,设智巧以避之焉㊽,况肯有安而乐之者邪㊽?
斯下世人主一切之愆也㊽。

【注释】

①又政之为理者,取一切而已:另外,政事所谓治理得好,不过是求
得统筹划一而已。又,另外,此外。政,政务。为,通"谓"。所
谓,理,当作"治",也是唐人避高宗李治名讳所改。这里是得到
治理、治理好的意思。取,求取。一切,一律,划一。

②非能斟酌贤愚之分,以开盛衰之数也:不能考虑贤愚的区别,而
明白国家兴亡的道理。斟酌,思量,考虑。分,区别。开,开通,
明了。盛衰,指国家兴盛与衰亡。数,道理。按,国家用贤明则
兴旺,用愚昧则衰亡。现在政务只求整齐划一,不具体区别贤
愚,则是不能明白兴亡的道理。

③弥以远甚:比古人愈加差得多了。弥以,更加。远甚,即甚远,远
得多,差得多。

④不然:不是这样。邪(yé):同"耶"。句末助词,表示疑问。

⑤相与:共同,一起。编户:编入户籍的民家。齐民:平民。

⑥相君长:相互争强斗胜。君、长,都是位高者的称呼。这里作动
词用,即高人一头的意思。按,同为平民身份,而以财力相互争
强斗胜,是指那些靠兼并起家、财力雄厚的富豪暴发户,即下文
所谓"豪人"。

⑦清洁之士:洁身自好的士人。士,读书人。

⑧徒:只,仅仅。茨(cí)棘之间:比喻困境之中。茨棘,蒺藜与荆棘。

⑨无所益损于风俗也:益损,增益减损,引申为修正、兴革。按,以
上三句意思是说,那些洁身自好的人,只不过在困境中自己受
苦,改变不了当时兼并聚敛,以财势压人的风气。

⑩豪人之室：富豪之家。

⑪连栋数百：数百幢房屋相连。栋，屋的正梁，代指房屋。

⑫千群：千人聚集成群，成千。

⑬徒附：东汉后期被迫依附于豪强世家的一种人。范文澜、蔡美彪等《中国通史》第二编第三章第四节："堡垒外住着佃农。他们在暴力胁迫下，变成半农奴的身份（人身还不能被买卖），叫做徒附……徒附不仅几乎无偿地替豪强耕作，而且还得替豪强当私兵。"

⑭船车：副词，以船和车运载货物，表示贾贩的方式。贾（gǔ）贩：做买卖。

⑮周于四方：遍于各地。周，遍。这句指经商范围广。

⑯废居积贮（zhù）：囤货居奇。废居，指价高时卖出，价低时买进，以图厚利。废，通"发"。卖出。居，居积停售。积贮，指积存货物。贮，储藏。

⑰满于都城：指囤积的货物堆满都城。按，东汉靠兼并起家的富豪地主大庄园，兼营农、工、商多种经济，所以这里说到经商。

⑱琦赂宝货：珍品宝物。琦，珍贵。赂，财物。

⑲豕（shǐ）：猪。

⑳妖童美妾，填乎绮室：意谓满屋尽是娈童美女。妖童，妖艳的童子，指娈童、男色。美妾，泛指美女。妾，姬妾。绮室，华丽的屋子。

㉑倡讴妓乐，列乎深堂：后堂歌舞艺伎成列。倡讴妓乐，指歌舞艺伎。倡，倡人，歌舞艺人。讴，唱。妓，歌伎。乐，指歌舞作乐。列，陈列。深堂，后堂。

㉒宾客待见而不敢去：堂上宾客久候主人出见，不敢擅自离去。

㉓车骑交错而不敢进：门前访客车骑来往交错，都候着不敢擅自进门。按，以上二句是形容富豪气势可畏。

㉔三牲之肉，臭而不可食：各种肉类多不胜食，以致发臭。三牲，牛、羊、猪。

㉕清醇之酎（zhòu），败而不可饮：美酒多不胜饮，以致败坏。清醇，清净纯正。酎，味浓的美酒。

㉖睇盼则人从其目之所视：左右顾盼，则众人都随着他的眼睛看去。睇盼，顾盼，转动眼珠向看四周。

㉗喜怒则人随其心之所虑：一喜一怒，则众人都顺着他的心思所想。按，以上二句是指众人唯富豪马首是瞻，都追随他的意思。

㉘此皆公侯之广乐，君长之厚实也：这些都是王侯才有的盛美享乐，天子与大臣才有的富足。此，指上文所述富豪兼并之家的各种情况。广乐，盛美的享乐。君长，这里指天子与大臣。厚实，富足。按，这两句是指出身平民的富豪享受王侯与天子大臣的生活与财富，是说他们越分。

㉙运：运用。智诈：诈巧。

㉚不以为罪焉：指不以为有越分之罪。

㉛源发而横（hèng）流，路开而四通矣：源头一开启而水流泛滥，道路一开通而通达四方。横流，水流泛滥。按，这两句是针对兼并之风说的，意即兼并一旦开了头，势必横行无阻，四处通行。

㉜求士之舍荣乐而居穷苦：求士人放下荣华逸乐而自处穷苦之境。舍，舍得，放下。荣乐，荣华逸乐。居，处于。弃放逸而赴束缚：放弃无拘无束而自投约束之中。放逸，无约束。赴，投入。束缚，捆绑。这里指约束自己、自律。

㉝夫（fú）谁肯为之者邪：夫，句首助词。邪，同"耶"。按，以上二句是承上文而说的，即既然开放了兼并，凡能弄巧使诈的人都安享富贵逸乐，不受人们怪罪，而士人洁身自好只能苦自己，改变不了风气，那么要士人洁身自律而甘处穷困之中，谁肯这样做呢？

㉞化世：当作"治世"。化，是唐人避高宗李治名讳所改。

㉟贵宠：贵宠、显贵而受宠信。

㊱困贱：困窘而遭轻贱。

㊲局高天，蹐(jí)厚地：语出《诗·小雅·正月》："谓天盖高，不敢不局；谓地盖厚，不敢不蹐。"局，弯曲。蹐，叠足而立，形容端正地站立。二句意思是，天虽高而不敢不弯腰，地虽广而不敢不正立。形容戒慎小心。

㊳镇厌：压迫。厌，通"压"。

㊴逮至清世，则复入于矫枉过正之检：等到清平时代，则又转入矫枉过正的约束时期。逮至，等到。清世，清平时代。检，检束，约束。按，到了清平时代，要先行治理混乱时期的弊病，则开始时不免有矫枉过正的措施，于是又严加约束，所以说又转入矫枉过正的约束时期。

㊵老者耄(mào)矣，不能及宽饶之俗：老者年事已高，赶不上宽厚的政治风气到来。耄，年高。及，赶上。宽饶，宽厚。饶，宽容。俗，这里指政治风气。按，上文说，等到清平时代，先有个矫枉过正的恢复阶段，然而老者年事已高，等不及赶上宽厚的政治风气到来，所以说"不能及宽饶之俗"。

㊶少者方壮，将复困于衰乱之时：年轻的正当年壮，则又将再次受困于衰乱的时代。方，正当。复，再次。按，年轻人虽赶得上清平时代的宽厚，但因"乱世长而化世短"，则又将再次受困于衰乱的时代。

㊷是使奸人擅无穷之福利，而善士挂不赦之罪辜：使奸诈之徒独占无尽的荣福利益，而善人总是牵连到不赦之罪。是，则，那么。擅，独占。无穷，无止尽。善士，行善之人。挂，牵连，触犯。不赦，这里指免不掉、逃不掉。罪辜，复义词。辜，罪过。按，上文说即便到了清平时代还有个矫枉过正的约束阶段，况且本来就乱世长而治世短，因此善人不受压抑、欺凌的日子本就不多，而

　　　奸诈的人总能在长期的乱世中享福,所以有此说法。

㊸苟:如果,只要。辩:分辨,区别。

㊹修絜:修身自洁。絜,通"洁"。讳恶:顾忌,嫌恶。这里指可嫌恶
　　的事。

㊺设:施,使用。避之:避开它。之,与下句"安而乐之者"的"之",
　　并指修身。

㊻况肯有安而乐之者邪(yé):肯,岂,在这里作副词用。安而乐之
　　者,安心而乐于修身的人。邪,同"耶"。按,以上是指既然奸人
　　使诈有福可享,好人自律落得受罪,只要人都能分辨声色五味之
　　美好,暖衣饱食之安逸,则自然都不愿意修身自律,而愿意用智
　　取巧以避开修身自苦的处境,哪有人安心而乐于修身呢?

㊼斯下世人主一切之愆也:斯,这些,指上文所述种种情况。下世,
　　后世。一切,一律,无例外。愆,过错。按,此句意谓后世人主失
　　德,政事腐败,以至恶人得志,好人受欺,才造成这种现象,所以
　　说都是后世人主的过错。

【译文】

　　此外,政事所谓治理得好,不过是求得统筹划一而已,不能考虑贤
愚的区别,而明白国家兴亡的道理。所以日渐不如古人,与古人相差愈
远,难道不是这样吗? 汉朝兴起以来,一起同为编入户籍的平民,而以
财力相互争强斗胜,这种人世上多得数不清。那些洁身自好的士人,只
不过自苦于困境中,对于风俗无所改变。富豪之家,数百幢房屋相连,
肥田遍野,奴婢成千,田奴以万计。水陆经商,遍于各地;囤货居奇,堆
满都城。大屋装不下珍品宝物,山谷容不下马牛羊猪。满屋尽是娈童
美女,后堂歌舞艺伎成列。堂上宾客久候主人出见,不敢擅自离去;门
前访客车骑来往交错,都候着不敢擅自进门。肉食吃不完以致发臭不
可吃,清纯美酒喝不完以致败坏不可饮。他左右顾盼,则众人都随着他
的眼睛看去;一喜一怒,则众人都顺着他的心思所想。这些都是王侯才

有的盛美享乐，天子与大臣才有的富足。只要会弄巧使诈，就能得到这些；只要能得到，人们不以为有越分之罪。源头一开启而水流泛滥，道路一开通而通达四方。求士人放下荣华逸乐而自处穷苦之境、放弃无拘无束而自居约束之中，谁肯这样做呀？乱世长而治世短。乱世则小人显贵而受宠信，君子困窘而遭轻贱。当君子困窘而遭轻贱之时，天虽高而弯着腰，地虽广而不敢正立，尚且怕遭到压迫之祸。等到清平时代，则又转入矫枉过正的约束时期。老者年事已高，赶不上宽厚的政治风气到来；年轻的正当年壮，则又将再次受困于衰乱的时代。那就使奸诈之徒独占无尽的荣福利益，而行善之人牵连到免不掉的罪过。只要是眼能分辨颜色，耳能分辨声音，口能分辨味道，身体能分辨寒暖的人，将都以为修身自洁是可嫌恶的事，用智取巧以避开它，哪有人安心而乐于修身呢？这些都是后世人主无例外的过错。

5　昔春秋之时，周氏之乱世也①。逮乎战国，则又甚矣②。秦政乘并兼之势③，放虎狼之心④，屠裂天下⑤，吞食生人⑥，暴虐不已⑦，以招楚、汉用兵之苦⑧，甚于战国之时也。汉二百年而遭王莽之乱⑨，计其残夷灭亡之数⑩，又复倍乎秦、项矣⑪。以及今日⑫，名都空而不居、百里绝而无民者⑬，不可胜数。此则又甚于亡新之时也⑭。悲夫！不及五百年，大难三起⑮，中间之乱，尚不数焉。变而弥猜，下而加酷⑯，推此以往⑰，可及于尽矣⑱。嗟乎！不知来世圣人救此之道，将何用也⑲？又不知天若穷此之数，欲何至邪⑳？

【注释】

①昔春秋之时，周氏之乱世也：春秋，时代名。根据《春秋经》记事的年代起讫，东周自平王四十九年至周敬王三十九年（前722—

前481)这段时期,计二百四十二年,史称春秋时代。后多以周平王东迁至韩、赵、魏三家分晋(前770—前476)为春秋时代。周氏,周王室,周代。乱世,指诸侯争霸、周王室地位削弱的动乱时代。

② 逮乎战国,则又甚矣:到了战国,乱愈严重。逮乎,及于,到了。战国,时代名。自周威烈王二十三年韩、魏、赵三家分晋至秦始皇灭六国统一天下(前403—前221)为止,这段时间七国争雄,最终以秦并吞六国而统一中国,史称战国时代。则又甚矣,指乱愈严重。甚,用来表示程度深,有严重、过分、超过等含义。此句本来应该作"则乱又甚矣",因上文已交代"乱世",所以省略了"乱"字。下文"甚于战国之时也"、"此则又甚于亡新之时也",都省略了"乱"字。

③ 秦政:秦始皇。政,始皇名。乘:凭借,利用。并兼之势:指并吞六国之威势。

④ 放:纵任。

⑤ 屠裂天下:屠杀残害天下人。裂,残害。

⑥ 吞食:比喻侵剥。生人:生民,百姓。

⑦ 暴虐不已:不已,无止境。已,止。按,以上五句是指秦统一全国后,滥施暴政。

⑧ 以:因而。楚、汉用兵:秦末,二世胡亥无道,陈涉、吴广首先起义,其后关东各路诸侯皆起兵反秦,最后剩下楚项羽、汉刘邦争雄,以汉灭楚告终。楚、汉,指楚霸王项羽、汉高祖刘邦。用兵,战争。

⑨ 汉二百年而遭王莽之乱:西汉末,外戚王莽篡政建国,国号称"新"。在位时屡改币制,经济混乱,法令烦苛,赋役繁重,终引发赤眉、绿林等农民起义,最后由刘秀(光武帝)武力征伐,建立东汉政权。参《汉书·王莽传》。西汉自开国至王莽篡政(前206—

8),凡二百十四年,这里说"二百年"是举整数。

⑩其:指王莽之乱及各地武装征伐。残夷:指残杀百姓。夷,杀。
　灭亡之数:指百姓死亡之数目。

⑪倍乎秦、项矣:倍于秦代和项羽战乱之时。

⑫以及:以至。今日:指汉献帝时。

⑬名都:大都市。名,在这里是"大"的意思,是由"著名"衍生出来
　的引申义。不居:无人居住。绝:绝迹。

⑭亡新:已灭亡的新朝。指王莽篡政时期。

⑮不及五百年,大难三起:从秦末大起义至汉献帝末年(前209—
　220),秦末楚汉相争、王莽篡政以及汉末献帝时军阀混战,都是
　天下大乱,而三起大灾难前后不到五百年,所以说"不及五百年,
　大难三起"。

⑯变而弥猜,下而加酷:世道愈变愈可拍,愈往后乱愈严重。弥,更
　加。猜,猜疑,引申为害怕、恐惧。下,在后。酷,深,严重。

⑰推此以往:以此推断下去。

⑱可及于尽矣:该走到尽头了,指汉代快要灭亡。可,等于说"该
　当"。

⑲不知来世圣人救此之道,将何用也:不知来世圣人将用什么方法
　挽救世乱呢? 此,指世乱。下句"若穷此之数"之"此"同。道,方
　法。将何用,用什么来救。何用,即"用何"。

⑳又不知天若穷此之数,欲何至邪(yé):又不知老天如果竭尽世乱
　之劫数,要做到什么地步而止呢? 穷,竭尽。数,这里指劫数,厄
　运。邪,同"耶"。

【译文】

从前春秋时,是周代的乱世。到了战国,乱愈严重。秦始皇凭借并
吞六国之威势,纵任虎狼之心,屠杀残害天下人,侵剥百姓,暴虐无止
境,因而招来楚、汉战争之苦难,乱又胜过战国之时。汉代二百年后而

遭遇王莽之乱，算计那时残杀百姓死亡之数，又倍于秦代和项羽之时。以至今日，大城空无人居、百里绝迹无百姓的情况，多得没法数。这乱则又超过已亡的王莽新朝。可悲呀！不到五百年，大灾难发生三次，而中间的动乱，尚不计算在内。世道愈变愈可拍，愈往后乱愈严重，以此推断下去，汉代该走到尽头了。唉！不知来世圣人挽救世乱，将用什么办法救呢？又不知老天如果竭尽世乱之劫数，要做到何种地步而止呢？

损益篇

【题解】

本篇由严可均辑自《后汉书·仲长统传》。

在本篇中,仲长统针对东汉末期种种政治弊病,提出了各项改革措施。他的改革总原则是,不论是创新还是复旧,是变动还是因循,只要有利于时宜,方便于事情,都可以去做。所以他说"故行于古有其迹,用于今无其功者,不可不变;变而不如前,易而多所败者,亦不可不复也"。所以,他对改革是只看效果,不论古今的。仲长统提出的改革内容主要如下:

一、抑制诸侯王势力。东汉所封王室子弟为诸侯王,势力已不如前汉,对封邑已经没有治理权,只是坐享封邑的租税。但尽管如此,他们不仅生活糜烂,而且仗着王族势力无视朝廷法规,这些拥有世袭权的诸侯王成了百姓的祸害,对朝廷也形成威胁。仲长统认为仅剥夺他们的治理权还不够,还要"收其奕世之权",即取消爵位的世袭权。这个"收其奕世之权"是否行得通姑置无论,但在当时提出这种釜底抽薪的办法,是够大胆的。

二、恢复井田制。土地兼并造成社会贫富分化,到东汉末期已经极为严重。靠土地兼并发家的豪族"馆舍布于州郡,田亩连于方国","荣乐过于封君,势力侔于守、令",他们的房舍、田地遍布于州郡,自己没有任何地位,却凭着雄厚财力,荣华逸乐超过诸侯,势力等同郡守、县令。仲长统认为要从根本上遏制土地兼并,只有恢复规定人均耕地面积的井田制。针对失去土地的大量贫苦农民,他主张政府启动移民开垦,"限夫田以断并兼",即限制每个劳动力所得的耕地,以断绝兼并。他主张所有未开垦的可耕种荒地都归国家所有,有能力种地的,才获得田地,不能自行占地。移民开垦,东汉后期崔寔诸人也提出过,当时的政府是否有力量组织移民也是问题,但仲长统认为开垦荒地要限田,防止新一轮兼并,则比崔寔诸人看得远。

三、恢复肉刑。肉刑是残伤人肢体的中等刑法,比重罪的死刑轻,比轻罪的鞭笞等刑重。由于取消肉刑,使得处罚中罪没有相称的刑法。既然没有一定的处罚标准,那么对中罪的处理或轻或重,就操纵在有关官吏手中。所以当时对中罪犯人,往往用栽赃的办法改判成重罪,或者在狱中把犯人弄死,而诡称病死。仲长统说,这种情况是"科条无所准,名实不相应",即律条没有定准,判处的罪名与犯罪之事实不相符。为此他主张恢复肉刑,对犯中罪的施以相应的刑法。肉刑本来是不人道的,但仲长统提出恢复肉刑,是针对当时不当死罪的犯人屡遭枉死的实际情况。所以他说,反对恢复肉刑的人,"是为忍于杀人,而不忍于刑人也"。

四、增加赋税以充国用。古代赋税通常是十分取一,汉代施行轻税,大抵皆三十分取一。东汉末期国库空虚,一遇地区饥荒或盗匪作乱,无力应急,只得临时向百姓横蛮征敛,甚至削减官吏俸禄,以解决救灾和平乱的费用问题。仲长统主张恢复什一税,对肥田的租税统一规定为十分取一,以充实国用。肥田都集中在豪族地主手中,所谓增赋税主要是针对富豪的,但在当时情况下要这样做几乎无可能。

此外在本篇中,仲长统对于国家任用人才以及官吏俸禄薄少的问题,也提出了自己的看法。他认为人才就来自民间,并不缺乏,看用不用而已。他说天下户口超过千万,每户即便只有一个丁壮,也有千万人了,就算十个里挑一个,也可得到百万个能胜任当地方伍长、什长的人,再十里挑一,则可得到十万个胜任当县吏的人了,由此层层向上挑选、举用,可用的人不但不缺,还有余。所以他说:"士有不用,未有少士之世也。"关于官吏的俸禄,他说国家用才能之士,而才能之士穷的多富的少,现在俸禄如此薄,不足以养活家口,岂能不做些谋私走门路的事?不去解决俸禄薄的问题,只是处罚官吏,就是设下机关陷阱,来等待天下的君子触法网了。

1　作有利于时、制有便于物者①,可为也。事有乖于数、法有玩于时者②,可改也。故行于古有其迹,用于今无其功者③,不可不变;变而不如前,易而多所败者④,亦不可不复也⑤。

【注释】

①作:创新。时:时宜。制:制度。物:事。

②乖:违背。数:道理。玩:玩忽,忽略。

③故行于古有其迹,用于今无其功者:所以事情虽通行于古时而有它的踪迹可循,施用于现在却没有它的功效。有其迹,有其迹可循,意即有遵循的依据。

④变而不如前,易而多所败者:事情变了反而不如以前,改了反而会产生很多弊端。易,改易。

⑤亦不可不复也:复,复旧,恢复。按,以上一段,说明了仲长统对改革的总原则,即不论改与不改,是创新还是照旧,要看是否利于时、便于事,只重效果,不论古今。

【译文】

创新有利于时宜、制度方便于事情,可以去做。事情有不合道理的、法度有忽略时宜的,可以改。所以事情虽通行于古时而有它的踪迹可循,施用于现在却没有它的功效,就不可不改变;事情变了却不如以前,改了反而会产生很多弊端,那也不可不恢复过来。

2　汉之初兴,分王子弟①,委之以士民之命②,假之以杀生之权③。于是骄逸自恣④,志意无厌⑤,鱼肉百姓以盈其欲⑥,报蒸骨血以快其情⑦。上有篡叛不轨之奸⑧,下有暴乱残贼之害⑨。虽藉亲属之恩,盖源流形势使之然也⑩。降爵削土⑪,稍稍割夺⑫,卒至于坐食奉禄而已⑬。然其淫秽之行、淫昏之罪⑭,犹尚多焉。故浅其根本,轻其恩义⑮,犹尚假一日之尊,收士民之用⑯。况专之于国,擅之于嗣⑰,岂可鞭笞叱咤,而使唯我所为者乎⑱?时政雕敝⑲,风俗移易⑳,纯朴已去,智慧已来㉑。出于礼制之防,放于嗜欲之域久矣㉒,固不可授之以柄㉓,假之以资者也㉔。是故收其奕世之权,校其从横之势,善者早登,否者早去㉕,故下土无壅滞之士㉖,国朝无专贵之人㉗。此变之善㉘,可遂行者也㉙。

【注释】

①汉之初兴,分王(wàng)子弟:西汉初,高祖刘邦分封儿子与同族人为诸侯王。王,封王。子弟,子侄辈。

②委之以士民之命:把士人与百姓的性命托付给他们。委,托付。士民,士人与百姓。

③假之以杀生之权:把生杀大权给予他们。假,给予。

④骄逸自恣:骄纵放肆。

⑤志意无厌:欲望没有止境。志意,意愿。厌,满足。

⑥鱼肉百姓以盈其欲：鱼肉，这里作动词用，即"把……当成鱼肉"，比喻侵害、欺凌。以，用来。盈，满足。

⑦报蒸骨血以快其情：意指同宗上下淫乱来放纵他们的情欲。报，与同宗上辈私通。蒸，同"烝"。下淫上。古时指与母辈淫乱。骨血，骨肉，同宗。快，放纵。

⑧上有篡叛不轨之奸：指诸侯王对朝廷有叛逆不法的坏心。上，对上面，对朝廷。篡叛，叛逆。不轨，不法。奸，奸心，坏心思。

⑨下有暴乱残贼之害：指诸侯王对百姓有暴虐残害的祸患。下，对下面，对百姓。残贼，残害。害，祸患。

⑩虽藉亲属之恩，盖源流形势使之然也：虽说靠着天子对皇亲的恩赐，恐怕也是形势让他们能如此作为。藉，同"借"。凭借，依靠。亲属，指天子的亲属，即皇亲。恩，恩赐，恩典。源流形势，这四个字表示事出有因，如流之有源、形势所趋。按，诸侯王骄纵放肆，淫乱无度，对上有叛逆朝廷之心，对下有毒害百姓之患，虽说是靠着天子对皇亲的恩赐，但既然"委之以士民之命，假之以杀生之权"，则大权在握，命操其手，也势必发展到这个地步，所以说"盖源流形势使之然也"。

⑪降爵削土：降低爵位，削减封地。

⑫稍稍割夺：逐渐剥夺权势。稍稍，渐渐。按，由于诸侯王势力越来越大，为了削减他们的实权，于是汉景帝中元五年（前145）下令，诸侯王不得管理封地的百姓，由朝廷另派官员管理。见《汉书·百官公卿表上》。所谓"稍稍割夺"就是指此事说的。

⑬卒至于坐食奉禄而已：此指诸侯王没有管理封地的权利，只享用封地的赋税而已。卒，终。坐食，坐享，不劳而食。奉禄，俸禄。这里指封地所出的赋税。

⑭洿秽：洿，同"污"。淫昏：昏乱。淫，过度。

⑮故浅其根本，轻其恩义：虽然削减他们的根基，减少对他们的恩

惠。浅,这里作动词用,等于削减。根本,根基。轻,这里也作动词用,等于减轻、减少。与上句"浅"意思相同。恩义,恩情,恩典。按,上文说对诸侯王"降爵削土,稍稍割夺",所以这里这样说。

⑯犹尚假一日之尊,收士民之用:二句意为,他们仍旧能凭借往日的尊贵低位,收纳士民为其所用。犹尚,仍旧。假,凭借。一日,这里指昨日、昔日。尊,指尊贵的地位。收,收纳。用,使用,使唤。

⑰况专之于国,擅之于嗣:何况他们专有封国,独享爵位世袭。专,专有。之于,等于"于","之"在这里也同"于"。国,指诸侯王所封的国。擅,独享,独占。嗣,指爵位的继承、世袭。按,天子所封诸侯王,他们的封地是专有的,爵位是世袭的,所以这样说。

⑱岂可鞭笞叱咤(chì zhà),而使唯我所为者乎:岂可对他们鞭打呵斥,而使他们唯我天子所为是从呢?叱咤,吆喝,呵斥。我,指天子。

⑲时政雕敝:时政,指当前政治。雕敝,败坏。雕,通"凋"。

⑳风俗移易:按,此句意指社会风气变坏,即下文所说的"纯朴已去,智慧已来"。移易,变换。

㉑智慧已来:巧诈的风气已形成。智慧,指机巧、巧诈。

㉒出于礼制之防,放于嗜欲之域久矣:此句省略了主语"诸侯王",是说他们脱离了礼法的约束,放纵在嗜欲的环境里已久。出,脱离。礼制,礼法。防,防范。放,放纵。域,畛域,范围。

㉓固:必定。柄:权力。

㉔假:给予。资:资财。

㉕"是故收其奕世之权"以下四句:奕世之权,指爵位世世承袭之权。奕世,累世。校(jiào),对抗,抗衡。从横,肆意横行。从,同"纵"。善者,指遵守法度的。登,册封。否(pǐ),恶,指不遵法度。

去,削除。按,仲长统提出取消诸侯王世袭的权力,即爵位只保留一代,是消除外藩势力的釜底抽薪之法。

㉖下土:指地方。壅滞:堵塞,引申为被压抑。

㉗专贵之人:指专横的诸侯王。专贵,地位独尊。

㉘此变之善:变,指上文"收其奕世之权,校其从横之势"等削除外藩势力的改革。善,指有利于事。

㉙遂行:施行。遂,在这里也是"行"的意思。

【译文】

汉代初起,分封宗室子任为诸侯王,把士人与百姓的性命托付给他们,给予他们生杀大权。于是他们骄纵放肆,欲望无止境,鱼肉百姓来满足他们的利欲,同宗上下淫乱来放纵他们的情欲。对上有叛逆不法的坏心,对下有暴虐残害的祸患。虽说靠着天子对皇亲的恩赐,恐怕也是形势让他们能如此作为。于是降低他们的爵位,削减他们的封地,逐渐剥夺权势,终至于坐享俸禄而已。然而他们的污秽行为、昏乱罪过,还是很多。所以虽然削减他们的根基,减少对他们的恩惠,他们仍旧能凭借往日的尊贵地位,收纳士民为其所用。何况他们专有封国,独享爵位世袭,岂可对他们鞭打呵斥,而使他们唯我天子所为是从呢?当前政治败坏,风俗变换,纯朴的风气已消失,巧诈的风气已形成。他们脱离了礼法的约束,放纵在嗜欲的环境里已久,必不可授予他们权力,给予他们资财。所以要没收他们的爵位世袭权利,抗衡他们的横行势力,守法的早些册封,不守法的早些削除,因而下面没有受压抑的士人,朝廷没有地位独尊的人。这是改革有利于事的,可以施行。

3　井田之变①,豪人货殖②,馆舍布于州郡,田亩连于方国③。身无半通青纶之命④,而窃三辰龙章之服⑤;不为编户一伍之长,而有千室名邑之役⑥。荣乐过于封君⑦,势力侔于守、令⑧。财赂自营⑨，犯法不坐⑩。刺客死士，为之投命⑪。至使弱力少智之子被穿，帷败寄死不敛⑫，冤枉穷困，不敢自理⑬。虽亦由网禁疏阔⑭，盖分田无限使之然也⑮。今欲张太平之纪纲⑯，立至化之基趾⑰，齐民财之丰寡⑱，正风俗之奢俭⑲，非井田实莫由也⑳。此变有所败，而宜复者也㉑。

【注释】

①井田之变：指废除井田制。井田，相传是周代按户均分耕田的土地制度，即九百亩土地划分为九块，四周八块为私田各百亩，中间百亩为公田，像"井"字形，见《孟子·滕文公上》。变，指被废除。按，秦孝公任用商鞅，废除井田，开放土地兼并，见《史记·商君列传》。

②豪人：指靠兼并土地发家的富豪。货殖：繁殖财货，即经商营利。

③馆舍布于州郡，田亩连于方国：房舍、田地遍布于州郡。馆舍，房舍。"州郡"与"方国"意思相同。方国，本指四方诸侯之国，因为汉代的郡所辖地大小略同诸侯之王国，所以也泛称州郡为方国。

④身无半通青纶(lún)之命：身无地方一乡官之职。半通青纶，汉代县以下地方乡官所佩戴的小印，用青丝带系印。半通，即"半章印"，仅方印一半大小。纶，系印的丝带。命，任命，授职。

⑤窃：这里指僭用，越分使用。三辰龙章之服：刺绣有日月星及龙纹图案的衣服，指人君穿的礼服。三辰，日月星。章，花纹，图案。

⑥不为编户一伍之长，而有千室名邑之役：未当百姓中一伍的伍长，却能役使有千户人家的大城镇。编户，编入户籍的民家，指平民百姓。伍，民户的编制单位，五家编为一伍，每伍设一伍长。千室名邑，有千户人家的大城镇。室，家。名，大。役，役使，使

唤。这两句是指富豪没有身份地位，却靠着财势差使人。

⑦荣乐：荣华逸乐。封君：受封邑的王侯。

⑧侔(móu)：齐等，相当。守、令：郡守、县令。

⑨财赂自营：自己经营钱财。指不依靠国家俸禄。赂，财物。

⑩犯法不坐：犯法不抵罪。坐，判罪。

⑪刺客死士，为(wèi)之投命：刺客敢死的人，替他们卖命。死士，敢死的勇士。投命，舍命，卖命。这两句是指富豪凭着手中钱财养刺客亡命徒为他们卖命。

⑫至使弱力少智之子被穿，帷败寄死不敛：以致力弱少智的人被刺杀，家中停棺不葬，直到灵堂帷幕破败。至使，等于"以致"。子，男子。被穿，被刺杀。帷败寄死不敛，指停棺不葬，直到灵堂的帷幕破败。帷败，堂帷破败。形容停放棺木时间久。帷，即《礼记·檀弓下》"帷殡"之"帷"，指停放棺木在灵堂，用以遮蔽的帷幕。寄死，即殡，指停放棺木待葬。不敛，不下葬。敛，后来写作"殓"，这里指下葬，不是给死者穿衣入棺的意思。按，死者无辜被刺，家属一直停棺不葬，是打算告官。

⑬冤枉穷困，不敢自理：苦主虽遭冤屈而困窘无出路，终不敢自行告官。理，打官司，告状。古代治理狱讼的官叫"理"，引申为告官。按，家人终于不敢自行告官，是惧怕富豪的势力。

⑭网禁疏阔：法网不严密。疏阔，粗疏，不周密。

⑮盖分田无限使之然也：恐怕是分配田地没有限制才使事情如此的。盖，大概，恐怕。分田无限，分配田地没有限制，指土地兼并。之，指上文所述废除井田后发生的各种事情。

⑯张太平之纪纲：增强维护国家太平的秩序。张，张大，增大。纪纲，等于"纲纪"。这里指维护社会安定的纪律、秩序。

⑰立至化之基趾：建立国家昌盛的根基。至化，当作"至治"。"化"字是唐人避高宗李治名讳所改的。至治，指国家治理达到极点，

即国家昌隆繁盛的局面。基趾，根基。

⑱齐民财之丰寡：使百姓贫富均匀。齐，使……齐等。民财之丰寡，人民财富的多与少。

⑲正风俗之奢俭：纠正风俗的奢侈。正，纠正。奢俭，这里偏指奢侈，不指奢侈和节俭。这种以两个反义词组成的词，在古汉语中有时可以偏指其中一个词。

⑳非井田实莫由也：不施行井田实在没有办法。莫由，即无由，没有办法。

㉑此变有所败，而宜复者也：变，指废除井田。复，恢复。按，仲长统主张恢复井田，实行均田，不是针对现有土地分配状况说的，是指用于移民开垦，意在防止新一轮土地兼并，见下文。

【译文】

井田制的改变，富豪经商营利，房舍、田地遍布于州郡。身无地方一乡官之职，而越分地穿人君的礼服；未当百姓中一伍之长，而可役使千户人家的大城镇。荣华逸乐超过王侯，势力等同郡守、县令。自己经营钱财，犯法不抵罪。养了一帮刺客敢死的人，替他们卖命。以致力弱少智的人被刺杀，家中停棺不葬，直到灵堂帷幕破败。苦主虽遭冤屈而困窘无法，终不敢自行告官。这虽然也由于法网不严密，但恐怕是分配田地没有限制才使事情如此的。现在想增强维护国家太平的秩序，建立国家昌盛的根基，使百姓贫富均匀，纠正风俗的奢侈，不施行井田实在没有办法。这是变了使事情败坏的，应该恢复原来的。

4　肉刑之废，轻重无品①，下死则得髡钳②，下髡钳则得鞭笞③。死者不可复生，而髡者无伤于人④。髡、笞不足以惩中罪，安得不至于死哉⑤！夫鸡狗之攘窃、男女之淫奔、酒醴之赂遗、谬误之伤害⑥，皆非值于死者也⑦。杀之则甚重，髡之则甚轻,不制中刑以称其罪⑧,则法令安得不参差,杀生安得不过谬乎⑨?今患刑轻之不足以惩恶,则假臧货以成罪,托疾病以讳杀⑩。科条无所准⑪,名实不相应⑫,恐非帝王之通法⑬,圣人之良制也⑭。或曰:过刑恶人,可也;过刑善人,岂可复哉⑮?曰:若前政以来⑯,未曾枉害善人者⑰,则有罪不死也⑱,是为忍于杀人,而不忍于刑人也⑲。今令五刑有品、轻重有数、科条有序、名实有正⑳,非杀人、逆乱、鸟兽之行甚重者㉑,皆勿杀。嗣周氏之秘典,续吕侯之祥刑㉒,此又宜复之善者也㉓。

【注释】

①肉刑之废,轻重无品:肉刑的废除,使处罚罪行的轻重没有适当的等级。肉刑之废,汉文帝十三年(前167)下令废除肉刑,见《汉书·刑法志》。肉刑,残伤肢体的刑法,例如割鼻、断足。轻重,指罚罪的轻重。品,等级。按,据下文,死刑是对重罪的惩罚,鞭刑等是对轻罪的惩罚。取消了肉刑,则对中罪没有适当的惩罚,所以说罚罪的轻重没有一定的等级。

②下死:减死刑一等。下,减轻。髡(kūn):剃发之刑。钳:以铁圈束颈和手足之刑。

③鞭笞(chī):鞭打或杖击。

④无伤于人:指对人的肢体没有伤害。

⑤髡、笞不足以惩中罪,安得不至于死哉:意即既然髡、笞之刑不足以惩罚中罪,那么犯了中罪的结果怎能不按死罪处罚呢。安得,怎能。至于,等于说"以致",即结果。

⑥夫(fú):助词,用于句首,表示说话的开端,没有具体意义。攘(rǎng)窃:盗窃。攘,偷盗。淫奔:私奔。酒醴:泛指酒类。醴,甜

酒。赂遗（wèi）：送物以买通人，即贿赂。遗，馈赠。谬误之伤害：误伤。

⑦值：当，犯。死：死罪。

⑧中刑：处于重罪和轻罪之间的刑罚，这里实际指肉刑。称其罪：符合罪状。称，使相称。其罪，指上面那些偷鸡盗狗、男女私奔等罪，也即中罪。

⑨则法令安得不参差（cēn cī），杀生安得不过谬乎：法令怎能一致，判处生死怎能不出错？法令，指判刑的条令。不参差，即一致。参差，不整齐，不划一。杀生，指对生与死的判处。过谬，过错，失当。按，既然没有符合中罪的中刑，那么如以轻罪判则处罚不足以惩罪，如以重罪判则罪行又不当处死，判处或过轻或过重，没有准则，则法令岂能一致，判处又怎能不出错？所以说"法令安得不参差，杀生安得不过谬"。

⑩则假臧货以成罪，托疾病以讳杀：栽赃以造成犯人重罪，假托生病而弄死犯人，以隐瞒杀人之名。假，假冒，虚构。臧货，非法获取的财货。臧，"赃"的古字。讳，躲开，隐瞒。按，这两句是指由于没有中刑，当时监狱都使用非法手段加重对中罪的惩罚，使犯人枉死。

⑪科条：律条，法律的条文。无所准：没有定准。

⑫名实不相应：指判处的罪名，同犯人实际所犯不相符。应，符合。

⑬通法：通则，常规。

⑭良制：良好的法制。

⑮"过刑恶人"以下四句：过刑，过度用刑，滥施刑罚。这里指用肉刑残害人的肢体。恶人，指犯重罪的人。善人，此指犯罪不重，不当严惩的人。复，指恢复肉刑。按，这里所引"有人"的话，意思是指，上面那些犯偷盗、私奔等罪的人，本不当处死，而现在要对他们恢复用肉刑，未免太残忍。

⑯前政以来：指废除肉刑以来的先前刑政。政，指刑政，刑法政令。

⑰未曾枉害善人者：指未曾使不当死罪的人枉死。

⑱则有罪不死也：那么不犯死罪的人就不会死了。

⑲是为忍于杀人，而不忍于刑人也：这是忍心杀人，而不忍心用肉刑。刑，指肉刑。按，这两句是接着上面的话做出判断，意思是指，自肉刑废除后，如果没有使犯中罪的人枉死，那么不犯死罪的就不会死了。但现在是不犯死罪的人往往被非法加重罪名，而遭枉死（例如上面所说给犯人栽赃或假称生病而弄死犯人），则反对用肉刑处罚中罪，就是忍心看人枉死，而不忍心用肉刑。

⑳五刑：汉代用过的五种轻重不同的刑法，一黥（qíng），即刺面；二劓（yì），即割鼻；三斩左右趾，即断左右足；四枭（xiāo）首，即悬挂首级示众；五菹（zū）其骨，即处死后碎尸。参《汉书·刑法志》。这里泛指各种等级的刑法。品：等级。轻重：指用刑的轻重。有数：有差别。数，数量，引申为度量、限量。科条：法律的条文。有序：次序分明。名实有正：名实相符。有正，没有偏差。

㉑逆乱：叛逆作乱。鸟兽之行：禽兽之行，指同宗私通等乱伦行为。

㉒嗣周氏之秘典，续吕侯之祥刑：这两句指要继承周代好的刑法制度。嗣，继承。周氏，周王朝。秘典，皇家所藏的刑典。典，法。这里指刑法。相传周代的刑官掌管三种刑典，对新建的国家用轻刑，对太平日久的国家用中刑，对乱国用重刑，针对不同情况用相应的刑法。见《周礼·秋官·大司寇》。续吕侯之祥刑，接续吕侯的良好刑法。据说周穆王时，命吕侯告诫善用刑罚之道，见《史记·周本纪》，今《尚书》有《吕刑》篇。

㉓此又宜复之善者也：复，指恢复肉刑。之，用法同"而"。善，指有利于事。

【译文】

肉刑的废除，使处罚罪行的轻重没有适当的等级，减死刑一等则得到髡刑和钳刑,减髡刑和钳刑一等则得到鞭杖之刑。处死不能复生,而髡刑又无伤于人。髡刑和鞭刑既不足以惩罚中罪,那么中罪怎能结果不是被处死呢！偷鸡盗狗、男女私奔、送酒贿赂人、误伤人,这些都不犯死罪。杀则罚过重,髡刑则罚过轻,不制定中刑以符合这些罪状,法令怎能一致,判处生死怎能不出错？现在担心用刑轻不足以惩罚罪恶,就栽赃以造成犯人重罪,或者假托生病以隐瞒弄死犯人的真相。律条没有定准,名实不相符,这恐怕不是帝王的常规,不是圣人的良好法制。有人说:对恶人用刑过度,是可以的;对善人用刑过度,是不可以的,怎么可以恢复肉刑呢？回答说:自废除肉刑以来的先前刑政,如果未曾使善人枉死,那么不犯死罪的人就不会死了,但情况并非如此,这是忍心杀人,而不忍心用肉刑。如今使五刑有等、轻重有别、律条次序分明、名实相符,不是杀人、叛乱、禽兽之行等罪状很重的,都不要杀。继承周代的法典,接续吕侯的良好刑法,这又是恢复了而有利的。

5　《易》曰①:"阳一君二臣,君子之道也;阴二君一臣,小人之道也②。"然则寡者,为人上者也;众者,为人下者也。一伍之长,才足以长一伍者也③;一国之君,才足以君一国者也④;天下之王,才足以王天下者也⑤。愚役于智⑥,犹枝之附干⑦,此理天下之常法也⑧。制国以分人,立政以分事⑨。人远则难绥,事总则难了⑩。今远州之县,或相去数百千里⑪,虽多山陵洿泽⑫,犹有可居人种谷者焉。而诸夏有十亩共桑之迫⑬,远州有旷野不发之田⑭,代俗安土⑮,有死无去⑯。君长不使⑰,谁能自往缘边之地？亦可因罪徙人,便于守御⑱。当更制其境界,使远者不过二百里⑲。明版籍以相数阅⑳,审什伍以相连持㉑,限夫田以断并兼㉒,定五刑以救死亡㉓,益君长以兴政理㉔,急农桑以丰委积㉕,去末作以一本业㉖,敦教学以移情性㉗,表德行以厉风俗㉘,核才蓺以叙官宜㉙,简精悍以习师田㉚,修武器以存守战㉛,严禁令以防僭差㉜,信赏罚以验惩劝㉝,纠游戏以杜奸邪㉞,察苛刻以绝烦暴㉟。审此十六者以为政务,操之有常,课之有限㊱,安宁勿懈堕㊲,有事不迫遽㊳,圣人复起,不能易也。

【注释】

①《易》:指《周易》,由《易经》与《易传》两部分组成。《易经》为六十四卦的卦符和卦爻辞,相传伏羲作八卦,周文王重为六十四卦,并作了卦辞,周公作了爻辞。其他还有几种说法,此不赘。《易传》传说为孔子所作,是对《易经》的解释与引申,包括《彖》上下、《象》上下、《文言》、《系辞》上下、《说卦》、《序卦》、《杂卦》,共十篇,又称"十翼"。《易》原本只是殷末周初人们用来占卜算卦的一种方法,后来由于对其所蕴含的智慧和思想的重视与探索,《易》被认为是一种重要的哲学著作,特别是由于孔子的推崇,《易》在汉代成为儒家"五经"之一,被誉为"群经之首,大道之源"。

②"阳一君二臣"以下四句:引自《周易·系辞下》。今本"臣"作"民"。阳、阴,指阳卦和阴卦。君子,指统治者。小人,指庶民。阳一君二臣,震(☳)、坎(☵)、艮(☶)三阳卦皆一阳爻(—)、两阴爻(--)。按卦例以阳爻象君,以阴爻比民。故阳卦象征着一君二臣,一君统治二臣,表示居上位统治的人是少数,在下位办事的人是多数。所以阳卦是"君子之道"。阴二君一臣,巽(☴)、离(☲)、兑(☱)三阴卦皆两阳爻、一阴爻。故阴卦象征着二君一民,则情况正相反。所以阴卦是"小人之道"。

③才足以长一伍者也:才,才能。长,主管。

④君一国：统治一国。

⑤王（wàng）天下：统治天下。

⑥愚役于智：愚昧的人被智慧的人役使。

⑦犹枝之附干：好比树枝依附于树干。

⑧常法：通例，通用的原则。

⑨制国以分人，立政以分事：制国以分人，划定城邑来分散人民居住。制，划分。制的本来意思是裁割，引申为划定、划分。国，城邑，都邑。国的本来意思是指有地界的区域，所以城邑称"国"，国家也称"国"。立政以分事，建立长官来分管事务。政，通"正"。长官。按，这两句是指人民众多，所以要划分城邑使其分散居住，并建立长官分管各处。

⑩人远则难绥，事总则难了：人民住得远就难安顿，事情成堆就难一一解决。远，住得远。绥，安抚，安顿。总，聚集，成堆。了，解决。按，上文说"立政以分事"，就是因为"事总则难了"。下文说到边区的郡县辖境过广，各县相距很远，以上两句就是引起下文的。

⑪今远州之县，或相去数百千里：现在边远地区的州郡各县，有的相距数百至千里。县，严可均辑本作"县界"，据《后汉书·仲长统传》所引删"界"字。远州，指边远地区的州郡。汉武帝分全国为十三州（部），州置刺史（后改称州牧）督察所辖各郡县，但不管理地方民政，东汉后期州的权力始大，掌管地方民政、军事。这里"州"实际泛指州和郡。或，有的。相去，相距。去，分离。按，这两句是指边远地区的郡县辖境过广。东汉马援平定交趾郡（今两广和越南北部），向武帝上奏，说西于县边界距县治所一千多里，建议分为二个县，见《后汉书·马援传》；桓帝时，巴郡（今四川等地）太守但望上疏说，巴郡周边万余里，远方的县距郡治所一千二百至一千五百里，见《华阳国志·巴志》，都说明郡县辖

境过广。参《日知录》卷八。

⑫洿(wū)泽：沼泽地。洿，低洼。

⑬诸夏：指中原地区。十亩共桑：十亩之地而数户共享种桑，指土
地不足。迫：窘迫，困厄。

⑭发：开发，开垦。

⑮代俗安土：代俗，当作"世俗"，"代"字是唐人避太宗李世民名讳
所改。安土，安于乡土，留恋乡土。

⑯有死无去：宁死不离开。去，离开。按，现代汉语的"去"，古汉语
称"往"；古汉语的"去"，就是现代汉语的"离开"，也引申为相距、
放弃，意思正相反。

⑰君长：这里指长官。不使：不使百姓离开乡土，即不使他们迁居。
因为上文已说"不去"，所以"不使"后面省略了"去"。

⑱亦可因罪徙人，便于守御：亦可因罪徙人，也可因犯罪而迁徙人。
按，迁徙犯人至边地，不仅可开垦荒土，也便于守御边地，所以说
"便于守御"。

⑲当更制其境界，使远者不过二百里：应该重新划分各县的辖境，
使相邻各县远的不超过二百里。更制，重新划分。其境界，指边
远州郡各县的辖境。按，重新划定县界，使辖境缩小，是为了便
于管理。

⑳明版籍以相数(shǔ)阅：使户口详明以便相互查点。明，使详明。
版籍，户籍，户口册。版，木片。古代名册用木版登录，故称"版
籍"，也称"户版"。数阅，查点。阅，在这里点数的意思。按，古
代以什伍编制户籍，十家为什，五家为伍，相互担保。所以使户
口册详明，便于同编户各家相互查知，防止有外来不明之人或隐
瞒人口来逃避赋税等。

㉑审什伍以相连持：审，审定。连持，牵连互保。按，同编户各家相
互担保，一家出问题或犯罪，各家要向官方揭发，否则连带受处

罚。所以说审定什伍编制来牵连互保。

㉒限夫田以断并兼：限制夫田来杜绝土地兼并。夫田，指一农夫所
　　受之百亩田。《孟子·万章下》说"一夫百亩"，即夫田，也就是周
　　代的井田，参第三节注。实际上，由于土地有肥沃和贫瘠的差
　　别，所以夫田规定的亩数也根据土地的肥瘠有所调整。《汉书·
　　食货志上》说古代"民受田：上田（上等田），夫百亩；中田，夫二百
　　亩；下田，夫三百亩"，就是随着土地的肥瘠不等而增减受田的亩
　　数。按，限制一人（户）耕种的田地，古代称"限田"，是为了使劳
　　动力与耕地相称，平均分配土地，防止少数人多占，而多数人缺
　　少地，以杜绝土地兼并集中，所以说"以断并兼"。

㉓定五刑以救死亡：确定五刑的等级来挽救枉死。定五刑，确定五
　　刑的等级。五刑，见第四节注。按，这是指上文说的恢复肉刑，
　　使中罪的惩处有中刑这个相称的等级，不致遭枉死，所以说"以
　　救死亡"。

㉔益君长以兴政理：增加官员来振兴政事的治理。益，增加。君
　　长，长官，官员。兴，振兴。政理，政事的治理。按，上文说"立政
　　以分事"，也是这个意思。

㉕急农桑以丰委（wèi）积：加紧从事农桑来充裕储备。急，迫切于，
　　等于说"加紧"。农桑，农耕与蚕桑，古代衣食全赖农桑，所以"农
　　桑"代表农业。丰，使丰足。委积，储备。委，也是聚积的意思。

㉖去末作以一本业：放弃工商业来专力于农业。去，放弃。末作，
　　也称"末业"，非根本的事业，和"本业"即农业相对，指手工业和
　　商业。一，专一，专力。按，重农轻商，是中国古代农业国的固有
　　政策，主张重视农业这个国家依存的根本，而限制工商业的发
　　展，使工商业不影响到农业的发展，但并不是完全取消工商业。
　　仲长统这里指的就是重农轻商的意思，说"去（放弃）"是一种贬
　　抑的说法，不能照字面理解。

㉗敦教学以移情性：勉力教学来改善人的性格。敦，勉力。移，改移。这里指改善。情性，指性格。

㉘表德行以厉风俗：表彰德行来整治风俗。表，表彰，显扬。厉，整饬，整治。

㉙核才蓺以叙官宜：检验才能来授予相宜的官职。核，检验。才蓺，才能。蓺，"艺"的古字，艺能。叙，评定等级，引申为按等级授官。官宜，等于说"官之宜者"，即官职中的相宜职位。

㉚简精悍以习师田：选择精悍的士卒来演习作战与狩猎。简，通"柬"。也作"拣"，选择。精悍，精悍的士卒。习，演习。师田，征战与狩猎。师，军队，引申为作战。田，同"畋"。狩猎。按，在古代，狩猎也是习武的内容。

㉛修武器以存守战：修整武器来留心防守与攻战。修，修整。存，存意，留心。守战，防守与攻战。

㉜严禁令以防僭差：严行禁令来防止越分违制。严禁令，严行禁令。僭差，僭越失度，指越分违制。

㉝信赏罚以验惩劝：使赏罚有信用以证明惩恶劝善之必行。信，使……有信用。验，征验，证据，引申为证明，证实。惩劝，惩恶劝善。

㉞纠游戏以杜奸邪：检举伤风败俗的娱乐来杜绝邪恶。纠，检举。游戏，指伤风败俗的娱乐。杜，杜绝。奸邪，邪恶。

㉟察苛刻以绝烦暴：检察苛刻的官员来禁绝烦扰暴虐的政事。察，检察，调查。苛刻，指官员对百姓苛刻。苛，严可均辑本作"奇"，据《后汉书·仲长统传》所引改。绝，断绝，禁绝。烦暴，指烦扰暴虐的政事。

㊱操之有常，课之有限：办事有常规，征税有限度。操，操执，执行。课，征收赋税。

㊲堕：通"惰"。

㊳迫遽：急迫匆忙。

【译文】

《周易》说："阳卦一君二臣，是君子之道；阴卦二君一臣，是小人之道。"那么少数人是地位在人之上的人，多数人是地位在人之下的人。一伍之长，才能足以掌管一伍；一国之君，才能足以统治一国；天下之王，才能足以统治天下。愚昧的人被智慧的人役使，好比树枝依附于树干，这个道理是天下的通例。划定城邑来分散人民居住，建立长官来分管事务。人民住得远就难安顿，事情成堆就难一一解决。现在边远地区的州郡各县，有的相距数百至千里，虽多山陵沼泽，仍有可住人种谷的地方。然而中原有十亩之地而数户共享来种桑之窘迫，边远州郡有空阔原野而未开发的田土，世俗安于乡土，宁死不离开。长官不使百姓离开乡土，谁能自动到边缘地区去？也可以因犯罪而迁徙犯人过去，还便于守御边地。应该重新划分各县的辖境，使相邻各县远的不超过二百里。使户口详明来相互查点，审定什伍编制来牵连互保，限制夫田来杜绝土地兼并，确定五刑的等级来挽救枉死，增加官员来振兴政事的治理，加紧从事农桑来充裕储备，放弃工商业来专力于农业，勉力教学来改善人的性格，表彰德行来整治风俗，检验才能来授予相宜的官职，选择精悍的士卒来演习作战与狩猎，修整武器来留心防守与攻战，严行禁令来防止越分违制，使赏罚有信以证实惩恶劝善之必行，检举伤风败俗的娱乐来杜绝邪恶，检察苛刻的官员来禁绝烦扰暴虐的政事。定此十六件事为政务，办事有常规，征税有限度，静心工作不松懈，遇到事情不慌忙，圣人复生，也不会改变。

6　向者，天下户过千万①，除其老弱，但户一丁壮②，则千万人也。遗漏既多③，又蛮夷戎狄居汉地者尚不在焉④。丁壮十人之中，必有堪为其什伍之长，推什长已上，则百万人也⑤。又十取之，则佐史之才已上十万人也⑥。又十取之，则可使在政理之位者万人也⑦。以筋力用者谓之人，人求丁壮⑧；以才智用者谓之士，士贵耆老⑨。充此制以用天下之人⑩，犹将有储⑪，何嫌乎不足也？故物有不求，未有无物之岁也⑫；士有不用，未有少士之世也。夫如此，然后可以用天性，究人理⑬，兴顿废，属断绝⑭，网罗遗漏⑮，拱押天人矣⑯。

【注释】

①户：住户，人家。

②但：只要。

③遗漏既多：此指统计不完全。

④又：而且。蛮夷戎狄：古代，南方少数民族称蛮，东方少数民族称夷，西方少数民族称戎，北方少数民族称狄。这里泛指住在汉人地区的四方少数民族。尚不在焉：尚未计算在此千万户之中。焉，等于"于此"，"此"指千万户。

⑤推什长已上，则百万人也：那么推举什长以上的人，就有了百万人可选了。推，推举。已，同"以"。按，上文说每户只要有一个壮丁，则千万户就有千万个壮丁。壮丁每十人中必然有可分任这千万户的什、伍长的人，也就是已有百万人能胜任什、伍长。那么从中再十人取一，推举能当什长以上职务的人，就有了这百万人可选了，所以说"推什长已上，则百万人也"。"什长已上"，指下文"佐史"。

⑥又十取之，则佐史之才已上十万人也：又十人取一，那么推举有佐史之才以上的人就有十万人可选了。又十取之，再十人取一人。佐史，县里的下级办事官员，见《汉书·百官公卿表上》。已，同"以"。按，于百万人中推举能任什长职务以上的人，十人

取一,则有佐史才能的人已得十万人,那么再十人取一地推举有佐史之才以上的人,就有这十万人可选了。"佐史之才"前面省略了"推"字。

⑦又十取之,则可使在政理之位者万人也:又十人取一,那么可使处于治理政事位置上的人就有一万人了。政理,治理政事。按,从十万人中挑选佐史之才以上人,再十人取一,那么可使处于治理政事位置上的人就有一万人。

⑧以筋力用者谓之人,人求丁壮:凭体力任用的人叫做"人",用"人"则求壮丁。筋力,体力。人,指体力劳动者。

⑨以才智用者谓之士,士贵耆(qí)老:凭才智任用的人叫做"士",用"士"则重视老成的人。士,指有知识的人,读书人,与上句"人"相对。贵,重视。耆老,指老成的人,稳重有道德的人。以上是指根据人有劳力、劳心的不同能力,区别使用。

⑩充此制以用天下之人:推广这个制度来任用天下的人。充,扩充,推广。此制,指上文说的由众人中逐级推举有能力的人,并根据体力与才智分别使用的制度。

⑪犹将有储:储,蓄积。这句指人才有余。

⑫未有无物之岁也:没有无物的时候。岁,时日,时候。世,时代。

⑬然后可以用天性,究人理:然后可以顺从天命,尽到做人的道理。用天性,顺从天命。用,这里是顺从的意思。比如《尚书·甘誓》说"用命",即从命。天性,指天命。究人理,尽到做人的道理。按,仲长统认为他这套用人的制度,完全是合理的,上顺天命,下尽人理。

⑭兴顿废,属断绝:振兴废弃的,接续断绝的。顿废,复义词,顿也是废的意思。属,连接,接续。按,这两句是指恢复不通行的法令制度,如井田、肉刑等。

⑮网罗遗漏:指收罗遗漏的人才。

⑯拱揖天人：敬天重人。拱揖，拱揖，即拱手作揖，表示敬重。按，上文说"用天性，究人理"，所以说"拱揖天人"。

【译文】

从前，天下住户超过千万，除去其中的老弱者，只要每户有一个壮丁，就有千万人。遗漏未计的已经很多，而且住在汉人地区的蛮夷戎狄尚不在此千万户之中。壮丁每十人之中，必然有人能当这千万户中什长、伍长的，那么推举什长以上的人，就有了百万人可选了。又十人取一，那么推举有佐史之才以上的人就有十万人可选了。又十人取一，那么可使处于治理政事位置上的人就有一万人了。凭体力任用的人叫做"人"，用"人"则求壮丁；凭才智任用的人叫做"士"，用"士"则重视老成的人。推广这个制度来任用天下的人，人才还将有余，怎么嫌不足呢？所以物有不去求它的，没有无物的时候；士有不去用他的，没有少士的时代。如此做，然后可以顺从天命，尽到做人的道理，振兴废弃的，接续断绝的，收罗遗漏的，敬天重人。

7　或曰：善为政者①，欲除烦去苛②，并官省职③，为之以无为，事之以无事④，何子言之云云也⑤？曰：若是⑥，三代不足摹，圣人未可师也⑦。君子用法制而至于化⑧，小人用法制而至于乱。均是一法制也，或以之化，或以之乱，行之不同也。苟使豺狼牧羊豚，盗跖主征税⑨，国家昏乱，吏人放肆，则恶复论损益之间哉⑩？夫人待君子然后化理⑪，国待蓄积乃无忧患。君子非自农桑以求衣食者也⑫，蓄积非横赋敛以取优饶者也⑬。奉禄诚厚⑭，则割剥贸易之罪乃可绝也⑮；蓄积诚多，则兵寇水旱之灾不足苦也⑯。故由其道而得之，民不以为奢⑰；由其道而取之，民不以为劳⑱。天灾流行，开仓库以禀贷⑲，不亦仁乎⑳？衣食有余，损靡丽以散施㉑，不亦义乎？彼君子居位为士民之长，固宜重肉累帛，朱轮四马^㉒。今反谓薄屋者为高，藿食者为清^㉓，既失天地之性，又开虚伪之名^㉔，使小智居大位，庶绩不咸熙，未必不由此也^㉕。得拘挈而失才能^㉖，非立功之实也^㉗。以廉举而以贪去，非士君子之志也^㉘。夫选用必取善士，善士富者少而贫者多，禄不足以供养，安能不少营私门乎^㉙？从而罪之^㉚，是设机置阱以待天下之君子也^㉛。

【注释】

①为政：治理政事。

②除烦去苛：除去繁琐。苛、繁，都是繁琐的意思。

③并官省职：等于说省并官职。

④为之以无为，事之以无事：以无为为政，以无事为政。无为、无事，都是顺应自然，清静无为，不主动行事的意思。为之、事之的"之"均承上文指政事言。

⑤何子言之云云也：云云，等于说"如此如此"，是省略法。也，用法同"耶"。用于句末表示疑问。按，所谓"言之云云"，指仲长统上面提出的消减诸侯王势力、恢复井田和肉刑、选才用人等主张。"或"者的意思，是嫌他多事。

⑥若是：如果这样。是，代词，这里指"或"者说的话，等于说"这样说来"。

⑦三代不足摹，圣人未可师也：三代，指夏、商、周三代。儒家认为，夏禹、商汤、周文王和武王都是开创典型"仁政"和"德教"时代的圣人。师，师法，效法。按，仲长统以为，像井田、肉刑、推举人才等，都是三代所有的，现在以为不必执行，那三代就不足羡慕，而圣人也未可效法了。

⑧法制：法令制度。至于化：达到治理。化，当作"治"，这是唐人避高宗李治名讳所改。下文"或以之化"同。

⑨苟使豺狼牧羊豚（tún），盗跖（zhí）主征税：如果让豺狼放牧羊猪，盗跖掌管征税。苟，如果。豚，小猪。盗跖，相传为古代的大盗。见《庄子·盗跖》。主，主持，掌管。按，豺狼、盗跖，比喻贪官污吏。

⑩吏人放肆，则恶（wū）复论损益之间（jiàn）哉：官差胡作非为，那还怎么再谈制度兴革的利弊差别呢？吏人，官府的差役。放肆，妄为，胡作非为。恶，怎么。损益，增加与删减。这里指制度的兴建和革除。间，差别，指利弊之不同。二句意指由贪官污吏把持，不论制度改与不改都无济于事。

⑪待：等待，引申为依靠。化理：化当作"治"，参本节前注。

⑫君子非自农桑以求衣食者也：农桑，作动词用，即种地养蚕。按，上文所谓"人待君子然后化理"，则"君子"指治理人的人，也即官吏。官吏靠俸禄养活，所以说不是靠自己种地养蚕来求得衣食的。

⑬横（hèng）赋敛：等于说横征暴敛。横，横暴。优饶：富裕。

⑭奉禄：俸禄。奉，通"俸"。诚：果真，真的。厚：丰厚。

⑮割剥：侵削，侵夺。贸易：指以权谋私的非法交易。

⑯兵寇：指战争和寇乱。兵，兵器，引申为战争。苦：忧心，愁苦。

⑰故由其道而得之，民不以为奢：所以官吏由正当的途径得到俸禄，百姓不以为奢侈。道，途径，指正道。按，这两句是承上文"奉禄诚厚"说的。

⑱由其道而取之，民不以为劳：国家由正当的途径获取蓄积，百姓不以为劳苦。按，这两句是承上文"蓄积诚多"说的。

⑲禀贷：施舍谷米。

⑳不亦仁乎：不亦……乎，等于"不也……吗"，类似说"岂非"。

㉑损靡丽以散施：减损奢侈豪华来布施。损，减少。靡丽，奢侈豪华。散施，布施。

㉒"彼君子居位为士民之长"以下三句：那些君子居官为士民之长，本来就该吃多种肉食，穿多套丝绸衣服，乘朱轮车，驾四匹马。彼，那些。居位，居官。士民，士与民，指知识阶层和劳动者。重（chóng）肉累（lěi）帛，吃多种肉食，穿多套丝绸衣服。重、累，都是重复，不止一种的意思。帛，丝织品。朱轮四马，乘朱轮车，驾四匹马。按，这几句是指，居官治民的人，他们的生活本就该优裕一些。言外之意，要官吏不生贪念，廉洁勤政，得保证他们的生活宽裕。

㉓今反谓薄屋者为高，藿食者为清：现在反说官吏住简陋的房屋为高尚，吃粗食为清廉。薄，薄陋。藿，豆叶。

㉔既失天地之性，又开虚伪之名：既违背天下人的本性，又开启虚伪的名声。失，差失，引申为背离、违背。天地，这里指天下人。性，这里指人的本性。开，开启。名，名声。按，官吏生活清苦，时间久了必生贪污的弊病。如果使官吏都过清苦生活，以为才是高尚清廉的表现，这既违背人的本性，又使虚伪矫情、故意装出清贫样子的人获得名声。

㉕"使小智居大位"以下三句：使耍小聪明的人居高官要职，结果各种事业都不兴旺，未必不是由于这个原因。小智，耍小聪明的人，指虚伪矫情故作清贫的人。大位，高官要职。庶，众多，各种。绩，事业。不咸熙，即都不兴旺。咸，一起，都。熙，兴旺。由此，由于这个原因。指让官吏清苦以表明清高。按，此三句是指因为君子不矫情作伪，不肯这样做官，使得耍小聪明的人故作清贫以居高官要职，结果各种事业都振兴不起来。

㉖得拘絜而失才能：获得约束自己以示清廉的人而失去有才能的人。拘絜，指约束自己以示清苦廉洁的人。絜，同"洁"。这是指

那些"小智居大位"的人。

㉗非立功之实也：立功，建立功业。实，指切实务之事。按，上文说"使小智居大位，庶绩不咸熙"，所以说这不是建立功业切实当务之事。

㉘以廉举而以贪去，非士君子之志也：由于俸禄薄少，因廉洁举用的人终因贪污而免官，这不是士君子的意愿。举，举用。去，免去。

㉙"善士富者少而贫者多"以下三句：有才德之士富的少而穷的多，俸禄不足以养活家口，岂能不稍微谋私走门路呢？善士，指有才德之士。禄不足以供养，俸禄不足以养活家口。安，岂。少，相当于稍，略微。营，营求，谋求。私门，等于说"私下走门路"。按，此三句指出了"以廉举而以贪去"的原因所在。

㉚从而：因而。罪之：治他们的罪。之，指"善士"。

㉛是设机置阱以待天下之君子也：这是设机关、下陷阱来等待天下的君子了。设机，设机关。置阱，安置陷阱。阱，陷坑。按，因为俸禄少不足养家，官吏不免私下走门路以谋利，现在不解决俸禄少的问题，无异于诱使官吏犯罪，然后加以惩罚，所以说等于设置机关陷阱，等待士君子来触法网。

【译文】

有人说：善于治理政事的人，要除去繁琐，省并官职，以无为为政，以无事为政，怎么你说话如此呢？回答：如果这样说，三代就不足以美慕，而圣人也不应该效法了。君子用法令制度达到治理，小人用法令制度造成混乱。同样是一种法令制度，有人由它而达到治理，有人由它而造成混乱，这是执行法令制度有不同。如果让豺狼放牧羊猪，盗跖掌管征税，国家昏乱，官差胡作非为，那还怎么再谈制度兴革的利弊差别呢？人们依靠君子然后得以治理，国家依靠蓄积才无忧患。君子不是靠自己种地养蚕来求得衣食的，蓄积不是靠横征暴敛来得到充裕的。官吏俸禄真的丰厚，那么侵夺和非法交易的罪行就停止了；国家蓄积真的多，那么对战争、寇乱和水旱的灾祸就不足发愁了。所以官吏由正当的途径得到俸禄，百姓不以为奢侈；国家由正当的途径获取蓄积，百姓不以为劳苦。天灾流行，开仓库来施舍谷米，不也是仁吗？衣食有余，减损奢侈豪华来布施，不也是义吗？那些君子居官为士民之长，本来就该吃多种肉食，穿多套丝绸衣服，乘朱轮车，驾四匹马。现在反说官吏住简陋的房屋为高尚，吃粗食为清廉，既违背天下人的本性，又开启虚伪的名声，使耍小聪明的人居高官要职，结果各种事业都不兴旺，未必不是由于这个原因。获得约束自己以示清廉的人而失去有才能者，不是建立功业切实当务之事。因廉洁举用的人终因贪污而免官，也不是士君子的意愿。选用人必取有才德之士，有才德之士富的少而穷的多，俸禄不足以养活家口，岂能不稍微谋私走门路呢？因而惩罚他们，这是设机关、下陷阱来等待天下的君子了。

8　盗贼凶荒①，九州代作②，饥馑暴至③，军旅卒发④，横税弱人，割夺吏禄⑤，所恃者寡⑥，所取者猥⑦，万里悬乏，首尾不救⑧，徭役并起，农桑失业⑨，兆民呼嗟于昊天⑩，贫穷转死于沟壑矣⑪。今通肥饶之率⑫，计稼穑之入⑬，令亩收三斛，斛取一斗⑭，未为甚多。一岁之间，则有数年之储，虽兴非法之役，恣奢侈之欲，广爱幸之赐，犹未能尽也⑮。不循古法，规为轻税⑯，及至一方有警，一面被灾，未逮三年，校计骞短⑰，坐视战士之蔬食⑱，立望饿殍之满道⑲，如之何为君行此政也⑳？二十税一，名之曰貊，况三十税一乎㉑？夫薄吏禄以丰军用㉒，缘于秦征诸侯，续以四夷㉓。汉承其业，遂不改更㉔，危国乱家，此之由也㉕。今田无常主，民无常居㉖，吏食日禀，禄班未定㉗。可为法制，画一定科㉘，租税十一，更赋如旧。今者土广民稀,中地未垦㉔。虽然,犹当限以大家,勿令过制㉚。其地有草者,尽曰官田㉛,力堪农事,乃听受之,若听其自取,后必为奸也㉜。

【注释】

①盗贼:指盗匪作乱。凶荒:指凶年荒岁。

②九州:古代中国分为九州,具体名称不同,据《尚书·禹贡》是冀、衮、青、徐、扬、荆、豫、梁、雍九个州。后以"九州"代指天下、全国。代作:递相出现,此起彼伏。代,交替。作,起来,出现。

③饥馑暴至:饥荒突然发生。暴,急遽,突发。按,这句是承上文"凶荒"说的,因为凶年,所以突发闹饥荒。

④军旅卒(cù)发:军队匆忙出动。军旅,部队。卒,通"猝"。按,这句是承上文"盗贼"说的,因为匪盗作乱,所以匆忙出动军队去平息。

⑤横(hèng)税弱人,割夺吏禄:横蛮征收贫苦百姓赋税,削减官吏俸禄。横,横蛮。税,作动词用,即征收赋税。弱人,即弱民,贫苦百姓。人,当作"民",是唐人避太宗李世民名讳所改。割夺,削减。禄,俸禄。按,由于闹饥荒地区要救济,军队平匪乱又需军费,所以只能一方面征收百姓赋税,一方面削减官吏俸禄,以弥补国家粮食与军费不足。

⑥所恃者寡:所依赖的少。恃,依靠。这句指财源有限。

⑦所取者猥:所取的多。猥,多。这句指赋税繁多。

⑧万里悬乏,首尾不救:到处空乏,不能相互救济。万里,指地域之广。悬乏,空乏,匮乏。悬,悬空,引申为无依靠,所以与"乏"连用,表示匮乏。《三国志·魏志·王肃传》说"粮悬而难继",粮悬即乏粮。首尾不救,彼此不能相互救济。

⑨徭役并起,农桑失业:徭役到处都有,农桑无人从事。徭役,古代

官方规定的平民(主要是农民)成年男子在一定时期内或特殊情况下所承担的一定数量的无偿社会劳动。一般有力役、军役和杂役。并起,四起,到处都有。失业,这里指无人从事。按,因为农民都被征用服役,所以农业荒废。

⑩兆民:天子统治下的百姓。呼嗟(jiē):呼号。昊(hào)天:苍天。

⑪贫穷:指穷苦人。转死:弃尸。转,弃。《淮南子·主术》"死无转尸",汉高诱注:"转,弃也。"死,同"尸"。《汉书·尹赏传》"安求子死",唐颜师古注:"死,谓尸也。"沟壑:道路边的排水沟,泛指路边道旁。

⑫通:推行。肥饶:指肥沃的田。率(shuài):指田租。《文选·东京赋》吴薛综注:"率,敛也。"率的本来意思是捕鸟的网,引申为聚敛、征收,这里可作田租解释。

⑬稼穑(sè):庄稼。入:收入,收成。

⑭令亩收三斛(hú),斛取一斗:令,假定。斛,十斗。按,每亩收成三斛,每斛收租一斗,则三十斗共收三斗,即赋税十取一,所以下句说"未为甚多"。

⑮"虽兴非法之役"以下四句:即使临时起劳役,恣意挥霍,广赐宠幸,储存尚未能用尽。虽,即使。兴,发起。非法之役,指法令规定之外的劳役,即临时的劳役。恣奢侈之欲,恣意挥霍。恣,放纵。广爱幸之赐,广赐宠幸。按,此四句是指施行什一之赋税,国家一年之内可得几年的储存,用度无忧。

⑯不循古法,规为轻税:不遵循古代法则,效法施行轻税。古法,指什一税。据说夏代田税叫"贡",商代田税叫"助",周代田税叫"彻",都是十分税一。见《孟子·滕文公上》。规,仿效。轻税,指三十分税一。东汉初,光武帝建武六年(30)下令,改十分税一为三十分税一,效法西汉景帝时的做法,见《后汉书·光武帝纪下》。

⑰"及至一方有警"以下四句：等到一方报警，一方受灾，不到三年，核算出现亏空。有警，报警，指发生匪盗作乱。被灾，受灾，被，蒙受。逮，到。校计，校核算计。骞短，亏空。骞，亏损。按，这里指出的情况是，因为施行轻税，国库不足，一遇匪乱、灾荒，虽加紧征赋、削减俸禄，以应饥荒、军费之需，财用还是入不敷出，所以不到三年，核算出亏空，无力应急。

⑱蔬食：以野菜为食。

⑲饿殍（piǎo）：饿死的人。

⑳如之何为君行此政也：怎么当君主的能这样治理国家呢。如之何，为什么，怎么。行此政，等于说"如此行政"，即这样治理国家。也，用法同"耶"。用在句末，表示疑问。

㉑二十税一，名之曰貉（mò），况三十税一乎：二十税一，名之曰貉，《孟子·告子下》说，周人白圭想要减赋税至二十分取一，孟子以为这是貉人的方法。貉，北方少数民族。三十税一，东汉的税法，见本节注。按，此三句是指，赋税二十分取一已是夷狄的方法，何况现在三十分取一，更非中国自古已然的方法。

㉒薄吏禄以丰军用：减少官吏俸禄来扩充军费。薄，减少。丰，扩大。

㉓缘于秦征诸侯，续以四夷：是因为秦代征伐诸侯，接着又征伐四夷。缘于，因为。征诸侯，指征伐六国。续以四夷，接着又征伐四方少数民族。按，秦灭六国统一天下后，曾南征百越，北伐匈奴，见《史记·白起王翦列传》《匈奴列传》等。

㉔遂：因循，沿袭。不改更：指不改变秦代俸禄薄少的制度。

㉕此之由也：正是由于这个原因。之，是把介词"由"的宾语"此"提到前面，起强调作用。

㉖今田无常主，民无常居：现在田地没有固定的主人，百姓没有固定的居处。常，固定的。按，由于富豪的土地兼并，百姓不能保

有自己的土地，失地则失业流浪而无定居，所以说"田无常主，民无常居"。

㉗吏食日禀，禄班未定：官吏日吃口粮，俸禄等级没有固定。食日禀，每日吃口粮。禀，禀食，指公家供给的口粮。禄班，俸禄的等级。班，位次，等级。按，这两句是指官吏没有固定俸禄，只有由公家供给的口粮而已。

㉘画一定科：统一定下标准。画一，一致，统一。科，科程，标准。

㉙中地：中等的土地。

㉚犹当限以大家，勿令过制：还是应当限止富豪大家，勿使占地超过制度。犹当，还是应当。限以，限止。以，通"已"。止。大家，指富豪大家。过制，超过制度规定。

㉛其地有草者，尽曰官田：长草的土地，都是公家的田。地有草者，土地长草，指可耕种的地。曰，这里等于"为"。

㉜"力堪农事"以下四句：力能种地的，才由他接受田，如果任他自行占地，以后必做坏事。力堪，有能力。农事，指种地。听，听任，由。之，指田。自取，自行占地。为奸，干坏事。按，此四句是说，官府要真正加强监管审查，保证是种田人拿到土地，以免富豪大家用各种名目获取土地，否则又要造成新一轮兼并，以后必然出现各种弊病。

【译文】

匪乱与荒年，天下相继不断，饥荒突然发生，军队匆忙出动，横蛮征收贫苦百姓赋税，削减官吏俸禄，所依赖的少，所取的多，万里空乏，不能相互救济，徭役四起，农桑无人从事，百姓呼号苍天，穷人弃尸于道旁。现在推定按肥田的田租，计算庄稼的收成，假定每亩收成三斛，每斛收租一斗，不算很多。一年之内，就有几年的储存，即使临时起劳役，恣意挥霍，广赐宠幸，储存尚未能用尽。不遵循古代法则，效法施行轻税，等到一方报警，一方受灾，不到三年，核算出现亏空，眼看战士以野菜充饥,一眼望去路上都是饿死的人,怎么当君主的能这样治理国家呢? 赋税二十分取一,称为貊人之道,何况三十分取一呢? 减少官吏俸禄来扩充军费,是因为秦征伐诸侯,接着又征伐四夷。汉代继承秦的基业,沿袭不改变,使国家危险动乱,正是由于这个原因。现在田地没有固定的主人,百姓没有固定的居处,官吏日吃口粮,俸禄等级没有固定。可以制定法令制度,统一定下标准,租税十分取一,更改赋税像从前一样。现在土地多百姓少,中等土地都没开垦。即使如此,还是应当限止富豪大家,勿使占地超过制度。长草的土地,都是公家的田,力能种地的,才由他接受田,如果任他自行占地,以后必做坏事。

法诫篇

【题解】

本篇由严可均辑自《后汉书·仲长统传》。

西汉后期,宦官、外戚轮流把持朝政,皇权旁落,最终被王莽篡位。东汉初,光武帝有鉴于此,决定加强皇权,把政事交给总理国家各项政务的中枢机构尚书台,而尚书台直接对自己负责,不经由辅政大臣三公。这样,虽然抑制了宦官、外戚势力,但同时也架空了三公。仲长统说,这样的做法是"矫枉过直"。因为到了后代,继位的皇帝如果懦弱或年幼,不能理事,而此时辅政大臣三公早已成虚设,必然导致太后临朝听政,于是同样走上西汉末宦官、外戚弄权的老路。他认为,宦官、外戚势力所以猖獗,就是因为三公失权,没有专人负责朝政。他说:"夫任一人则政专,任数人则相倚。政专则和谐,相倚则违戾。"这里所谓"一人",就是有专人负责;所谓"数人"就是无专人负责,相互扯皮。他建议,不如设置丞相,由一人负责统领政务。如果不设丞相,把政事托付三公,那也要分清责任,各自负责所管范围。他的意思,就是靠委任大臣来抑制宦官、外戚势力,因为宦官、外戚弄权是"常然之败",是向来的祸患,没有哪一代朝廷有好结果的。但实际上,在当时情况下,要由三公等大臣负责朝政,抑制宦官、外戚势力,根本做不到。后来经董卓之乱,宦官、外戚势力两败俱伤,朝廷维持不下去了。曹操拥兵迎献帝都许,凭着兵权和强硬手段,靠挟持献帝来号令朝廷,才抑制了宦官、外戚弄权。这时倒是实现了仲长统此前说的"任一人则政专",但恐怕不是他说这话的初衷了。

1　《周礼》六典①,冢宰贰王而理天下②。春秋之时,诸侯明德者③,皆一卿为政④。爰及战国,亦皆然也⑤。秦兼天下,则置丞相,而贰之以御史大夫⑥。自高帝逮于孝成⑦,因而不改⑧,多终其身⑨。汉之隆盛,是惟在焉⑩。

【注释】

①《周礼》六典:相传周代治理国家的六部法规,即治典、教典、礼典、政典、刑典、事典,包括国家、官吏、百姓、教育、礼法、刑法及各种法令、事务等各方面的管理,见《周礼·天官·大宰》。典,法规,法度。

②冢宰贰王而理天下:由冢宰辅佐君王治理天下。冢宰,相传周代率领百官总理国务的官职,也称大(tài)宰,掌管六典。见《周礼·天官·序官》《天官·大宰》。贰,副职。这里作动词,即辅佐。理,当作"治",唐人避高宗李治名讳所改。

③明德:明白为君之德。这里指知道怎样任用人的君德。

④一卿:这里"卿"指上卿,辅佐诸侯治理国家的官职,相当于西周的冢宰。为政:治理政事。

⑤爰及战国,亦皆然也:到了战国,也都是这样。爰及,及,到。爰,句首助词,没有具体意义。亦皆然也,指治理国家都任用一个人总负责。按,战国时,各国都设置辅佐诸侯治国的官职,称"相",唯楚国称"令尹"(大致如此)。相、令尹相当于秦汉以后的丞相。

⑥秦兼天下,则置丞相,而贰之以御史大夫:秦统一天下后,设置丞

相,并用御史大夫辅佐丞相。兼,兼并,统一。置,设置。贰之以御史大夫,等于"以御史大夫贰之",即用御史大夫来辅佐丞相。贰,辅佐。按,秦代设置丞相辅佐天子治国,并设御史大夫辅佐丞相,相当于副丞相,见《汉书·公卿表上》。以上一段,是指自周至秦,辅佐君主治国主要由一人负责。

⑦高帝:汉高祖刘邦,前206—前195年在位。孝成:汉成帝刘骜,前32—前7年在位。

⑧因:因袭。此指因袭秦代设置丞相、御史大夫的制度。

⑨多终其身:此指丞相、御史大夫多终身任职。

⑩汉之隆盛,是惟在焉:是惟在焉,等于"惟在是焉"。把"是"提前,起了强调作用。是,此,指设置丞相、御史大夫,也即助理君主治国有专人负责的制度。按,西汉自元帝以后,是逐渐由兴盛走向衰落直至灭亡的,元帝的继位者成帝已经弄得朝政被外戚把持,谈不上"隆盛"。仲长统在这里是指汉代设置丞相、御史大夫制度一直延续到成帝时为止,强调自汉初至宣帝这段时期,所以兴盛的原因就在助理君主治国有专人负责的制度。

【译文】

《周礼》有六部治理国家的法规,而由冢宰辅佐君王治理天下。春秋之时,诸侯明白为君之德的,都用一卿治理政事。到了战国,也都是这样。秦统一天下后,设置丞相,并用御史大夫辅佐丞相。自汉高祖至成帝,因袭这个制度不变,丞相、御史大夫多终身任职。汉代的兴盛,就在于此。

2　夫任一人则政专,任数人则相倚①。政专则和谐,相倚则违戾②。和谐则太平之所兴也,违戾则荒乱之所起也③。光武皇帝愠数世之失权④,忿强臣之窃命⑤,矫枉过直⑥,政

不任下⑦，虽置三公，事归台阁⑧。自此以来，三公之职备员
而已⑨，然政有不理，犹加谴责⑩。而权移外戚之家⑪，宠被
近习之竖⑫，亲其党类⑬，用其私人⑭；内充京师，外布列郡⑮，
颠倒贤愚，贸易选举⑯；疲驽守境⑰，贪残牧民⑱，挠扰百姓⑲，
忿怒四夷⑳，招致乖叛㉑，乱离斯瘼㉒。怨气并作，阴阳失
和㉓，三光亏缺㉔，怪异数至㉕，虫螟食稼㉖，水旱为灾，此皆戚
宦之臣所致然也㉗。反以策让三公㉘，至于死免㉙，乃足为叫
呼苍天，号咷泣血者也㉚。又中世之选三公也㉛，务于清悫谨
慎、循常习故者㉜。是妇女之检柙㉝，乡曲之常人耳，恶足以
居斯位邪㉞？势既如彼㉟，选又如此㊱，而欲望三公勋立于国
家㊲，绩加于生民㊳，不亦远乎㊴？

【注释】

①夫任一人则政专，任数人则相倚：政事委任一个人就专一，政事
　委任几个人就相互牵制。任，委任，付托。专，专一，一致。倚，
　通"掎(jǐ)"。从旁边或后面拖住，牵制。

②违戾(lì)：抵触，有矛盾。

③和谐则太平之所兴也，违戾则荒乱之所起也：事情和谐就是太平
　世道兴起的原因，事情抵触就是国家混乱发生的原因。

④光武皇帝：东汉开国之君光武帝刘秀，25—57 年在位。愠：恨。
　数世之失权：指西汉元帝、成帝、哀帝、平帝时由宦官和外戚轮流
　把持朝政，皇权旁落，最终被王莽篡位。《汉书·成帝纪·赞》说
　"建始(成帝年号，前 32—前 28)以来，王氏始执国命(按，王氏，成
　帝王皇后家族。执国命，掌握国家命运，指擅政)，哀、平短祚(哀
　帝刘欣，前 6—前 1 年在位；平帝刘衎，1—5 年在位)，莽遂篡位，
　盖其威福所由来渐矣(按，指外戚恃势弄权是逐步形成的)。"数

　　世,指几代皇帝。

⑤忿:气愤。强臣:权臣,指王莽。窃命:篡位。

⑥矫枉过直:指纠正偏差而超过应有的限度。枉,弯曲。过直,即
　　过正。

⑦政不任下:政事不委任下面的人。即把朝政大权掌握在皇帝
　　手中。

⑧虽置三公,事归台阁:东汉自献帝建安十三年(208)以前,不设丞
　　相。三公地位虽高,但光武帝鉴于西汉末强臣擅政,皇权旁落,
　　所以把政务都交付尚书台的众近臣,由自己直接掌控尚书台,三
　　公权力实际被架空。三公,辅佐天子的最高官员。东汉以太尉、
　　司徒、司空为三公,见晋司马彪《续汉书·百官志一》(在《后汉
　　书》中)。台阁,即尚书台。东汉时,尚书台为总理国家各项政务
　　的中枢机构,长官为尚书令,副职为尚书仆射(yè),下分六个部
　　门,即"六曹",各设尚书一人,见《续汉书·百官志三》。

⑨三公之职备员而已:备员,充数。此指三公有职无权。

⑩然政有不理,犹加谴责:然而政事不能治理,仍加以谴责。按,汉
　　代遇有自然灾害或盗匪作乱,往往由三公免职承担责任。东汉
　　时三公虽已无治理政事的实权,仍然如此。

⑪而权移外戚之家:家,家族。此句指外戚擅权。

⑫宠被近习之竖:被,加。近习,左右的亲近。竖,供使役、传命的
　　宫中小臣。这里指宦竖、宦官。此句指宦官受宠得势。

⑬亲其党类:其,指王室。党类,这里指母后、妻妾的亲族,即外戚。
　　党、类都是族人的意思。此句指亲近外戚。

⑭用其私人:私人,私臣,身边供使役的人。此句指任用亲信宦官。
　　按,光武帝之后,明帝、章帝、和帝时期大致继续加固皇权,防范
　　外戚专权。但后期自安帝、顺帝之后直到末代献帝,这七八代皇
　　帝要么懦弱无作为,要么早死而继位者年幼,而三公已无治理政

事的实权,结果太后临朝听政,造成外戚和宦官势力日益侵夺皇
权,由此东汉朝廷由兴盛走向衰亡。

⑮内充京师,外布列郡:京师,京城,指朝廷。列郡,地方各郡。这
　两句是指外戚与宦官的势力满布朝廷内外。

⑯颠倒贤愚,贸易选举:混淆贤良与愚劣,靠交易选拔推举。颠倒,
　次序倒置,混淆。贸易,指权钱交易、行贿受贿。选举,选拔推举
　人。下文所说"疲驽守境,贪残牧民"等,正是"颠倒贤愚,贸易选
　举"的结果。

⑰疲驽:指软弱无能的人。疲,疲弱,衰弱。驽,劣马,引申为低劣、
　无能。境:边境。

⑱贪残:指贪婪残忍的人。牧:治理。牧本指放牧,引申为管理、
　治理。

⑲挠扰:骚扰扰乱。

⑳忿怒:愤怒。这里是"使……愤怒"的意思,即激怒。四夷:指四
　境内的少数民族。

㉑乖叛:反叛。乖,背离。

㉒乱离斯瘼(mò):这句是说,局势忧乱而国乃艰困。离,忧患。斯,
　乃,就。瘼,病痛,引申为困苦、艰困。本句来源于《诗·小雅·
　四月》,原作"乱离瘼矣",汉毛亨(一说毛苌)解释"离"为"忧",乱
　离即忧乱。

㉓怨气并作,阴阳失和:这两句是说民怨四起,天地阴阳失和。并
　作,一起发作。

㉔三光亏缺:日月星蔽晦。三光,日、月、星。亏缺,蔽晦不显,如
　日、月食及星隐等现象。

㉕怪异数(shuò)至:妖异现象屡屡出现。数,屡次。

㉖虫螟食稼:害虫吃庄稼。螟,食庄稼的害虫。稼,庄稼。

㉗此皆戚宦之臣所致然也:这些都是外戚、宦官导致如此。戚宦,

外戚，宦官。所致然也，导致如此。按，自"怨气并作"至此七句，指为政无道，天怒人怨，造成灾难四起及自然现象出现反常，是汉人"天人相应"的说法。"天人相应"之说把自然现象和社会现象挂钩，认为如果统治者为政失德，则百姓怨气郁积，天地间阴阳之气就失调，会出现灾难和反常的自然现象，显示上天对人们的警告。又，"而权移外戚之家"至此，这一段不是指上文光武帝加强皇权的结果说的，而是指光武帝之后发生的事说的，与上文似乎不相连贯，可能中间有脱失的文句。

㉘策让：下策书谴责。策，策书，即皇帝任免官员的命令。这里作副词用，表示动词"让"的方式。让，责备，谴责。

㉙死免：处死或免官。

㉚乃足为叫呼苍天，号咷泣血者也：足为，足以。号咷，大声痛哭。泣血，泪尽出血，形容悲极而痛哭。按，三公已无实权，而外戚、宦官造成的恶果，反要三公承担责任，所以说他们冤枉而足以对天痛哭。

㉛中世：中期，指两汉之中期，即自东汉初光武帝以后。

㉜务于清悫（què）谨慎、循常习故者：专找那些老实谨慎、循规蹈矩的人。务，谋求，寻求。清悫，淳朴诚实。循常，遵循常法。习故，熟悉旧规。

㉝是妇女之检柙（xiá）：这些人不过如同妇女守规矩。是，此，指上面那些"清悫谨慎、循常习故者"。检柙，规矩。

㉞恶（wū）：何。斯位：指三公之位。斯，此。邪：同"耶"。用于句末表示疑问。

㉟势既如彼：权势既已像外戚宦官所掌之大。彼，指外戚宦官。

㊱选又如此：三公人选又像这些人。此，这些，指谨慎保守，无所作为的人。

㊲望：期待。勋立于国家：立功勋于国家。

㊳绩加于生民：施功绩于百姓。加，施及。生民，百姓。

㊴不亦远乎：难道不是遥遥无期吗？不亦，岂非，难道不是。

【译文】

政事委任一个人就专一，政事委任几个人就相互牵制。政事专一事情就和谐，政事相互牵制事情就有抵触。事情和谐就是太平世道兴起的原因，事情抵触就是国家混乱发生的原因。光武帝痛恨几代失权，气愤权臣篡位，矫枉过正，政事不委任下面的人，虽设置三公，政事都归尚书台。从此以后，三公的职位充数而已，然而政事不能治理，仍加以谴责。而权力转移到外戚家族手中，恩宠施加于左右亲近的宦官，亲近外戚，任用亲信；外戚宦官的势力在内充斥朝廷，在外满布地方各郡，混淆贤良与愚劣，靠交易选拔推举人；软弱无能之人守边，贪婪残忍之辈治民，骚扰了百姓，激怒了四境少数民族，引起反叛，局势忧乱而国乃艰困。民怨四起，天地阴阳失和，日、月、星蔽晦，妖异现象屡屡出现，害虫吃庄稼，水旱闹成灾，这些都是外戚、宦官导致的。反而因此下策书谴责三公，竟至于处死或免官，这样的冤屈足以呼喊苍天，大声痛哭了。另外中期选用三公，专找那些老实谨慎、循规蹈矩的人。这些人不过如同妇女守规矩，是乡里的平常人而已，何足以居此职位呢？权势既已像外戚宦官所掌之大，三公的人选又像这些人，而想期待三公立功勋于国家，施功绩于百姓，难道不是遥遥无期吗？

3　昔文帝之于邓通，可谓至爱，而犹展申徒嘉之志①。夫见任如此，则何患于左右小臣哉②？至于近世，外戚宦竖请托不行③，意气不满，立能陷人于不测之祸④，恶可得弹正之哉⑤！曩者任之重而责之轻⑥，今者任之轻而责之重。昔贾谊感绛侯之困辱，因陈大臣廉耻之分，开引自裁之端⑦。自此以来，遂以成俗⑧。继世之主⑨，生而见之，习其所常⑩，曾莫之悟⑪,呜呼可悲! 夫左手据天下之图,右手刎其喉,愚者犹知难之,况明哲君子哉⑫! 光武夺三公之重⑬,至今而加甚⑭。不假后党以权,数世而不行⑮,盖亲疏之势异也⑯。母后之党、左右之人⑰,有此至亲之势⑱,故其贵任万世⑲。常然之败,无世而无之⑳,莫之斯鉴,亦可痛矣㉑。未若置丞相自总之㉒。若委三公㉓,则宜分任责成㉔。夫使为政者不当与之婚姻,婚姻者不当使之为政也㉕。如此,在位病人㉖,举用失贤,百姓不安,争讼不息㉗,天地多变㉘,人物多妖㉙,然后可以分此罪矣㉚。

【注释】

①昔文帝之于邓通,可谓至爱,而犹展申徒嘉之志:申徒嘉是汉文帝时丞相,一次向文帝奏事,见文帝幸臣邓通怠慢无礼。退朝后,申徒嘉召来邓通,痛加责备。文帝虽知道,但还是等申徒嘉责备得差不多了,才让人召回邓通,并向申徒嘉道歉说:"这人是我的弄臣,请你放了他。"事见《汉书·申屠嘉传》。文帝,汉文帝。之于,对于。邓通,汉文帝幸臣,文帝先后赏赐至亿万钱,又赐铜山,任其开采铸钱。景帝继位后,邓通被免官,家产充公,最后不名一钱,流落而死。至爱,极宠爱。申徒嘉,《史记》《汉书》作"申屠嘉"。曾追随汉高祖刘邦打败项羽,平定黥布叛乱,文帝时累迁至御史大夫,封关内侯。后接替张苍为丞相。志,指申徒嘉整饬朝廷礼仪的志向。按,文帝能容忍丞相痛责自己的弄臣来整饬朝廷礼仪,说明对丞相信任,尊重丞相的意见。所以下文说"夫见任如此,则何患于左右小臣哉"。

②夫(fú)见任如此,则何患于左右小臣哉:丞相被如此信任,那还担心什么亲近小臣呢? 见,被。任,信任。何患,担心什么,怎么会

担心。于，介词，介绍动词"患"直接涉及的对象，等于"对……"，但用在及物动词后面，现代汉语没有这种用法，或者可用倒装句表达，即"那对左右小臣还担心什么"，也就是"那还担心什么左右小臣"。左右小臣，指皇帝身边的亲近小臣。按，这两句是就上文邓通的事情说的，意思是丞相能得到皇帝如此信任，就不必担心那些亲近小臣谄媚盅惑人主了。

③宦竖：宦官。请托：指托人谋私，走门路。不行：行不通。

④立能陷人于不测之祸：立即能使人陷入到意外的祸患中。立，立即。陷人，使人陷入。不测之祸，意外的祸患。

⑤恶（wū）可得弹（tán）正之哉：那怎么能纠正这些人呢。恶可得，怎么能够。弹正，纠正。之，代词，即"这些人"，指外戚宦官。

⑥曩者任之重而责之轻：曩者，往日。二"之"字，代词，指辅政大臣，即三公。下句二"之"字用法同。

⑦昔贾谊感绛侯之困辱，因陈大臣廉耻之分（fēn），开引自裁之端：文帝时有人诬告周勃谋反，于是文帝逮捕周勃下在狱中。贾谊针对此事，向文帝建议，大臣身份地位高，自知廉耻，犯了罪不应像对待一般人那样捆绑下狱，不要拉头发按他的头，不要羞辱他，而应该为其保存体面，令其自尽。文帝认为贾谊的话有道理，此后大臣有罪皆令自尽，不加刑罚。见《汉书·贾谊传》。贾谊（前200—前168），洛阳（今属河南）人，西汉初年著名的政论家、文学家。二十余岁被文帝召为博士。不到一年被破格提拔为太中大夫。因遭群臣忌恨，被贬为长沙王的太傅。后被召回长安，为梁怀王太傅。梁怀王坠马而死，贾谊深自歉疚，不久忧伤而死。其著作主要有散文《过秦论》、《论积贮疏》、《陈政事疏》等，辞赋有《吊屈原赋》、《鹏鸟赋》等。感，感受到。绛侯，周勃，追随刘邦起事，在灭秦、灭项、建立汉朝过程中多有军功，被封为绛侯，官太尉（中央掌军事的最高官员）。吕后执政时期，他反对封

诸吕为王。在诸吕之乱中,他带兵平乱,拥立文帝。文帝时为右丞相。困辱,困窘屈辱。因,于是。陈,上陈,即向皇帝陈述。大臣廉耻之分,指大臣地位应有的羞辱感。廉耻,廉洁知耻。这里指自知耻辱、有羞耻心。分,身份,地位。开引,引起。自裁,自尽。端,开端。

⑧遂以成俗:指此后大臣有罪自尽就此成为惯例。遂以,因而,就。成俗,成为惯例。

⑨继世之主:指继承上一代帝位的君主,等于说后代的君主。

⑩习其所常:习惯了他们所常见的。常,严可均辑本作"尝",据《后汉书·仲长统传》所引改,下文"常然之败"句同。

⑪曾(zēng)莫之悟:曾,竟。莫之悟,是倒装句,等于"莫悟之"。悟,对……有所醒悟。之,指对大臣"任之轻而责之重"的不合理。下文即表达了这个意思。

⑫"夫左手据天下之图"以下四句:据天下之图,指掌握天下。据,按住,这里是掌握的意思。图,地图。刭其喉,指自刭而死。难之,以此为难。之,此,指"左手据天下之图,右手刭其喉"这件事。明哲,明智。按,此四句指大利大害两存,谁也不会为了重利而让自己陷入大害。仲长统说这话的意思是,即使委付重任,而动不动就令人自尽谢罪,人尚以此为难,更不用说现在是"任之轻而责之重"了。

⑬重:权力。

⑭至今而加甚:至今乃做得更过分。而,乃。加甚,更过分。

⑮不假后党以权,数世而不行:光武帝不把权力授予外戚的做法,如今已经好几代不实行了。以,把。假,授予,给予。后党,皇后、太后的亲族,指外戚。党,族。不行,不做。

⑯盖亲疏之势异也:因为亲疏的情势不同。盖,因为。亲,指有血缘关系的外戚。疏,指无血缘关系的三公。势,情势,势头。

⑰母后之党：指外戚。母后，母亲和皇后。党，族人。左右之人：身边的人。指宦官。

⑱有此至亲之势：有了与皇帝极为亲密的势头。

⑲故其贵任万世：所以他们的富贵可保万代不失了。任，担保，保证。万世，极力言世世富贵。

⑳常然之败，无世而无之：这是一向的祸害，没有哪一代不存在。常然，一向如此，向来的。败，祸害。指外戚宦官弄权的祸害。世，这里指父子相承、一代接一代的"世"，不是时代、朝代的意思。

㉑莫之斯鉴，亦可痛矣：不明察这个，可令人痛心。鉴，鉴察，明察。斯，此，指"常然之败"。亦，句首助词，没有具体意义。痛，痛心。

㉒未若置丞相自总之：未若，不如。总，统领。按，仲长统建议朝廷设置丞相自己统领政务，引起后人一些议论。清王先谦《后汉书集解》引沈钦韩说，认为当时曹操已经是丞相，天子像木雕泥塑，还要把政事专任丞相一人，那是如同火上浇油了，怎么可以称为"昌言（正当的言论）"呢？这个说法并不正确。后汉在献帝建安十三年(208)以前，只设三公，一直未设置丞相。曹操在灵帝光和末讨伐黄巾军，受骑都尉一职。直到献帝建安十三年，朝廷废除三公之职，另设置丞相，始由曹操担任丞相。仲长统此文说"未若置丞相自总之"，可知当时尚未设置丞相；下句又说"若委三公"云云，可知当时也未废除三公之职。那么此篇一定是写在建安十三年以前，这在本篇后文中还可以找到证据。仲长统写此篇，不过是痛恨外戚、宦官弄权，所以建议专任大臣以压制外戚、宦官势力。至于曹操为丞相擅政架空汉献帝，那是仲长统写此篇以后的事。

㉓委：托付。

㉔分任责成：分别承担政务，要求认真完成。任，担任。责，要求。

㉕夫使为政者不当与之婚姻，婚姻者不当使之为政也：为政，治理政事。第一个"之"字指"为政者"。婚姻，指联姻结为亲家。第二个"之"字指"婚姻者"。按，曹操任丞相后，将三个女儿进献给献帝为夫人，后来杀了献帝的伏皇后，立第二女曹节为皇后，见《后汉书·孝献帝纪》《皇后纪下》。可见此篇写于事前。如果写于当时，那么说使治理政事的人不当与他联姻，联姻的人不当使他治理政事，不成闭眼说空话吗？

㉖在位病人：做官执政的使人民困苦。在位，居官，指治理政事者。病人，使人民困苦。人，当作"民"，唐人避太宗李世民名讳所改。

㉗争讼：打官司。息：止。

㉘变：灾变，指自然现象反常引起灾害。

㉙人物多妖：妖，妖异，指出现异常情况。按，例如献帝时，发生过男子变成女人，生孩子两个头的事（其实就是变性人和连体婴儿），见晋司马彪《续汉书·五行志五》（在《后汉书》中），即所谓"人物多妖"。汉代人以为，出现自然界和人的异常现象，是由于为政失德，老天示警。

㉚分此罪：分担罪名。按，上文说治理政事如托付三公，就让他们分别承担政务。因此国家出了问题，就按照各自所管的范围分别承担责任，所以说"分此罪"。

【译文】

从前文帝对于邓通，可说极宠爱，然而还是让丞相申徒嘉伸展他的志向。丞相被如此信任，那还担心什么亲近小臣呢？到了近代，外戚宦官托人谋私不成，心意不满，立即能使人陷入意外的祸患中，那怎么能纠正这些人呢！往日重用三公而责备轻，如今轻用三公而责备重。从前贾谊感受到周勃的困窘屈辱，于是向文帝陈述大臣有羞耻心的身份，引起大臣有罪使自尽的开端。自此以后，就成为惯例。后代的君主，生下来便看到这个惯例，习惯了他们所常见的，竟无所醒悟，唉，可悲呀！

左手按住天下的地图掌控天下,右手割自己的喉咙自尽,愚蠢的人尚且以此事为难,何况是明智的君子呢!光武帝剥夺三公的权力,至今做得更过分。光武帝不把权力授予皇后、太后的亲族,如今已经好几代不这么做了,因为亲疏的情势不同。母亲、皇后的亲族和身边左右的人,有了与皇帝极为亲密的势头,所以他们的富贵可保万代不失。这是向来的祸害,没有哪一代不存在,不明察这个,可令人痛心。不如设置丞相自己统领政务。如果托付三公,那应该分别承担政务,要求认真完成。对于让他治理政事的,皇家不当与他联姻,皇家与他联姻的,就不当让他治理政事。如果这样做,那么做官执政的使人民困苦,选用人才错过贤者,百姓不安心,打官司不止,天地多灾变,人物多妖异,然后才可以分担罪名。

4　或曰:政在一人^①,权甚重也。曰:人实难得,何重之嫌?昔者霍禹、窦宪、邓骘、梁冀之徒^②,藉外戚之权^③,管国家之柄^④;及其伏诛^⑤,以一言之诏,诘朝而决^⑥,何重之畏乎?今夫国家漏神明于媟近,输权重于妇党^⑦,算十世而为之者八九焉^⑧。不此之罪,而彼之疑^⑨,何其诡邪^⑩!

【注释】

①政在一人:政事由一人主持。

②霍禹(?—前66):西汉昭帝、宣帝时期外戚、重臣霍光之子,汉宣帝时继承父爵为博陆侯。后来谋废宣帝,事发,被捕腰斩。见《汉书·霍禹传》。窦宪(?—92):汉章帝窦皇后之兄,和帝时升迁大将军,横行京城。后来和帝与宦官谋划除掉他,于是被迫自尽。见《后汉书·窦宪传》。邓骘(?—121):汉和帝邓皇后之兄,安帝时任大将军,专断朝政。后来遭到安帝乳母王圣等人诬

陷,于是绝食而死。见《后汉书·邓骘传》。梁冀(?—159):汉桓帝梁皇后之兄,代替父梁商为大将军,居位多年,专擅朝政。后来桓帝谋图杀他,被迫自尽。见《后汉书·梁冀传》。

③藉:凭借。权:权势。

④管:掌握。国家之柄:治理国家的权柄。柄,权柄,权力。

⑤伏诛:获罪处死。伏,服罪。诛,杀。

⑥以一言之诏,诘朝(zhāo)而决:凭天子一句话的诏书,一个早晨就解决了。一言,一句话。诘朝,早晨。按,由此也可见,仲长统此篇写在曹操专政挟制献帝之前,如写在曹操专政当时,则献帝已经受制,他怎么可能说出凭天子一句话的诏书,一个早晨就解决权臣的话?

⑦今夫(fú)国家漏神明于媟(xiè)近,输权重于妇党:国家使皇威落到身边小人手里,把权力交到妻子亲族的掌中。今夫,句首助词,用于说话的开端,没有具体意义。今,句首助词,与“夫”作用同。漏,遗漏,这里是“使……落入”的意思。神明,太阳。这里指皇帝的权威。媟近,身边小人,指宦官。权重,权力。输,输送,这里是“把……交到”的意思。妇党,妻子的亲族,指外戚。

⑧算十世而为之者八九焉:算来十代中有八九代都是这样做。世,代。为之,施行它,等于说“这样做”。之,它,指“漏神明于媟近,输权重于妇党”。八九,八九代。焉,句末语气词。

⑨不此之罪,而彼之疑:不治外戚宦官的罪,而怀疑三公。罪,治罪。此,指外戚宦官。彼,指辅政大臣三公。

⑩何其诡邪:何其,用于感叹句,等于“何等”,“多么”。诡,违背。这里指违理,不讲道理。

【译文】

有人问:政事由一人主持,权力太重了。回答:人才实难得,为什么嫌权重?从前霍禹、窦宪、邓骘、梁冀之辈,凭借外戚的权势,掌握治国的权柄;等到他们获罪处死,都凭天子一句话的诏书,一个早晨就解决了,为什么怕权重呢? 国家使皇威落到身边小人手里,把权力交到妻子亲族的掌中,算来十代中有八九代都是这样做。不治外戚宦官的罪,而怀疑三公,多不讲道理啊!

阙题一

【题解】

本篇由严可均辑自《群书治要》卷四十五。

仲长统在本篇提出,人君治国常用的是道德教化,而刑罚只是辅助道德教化的手段。他说古代圣明帝王所以做到使百姓相亲,天下和睦,感应百神降福,实靠施行仁德,而非用刑罚所致。这个提法,就是儒家所主张的"德政"。他又认为,在改朝换代的革命时期,以及社会上奸人成群的动乱时期,非靠武力和严刑峻法不能解决问题,说"时势不同,所用之数亦宜异也"。崔寔在《政论》中说"夫刑罚者,治乱之药石也;德教者,兴平之粱肉也",这同仲长统的观点没有根本区别。但崔寔是针对当时的"乱世"而强调刑罚,仲长统则是针对通常情况而强调"德教";崔寔是谈实际,仲长统是谈理想。仲长统理想中的制度是"礼简而易用,仪省而易行,法明而易知,教约而易从",而且人君对礼、仪、法、教要"临之以至公,行之以至仁",以公正、仁慈的心监督施行这四项,并且"先之用己身",即以身作则来提倡这四项。他重视人君身教的作用,说"我有公心焉,则士民不敢念其私矣。我有平心焉,则士民不敢行其险矣。我有俭心焉,则士民不敢放其奢矣",这同孔子说的"其身正,不令而行"(《论语·子路》)是一个意思。所以,他藐视那些以诈骗手段统治百姓的君主,说"谲诈以御其下,欺其民而取其心,虽有立成之功,至德之所不贵也"。然而在东汉末期那种无药可救的腐败社会,谈这样的理想有实际意义么? 借用他本人的话说,除非通过"非征伐用兵"不可的"革命",形成"大乱之后有易治之势",谈这种理想才有一定意义。否则,他的理想终是空想。他在《理乱篇》中谈到世乱每况愈下,而看不到希望,以致问老天这世乱之劫数到何地步为止,这正表明他的理想与现实之矛盾,使他的思想中产生离世避俗的念头,信奉道教求仙之术以求精神寄托。

　　1　德教者,人君之常任也①,而刑罚为之佐助焉②。古之圣帝明王所以能亲百姓,训五品③,和万邦,蕃黎民④,召天地之嘉应⑤,降鬼神之吉灵者⑥,实德是为⑦,而非刑之攸致也⑧。至于革命之期运⑨,非征伐用兵则不能定其业⑩;奸宄之成群⑪,非严刑峻法则不能破其党⑫。时势不同,所用之数亦宜异也⑬。教化以礼义为宗,礼义以典籍为本⑭,常道行于百世,权宜用于一时⑮,所不可得而易者也⑯。高辛已往⑰,则闻其人,不见其书⑱。唐、虞、夏、殷⑲,则见其书,不详其事。周氏已来⑳,载籍具矣㉑,所不可得而易者也。故制不足,则引之无所至㉒;礼无等㉓,则用之不可依;法无常,则网罗当道路㉔;教不明,则士民无所信㉕。引之无所至,则难以致治㉖,用之不可依,则无所取正㉗,罗网当道路,则不可得而避㉘,士民无所信,则其志不知所定㉙,非治理之道也。诚令方来之作�30,礼简而易用,仪省而易行�31,法明而易知,教约而易从�32;篇章既著,勿复刊劂�33,仪故既定,勿复变易�34;而人君临之以至公,行之以至仁�35,壹德于恒久�36,先之用己身�37;又使通治乱之大体者�38,总纲纪而为辅佐�39,知稼穑之艰难者^⑩，亲民事而布惠利^⑪；政不分于外戚之家，权不入于宦竖之门；下无侵民之吏^⑫，京师无佞邪之臣^⑬，则天神可降，地祇可出^⑭。

【注释】

①德教者，人君之常任也：道德教化是人君的常用办法。德教，道德教化。常任，常用的办法。任，使用。

②为之佐助：是德教的辅助手段。之，指德教。

③古之圣帝明王所以能亲百姓，训五品：亲百姓，训五品，反用《尚书·舜典》"百姓不亲，五品不逊（通"训"）"之意。亲百姓，使百姓相亲。训五品，顺从人伦常理。训，顺。五品，指五种人伦常理，即父义、母慈、兄友（友爱）、弟恭、子孝。

④和万邦，蕃黎民：语出《尚书·尧典》"协和万邦，黎民于变时雍"。万邦，所有各诸侯国，引申为天下。蕃黎民，使人民变化迁善。蕃，通"变"。托名汉孔安国的旧注解释"变"为"变化从上"，也即迁善的意思。《汉书·成帝纪》引"黎民于变时雍"的"变"作"蕃"，二字古音相通。黎民，人民，百姓。

⑤召：招致。嘉应：嘉瑞，祥瑞。

⑥降鬼神之吉灵者：百神的福佑降临。降，降下，这里是"使……降临"的意思。鬼神，泛指天地间百神。天神称"神"，地神称"鬼"。吉灵，吉庆的福佑。灵，福。

⑦实德是为：实靠施行仁德。为，行。

⑧而非刑之攸致也：而不是用刑罚达到的。攸，所。

⑨革命之期运：改换朝代的革命时期。革命，改换朝代。古人认为天子受命于天，所以改朝换代就是更改天命。期运，时机，特定时期。

⑩定其业：定，成就。其，他（的），指改换朝代的"革命"者。

⑪奸宄(guǐ)：违法作乱的人。

⑫破其党：破，摧毁。其，他们(的)，指作乱的"奸宄"。党，团伙。

⑬时势不同，所用之数亦宜异也：数，技术，方法。宜，应当。按，上文说人君常用的是道德教化，这里说在非常时期则不得不用武力、刑罚，所以说"时势不同，所用之数亦宜异也"。

⑭教化以礼义为宗，礼义以典籍为本：典籍，指儒家经典。宗、本，根本，根基。二字交错使用，避免字面重复，是一种修辞方式。

⑮常道行于百世，权宜用于一时：常道，通常的方法，指道德教化。权宜，临时应变的方法，指武力和刑罚。行、用，施用。交错使用避免重复。

⑯所不可得而易者也：这是不可以改变的。不可得而，不可以。得而，得以，可以。"可"与"得而"意思相同，"可得而"连用，也就是"可以"。易，改易，改变。

⑰高辛已往：高辛氏以前。高辛，即帝喾(kù)，传说上古时代五位帝王之一，见《史记·五帝本纪》。已往，以前。已，同"以"。

⑱则闻其人，不见其书：则，只，仅。其人，指高辛这个人。其书，指记载高辛的书。

⑲唐、虞、夏、殷：指尧、舜、夏、商。唐，尧号。虞，舜号。殷，商代的别称。

⑳周氏：周人的国家，即周代。上古时代的国名，往往与"氏"连用，如神农氏，有户氏，氏均指国家。

㉑载籍：书籍。具：完备。

㉒故制不足，则引之无所至：所以制度不完备，那么取用它就无有所成。制，制度，礼法。引，引进，取来用。之，它，指"制"。无所至，等于说无所成，无所得。

㉓礼无等：没有等级规定。

㉔法无常，则网罗当道路：法度没有定准，那么网罗就挡住道路。

法,法度。无常,没有定准。当,阻挡。网罗当道路,比喻容易触犯法网。按,法度无定准,人们不知所依,动辄触犯法网,所以用网罗当道来比喻。

㉕教不明,则士民无所信:教令不明确,那么士人和百姓就无所信从。教,教令。士民,士,士人,读书的人。民,对"士"言,指靠劳动谋生的百姓。按,上文说,高辛及尧、舜、夏、商已往之事,或无载记,或载而不详,也即制度、礼法不完备,所以这里说"制不足"云云,就是承接上面的话说的。仲长统的意思,是要以周代为法。

㉖引之无所至,则难以致治:取用制度无有所成,就难以使国家得到治理。致治,使国家达到治理。这是承接上文"故制不足,则引之无所至"说的。

㉗用之不可依,则无所取正:施行礼仪不可依据,就无所取法。取正,取则,取法。这是承接上文"礼无等,则用之不可依"说的。

㉘罗网当道路,则不可得而避:网罗挡住道路,就不能躲避。这是承接上文"法无常,则网罗当道路"说的。

㉙士民无所信,则其志不知所定:士民无所信从,那么他们的心意就摇摆不定。志,心意。《说文解字》:"志,意也。"志是内心的想法。不知所定,摇摆不定。这是承接上文"教不明,则士民无所信"说的。

㉚诚:假如。令:使。方来:将来。作:制作。这里指制定的法规、制度。

㉛礼简而易用,仪省而易行:礼,礼法。仪,仪节,礼节。这两句只是说礼仪简省而易用。

㉜教约而易从:教令简约而易遵从。教,教令。约,简约。

㉝篇章既著,勿复刊剟(duō):规则章程既已成文,就不再删改。篇章,指有关法度教令的文字,即规则章程。著,记载。勿复,不

再。刊剟，删改。剟，刊削。这两句是承接上文"法"与"教"
说的。

㉞仪故既定，勿复变易：礼仪成例既已制定，就不再变动。仪故，礼
仪成例。故，惯例。这两句是承接上文"礼"与"仪"说的。

㉟而人君临之以至公，行之以至仁：人君以最公正之心监督这些
事，以最仁慈之念施行这些事。临，监督。临之、行之的"之"并
指上文礼、仪、法、教四事。至，最。

㊱壹德于恒久：壹德，一心一意。德，这里是"心意"的意思。恒久，
永久。

㊲先之用己身：以身作则来倡导这些事。先，倡导。用，以。之，指
礼、仪、法、教。

㊳通：通晓。治乱之大体：有关国家治乱的大局。

㊴总：总领，统管。纲纪：指治国的大纲。

㊵稼穑（sè）：指农事。稼，耕作。穑，收获。

㊶亲民事而布惠利：亲自料理民生之事而布施恩惠。亲，亲临，亲
自料理。民事，有关民生之事，多指农事。布，布施。惠利，
恩惠。

㊷下：下面，地方上。侵民：侵夺百姓。

㊸京师：国都，指朝廷。佞邪：奸佞邪恶。

㊹则天神可降，地祇（qí）可出：天地百神都降临出现。亦即百神显
灵赐福的意思。地祇，地神。

【译文】

道德教化是人君的常用办法，而刑罚是道德教化的辅助手段。古
代的圣明帝王所以能使百姓相亲，顺从人伦常理，使天下和睦，人民变
化迁善，使天地的祥瑞来至，百神的福佑降临，实靠施行仁德，而非用刑
罚所致。至于在改换朝代的革命时期，不用兴兵讨伐就不能成就革命
者的大业；违法作乱的人成群，不用严峻刑罚就不能摧毁他们的团伙。

形势不同,所用的办法也应当不同。教化以礼义为基础,礼义以经典为根据,通常的方法施行于世世代代,临时应变的方法只用于眼前一时,这是不能改变的。高辛以前,仅听说这个人,不见记载他的书。尧、舜、夏、殷,仅见他们的书,不详悉他们的事迹。周代以来,书籍完备,这是不能改变的。所以制度不完备,那么取用它就无有所成;礼仪没有等级规定,那么施行它就不可依据;法度没有定准,那么网罗就挡住道路;教令不明确,那么士人和百姓就无所信从。取用制度无有所成,就难以使国家得到治理;施行礼仪不可依据,就无所取法;网罗挡住道路,就不能躲避;士民无所信从,那么他们的心意就摇摆不定,这不是治理国家的方法。如果使将来的制作,礼法简明而易使用,仪节省约而易施行,法度明确而易了解,教令简约而易遵从;规则章程既已成文,就不再删改,礼仪成例既已制定,就不再变动;人君以最公正之心监督这些事,以最仁慈之念施行这些事,一心一意永久不变,并以身作则来倡导这些事;再让通晓国家治乱大局的人,总领治国的大纲为天子辅佐,让知道农事辛劳艰苦的人,亲自料理民生之事而布施恩惠;政事不分给外戚之家,权力不进入宦官之门;地方上没有侵夺百姓的官吏,朝廷中没有奸佞邪恶的臣子,那么天神就可降临,地神就可出现了。

2　大治之后有易乱之民者[①],安宁无故,邪心起也。大乱之后有易治之势者,创艾祸灾[②],乐生全也[③]。刑繁而乱益甚者,法难胜避,苟免而无耻也[④]。教兴而罚罕用者[⑤],仁义相厉[⑥],廉耻成也[⑦]。任循吏于大乱之会,必有恃仁恩之败[⑧]。用酷吏于清治之世[⑨],必有杀良民之残。此其大数也[⑩]。我有公心焉[⑪],则士民不敢念其私矣[⑫]。我有平心焉[⑬],则士民不敢行其险矣[⑭]。我有俭心焉[⑮],则士民不敢放其奢矣[⑯]。此躬行之所征者也[⑰]。开道涂焉,起堤防焉[⑱],舍我涂而不由，逾堤防而横行⑲，逆我政者也⑳。诰之而知罪㉑，可使悔过于后矣。诰之而不知罪，明刑之所取者也㉒。教有道，禁不义㉓，而身以先之㉔，令德者也㉕。身不能先，而总略能行之㉖，严明者也。忠仁为上㉗，勤以守之㉘，其成虽迟，君子之德也㉙。谲诈以御其下㉚，欺其民而取其心㉛，虽有立成之功㉜，至德之所不贵也㉝。

【注释】

①大治：天下安定。

②创艾（yì）：戒惧，害怕。

③乐生全也：以保全性命为乐。

④刑繁而乱益甚者，法难胜避，苟免而无耻也：刑罚繁多而乱子更加严重，是因为人们躲避不了法网，姑且逃脱惩罚而并没有羞耻之心。刑繁，刑罚繁多。益甚，更加严重。法难胜避，等于说法不胜避，即躲避不了法网。苟免，指姑且逃脱惩罚。无耻，没有羞耻之心。按，刑罚繁多，避不胜避，所以人们都使巧诈暂且脱身法外，其实并不以犯罪为可耻。仲长统说这话的意思，是指仅仅靠刑罚是解决不了犯罪问题的。

⑤教兴：教化兴行。

⑥仁义相厉：以仁义相互勉励。厉，同"励"。

⑦廉耻：廉洁知耻之心。

⑧任循吏于大乱之会，必有恃仁恩之败：在大乱的时期任用循吏，必然有倚仗宽仁而败坏政事的事情。循吏，奉法循理的官，指不滥施刑罚、待民宽厚的官吏。会，际，时期。恃，依仗。败，败事，败坏事情。按，大乱之际多狡诈之民，必然有依仗循吏的宽仁而肆无忌惮，乃至败坏政事，所以说"必有恃仁恩之败"。

⑨酷吏：滥施刑罚的官吏。清治：清静安定，太平。

⑩此其大数也：这就是大致情况。此，指上文"大治之后有易乱之
　民者"等六种有关政事的情况。其，副词，用于判断，等于"乃"、
　"就是"。大数，大略，大概。

⑪我：指人君。公心：公正的心。

⑫念其私：想着他们的私利。

⑬平心：无所偏袒的心。平，持平。

⑭行其险：做他们的冒险事，指知法犯法。

⑮俭心：节俭的心。

⑯放其奢：放纵他们的奢侈。

⑰此躬行之所征者也：这是人君亲自实行所起的效果。躬行，亲自
　实行。征，效验，这里作动词用，即起效果。

⑱开道涂焉，起堤防焉：开通道路，筑起堤防。比喻人君让人民做
　该做的，禁止人民做不该做的。涂，同"途"。起，筑起。堤防，严
　可均辑本"堤"作"提"，据《群书治要》卷四十五所引改，下文"逾
　堤防而横行"的"堤"字同改。

⑲逾：越过。横行：乱走，不走大路。

⑳政：政令。

㉑诰：告诉，特指上面告知下面。之：他，指上文"逆我政者"。

㉒明刑之所取者也：就是明法所当捕拿的人。明刑，明法，明确规
　定的法令。刑，法。取，捕拿。

㉓教有道，禁不义：教育有道德的人，禁制不讲道义的人。有道，有
　道德的人。禁，禁制，约束。不义，不讲道义的人。

㉔而身以先之：而自己带头做。先，率先，带头。

㉕令德者也：这是有美德的人君。令德，美德。

㉖总略：大体上。行之：做到。之，承上文指"教有道，禁不义"这
　件事。

㉗忠仁为上：只崇尚忠厚仁义。为，用法同"唯"。等于"只"、"唯独"。上，通"尚"。崇尚。

㉘勤以守之：勤恳地守持着忠厚仁义。

㉙君子之德也：这句指人君有君子之德。

㉚谲(jué)诈以御其下：用欺诈手段治理他的百姓。谲诈，欺诈。御，治理。其下，他(人君)的百姓。

㉛欺其民而取其心：欺骗他的人民而取得民心。

㉜立成：速成。功：功效。

㉝至德：指有盛德的人君。贵：重视，看重。

【译文】

天下安定之后有容易作乱的百姓，是因为太平日久无事故，人们起了邪恶的念头。大乱之后有容易治理的形势，是因为人们害怕灾祸，都以保全性命为乐事。刑罚繁多而乱子更加严重，是因为人们躲避不了法网，姑且逃脱惩罚而并没有羞耻之心。教化兴行而刑罚罕用，是因为人们以仁义相互勉励，有了知耻之心。在大乱的时期任用循吏，必然有倚仗宽仁而败坏政事的事情。在太平时代任用酷吏，必然有杀伤良民的暴行。这就是大致情况。我有公正的心，那么士民就不敢想着他们的私利。我有无所偏袒的心，那么士民就不敢冒险做知法犯法的事。我有节俭的心，那么士民就不敢放纵他们的奢侈。这是人君亲身实行所起的效果。开通道路，筑起堤防，舍弃我的道路不走，越过堤防不行正路，就是违反我政令的人。告诉他而认罪，可使他以后悔过不再犯。告诉他而不认罪，就是明法所当捕拿的人。教育有道德的人，禁制不讲道义的人，而自己以身作则，这是有美德的人君。不能以身为表率，但大体上做得到，这是严明的人君。只崇尚忠厚仁义，勤恳地守持着忠厚仁义，他的成就虽来得迟，也是有君子之德的人君。以欺诈手段治理他的百姓，欺骗他的人民而取得民心，虽有速成的功效，这是有盛德的人君所不看重的。

阙题二

【题解】

本篇一节,由严可均辑自《群书治要》卷四十五。

当时的习俗,闹新房可以杖打、吊挂新郎以资调笑,亵渎戏弄新娘以凑趣。仲长统以为这种污秽习俗助长了奸邪的风气,为男女之间的不正之风开门引路,所以主张禁绝这种习俗。

1　廉隅贞洁者,德之令也;流逸奔随者,行之污也①。风有所从来,俗有所由起②。疾其末者刈其本③,恶其流者塞其源④。夫男女之际⑤,明别其外内⑥,远绝其声音⑦,激厉其廉耻⑧,涂塞其亏隙⑨,由尚有匈心之逸念⑩,睇盼之过视⑪,而况开其门、导其径者乎⑫!今嫁娶之会⑬,捶杖以督之戏谑⑭,酒醴以趣之情欲⑮,宣淫佚于广众之中,显阴私于族亲之间⑯。污风诡俗⑰,生淫长奸⑱,莫此之甚,不可不断者也⑲。

【注释】

①"廉隅贞洁者"以下四句:此指妇女的品德。廉隅,端方,检点约

束。贞洁,坚守贞操。令,美。流逸,放荡。奔随,私奔。行,品行。

②风有所从来,俗有所由起:风气有它的由来,习俗有它的起因。风,风气。从来,由来。俗,习俗。由起,起因。

③疾:憎恶。末:树梢,尽头,引申为结果。刈:割断。本:树根,引申为根源。其末、其本,"其"承接上文指风俗方面的事,下句"其"字同。

④恶:厌恶。流:流布,扩散。源:源头。

⑤男女之际:男女之间的界限。际,分界,界限。

⑥明别其外内:外内,指古代男女的内外区别。《礼记·内则》说,造房屋,男住外,女住内,又说男女不互相亲手递交东西,不互相借东西,不同饮一个井的水,不共享一个浴室等等,就是指男女内外有别。

⑦远绝其声音:绝,隔绝。这句指男女离得远,听不到彼此的声音。

⑧激厉:激发勉励。厉,同"励"。廉耻:廉洁知耻,知耻之心。

⑨涂塞:堵塞。涂,也是塞的意思。亏隙:亏缺间隙。这里指男女间有可乘之机。

⑩由尚:还是,仍旧。由,通"犹"。匈:同"胸"。逸念:放逸的念头。这里指男女间非分之想。

⑪睇(dì)盼之过视:睇盼,斜视,用眼角偷看。过视,失礼的注视。过,过失。这里指男女间越礼。这句的"过视"是对"睇盼"的判断。

⑫而况开其门、导其径者乎:何况替他们开门引路呢! 而况,何况。两个"其"字均指他们(男女)。导,引。径,路。按,以上一段,意思是男女之间即使严加防范,他们尚且有非分之想,越礼的行为,何况现在替他们开门引路呢。这段话是引起下文谈当时闹新房的不良风俗的。

⑬今嫁娶之会:这里指嫁娶新娘的婚礼。会,聚会。

⑭捶杖以督之戏谑(xuè)：捶杖，用木杖敲打。这里指用木杖敲打新郎。捶，敲击。督，促进，助长。"督之"的"之"用法同"其"。指贺客。下句"趣之"的"之"同此。戏谑，戏弄调笑。

⑮酒醴以趣(cù)之情欲：酒醴，指纵酒。醴，甜酒。趣，促进，激发。按，《意林》卷五引汉应劭《风俗通》说，杜士娶妇，张妙赴婚宴，酒后戏弄新郎，把杜士绑住打二十杖，又拴住杜士的脚指头吊起来，结果杜士意外死亡。可见当时有戏弄虐待新郎的恶习。

⑯宣淫佚于广众之中，显阴私于族亲之间：在大庭广众之中宣泄淫荡，在家族亲朋之间暴露隐私。宣，宣泄。淫佚，淫荡。佚，同"泆"。放纵。显，暴露。阴私，即隐私，不愿暴露的个人私事。这里指新郎新娘之间的私事。族亲，指新郎新娘的家族亲朋。按，晋葛洪《抱朴子外篇·疾谬》说，当时闹新房有一种戏弄新娘的方法，即在广众亲属面前问新娘难听的话，逼新娘回答。这里所谓"宣淫佚"、"显阴私"就是指此类事。

⑰污风诡俗：污秽反常的风俗。诡，怪异，反常。

⑱生淫长奸：滋长奸邪。

⑲断：断绝，禁绝。

【译文】

检点约束而坚守贞操，是美好的德行；放荡不拘而私自投奔，是污秽的品行。风气有它的由来，习俗有它的起因。憎恶事情的结果，就割断它的根源；厌恶事情的流布，就堵塞它的源头。男女之间的界限，明确区分他们的内外之别，远隔他们的声音，激发勉励他们的羞耻之心，堵塞他们的可乘之机，他们仍旧内心有放逸的念头，失礼的斜视，何况替他们开门引路呢！如今在嫁娶婚礼上，用木杖敲打新郎以助长客人戏弄调笑，纵酒以激发客人的情欲，在大庭广众之中宣泄淫荡，在家族亲朋之间暴露隐私。污秽反常的风俗，滋长奸邪，没有比这更过分的，不可不禁绝。

阙题三

【题解】

本篇由严可均辑自《群书治要》卷四十五。

东汉中后期以来，每用外戚任大将军录尚书事，执掌朝廷军、政大权。由外戚当政，大抵国家治理不成，而越来越乱，西汉后期由衰落而灭亡的历史便是明证，用仲长统的话说，就是"而所赖以治理者甚少，而所坐以危乱者甚众"。外戚当政，不仅反映了皇帝懦弱无能，也与宗法社会的家族伦理有很大关系。仲长统在本篇中分析说，我所尊而亲之的母亲，她想厚待自己的亲人，如同我的父亲想厚待自己的父兄子侄一样；我所恩爱而亲近的妻妾，她们想厚待自己的亲人，如同我想厚待自己的父兄子侄一样。既然如此，我怎能拒绝这些人出于人伦之情的要求呢？这实际反映了君主制的制度下皇族内部权力争夺的矛盾。本来皇权是独一无二、不可分享的，而这同宗法制的"家规"有矛盾。这个矛盾在君主制的制度下，只有靠皇帝的英明独断以及合宜的策略才能缓和，比如像东汉前期大抵只赐予外戚富贵而不予权力就是。到了中后期，皇帝越来越无能，就做不到了。所以仲长统说"唯不世之主，抱独断绝异之明，有坚刚不移之气"才做得到。

1　汉兴以来皆引母、妻之党为上将，谓之辅政①，而所赖以治理者甚少②,而所坐以危乱者甚众③。妙采于万夫之望④,其良犹未可得而遇也,况欲求之妃妾之党⑤,取之于骄盈之家⑥,徼天幸以自获其人者哉⑦?夫以丈夫之智⑧,犹不能久处公正、长思利害⑨,耽荣乐宠⑩,死而后已。又况妇人之愚⑪,而望其遵巡正路⑫,谦虚节俭,深图远虑,为国家校计者乎⑬?故其欲关豫朝政⑭,惬快私愿⑮,是乃理之自然也。

【注释】

①汉兴以来皆引母、妻之党为上将,谓之辅政:汉兴,汉代中兴,指东汉。引,推举,提拔。党,亲族。上将,指大将军。汉代的大将军地位与三公等,本职掌管军事,是统军之帅。然而再加上"录尚书事"头衔(录,总领。尚书,即尚书台,总理朝政的机构,见法诚·2注),则以大将军之职执掌朝政,称作"辅政"。见晋司马彪《续汉书·百官志一》(在《后汉书》中)、《后汉书·孝和帝纪》。

②而所赖以治理者甚少:然而靠此得到治理的很少。赖,依靠。以,同"已"。是代词,等于"此"。例子见清王引之《经传释词》。

③坐以:因此。坐,由,因。

④妙采:精心挑选。妙,精细。万夫之望:万众所仰望的人。

⑤求:寻求。妃妾:指皇帝的妻妾。严可均辑本"妃"误作"兆",据《群书治要》卷四十五所引改。党:族亲。

⑥骄盈之家:骄纵自是的家族,指外戚之家。盈,自满。

⑦徼天幸以自获其人者哉:以自己能获得合适的人选为有幸吗?徼天幸,侥幸,有幸。徼,通"邀"。遇到。天幸,上天所赐的幸运。其人,那个人,指合适的人。按,以上这段话意思是指,人才本就难得,何况从骄纵自是的外戚家族中去找,而想侥幸得到理想的人,是不可能的。

⑧以：凭着。丈夫：男人，对上文"妃妾"言，指皇帝。智：智力，头脑。

⑨长思：思虑长远。

⑩耽荣乐宠：沉溺于荣华而享乐于宠爱中。耽，沉湎。乐，享受快乐。宠，指对妃妾的宠爱。

⑪又况妇人之愚：这句"又况"下本当有"以"字，因上文"以丈夫之智"已说到，所以省略了。妇人，指妃妾。严可均辑本误作"愚人"，据《群书治要》卷四十五所引改。

⑫遵巡正路：顺着正道走。

⑬校计：衡量计算，打算。

⑭关豫：参与，介入。关，关涉。豫，通"与"。参与。

⑮惬快私愿：快意于满足私愿。惬快，惬意快心。

【译文】

汉代中兴以来，都提拔母亲、妻子的亲族为大将军，称为"辅政"，然而靠此而治理的很少，因此而危乱的很多。从万众仰望的人中精心挑选，他们中间优秀的人尚且未能够遇到，何况从妻妾的亲族中寻求，从骄纵自是的家族中取人，而以自己能获得合适的人选为有幸吗？凭男人的头脑，尚且不能长久处于公正地位、思虑长远，沉溺于荣华而享乐于宠爱中，到死方休。何况凭妇人的愚昧，而指望她们走正道，谦虚节俭，深谋远虑，替国家打算吗？所以她们想参与朝政，快意于满足私愿，这是自然的道理。

2　昔赵绾不奏事于太后，而受不测之罪①；王章陈日蚀之变，而取背叛之诛②。夫二后不甚名为无道之妇人③，犹尚若此，又况吕后、飞燕、傅昭仪之等乎④？夫母之于我尊且亲，于其私亲⑤，亦若我父之欲厚其父兄子弟也⑥。妻之于我

爱且媟⑦，于其私亲，亦若我之欲厚我父兄子弟也。我之欲
尽孝顺于慈母，无所择事矣⑧。我之欲效恩情于爱妻妾⑨，亦
无所择力矣⑩。而所求于我者，非使我有四体之劳苦、肌肤
之疾病也⑪。夫以此咳唾盼睇之间⑫，至易也，谁能违此者
乎⑬？唯不世之主，抱独断绝异之明⑭，有坚刚不移之气⑮，
然后可庶几其不陷没流沦耳⑯。

【注释】

①昔赵绾（wǎn）不奏事于太后，而受不测之罪：武帝初年，窦太后把
　持国政，赵绾时为御史大夫，与王臧上书说不要向窦太后奏报政
　事，结果被罢官下狱，自尽。见《汉书·武帝纪》。赵绾，儒家学
　者。申培弟子，治《诗经》。武帝初年为御史大夫。奏事，奏报政
　事。太后，窦太后，汉文帝皇后，武帝祖母。信奉黄老学说。不
　测，意外的。

②王章陈日蚀之变，而取背叛之诛：汉成帝时出现日食，王章上书
　说日食是阴侵阳的现象，应该罢免成帝的母亲王太后之兄大将
　军王凤的官，另选贤良替代，结果以大逆罪下狱，死狱中。见《汉
　书·元后传》。王章，汉成帝时为管理京城地区的行政长官京兆
　尹。陈，上书陈述。变，变故。取，获。背叛之诛，以背叛之罪
　被杀。

③夫（fú）二后：夫，这里是代词，等于"她们"，指窦、王二后。

④吕后：汉高祖皇后。高祖死后，吕后实际把持朝政。其子惠帝死
　后，吕后更是临朝听政，大封吕姓兄弟子侄为王侯，刘氏皇族受
　到压制甚至杀害。其死后不久，刘氏皇族即与功臣合力杀灭诸
　吕，扶立汉文帝。这是汉初政权的一次大危机。飞燕：赵飞燕，
　汉成帝皇后，善于舞蹈。与妹妹并专宠后宫而皆无子嗣，为固

宠,杀害其他有孕妃子,甚至皇子。平帝时,下诏称赵后失妇道,有虎狼之心,废为平民,自尽。傅昭仪:即汉哀帝祖母傅太后,骄横后宫,族人中一共有六人封侯,两人任大司马,六人做到九卿二千石,还有十几个人做了侍中一类的官职。以上并见《汉书·外戚传上》、《下》。

⑤私亲:自己的亲人。私,自己,个人。

⑥厚:厚待。子弟:子侄。

⑦媟(xiè):亲热,亲密。

⑧择:区别,区分。

⑨效:报效,报答。

⑩无所择力:即不惜力,不遗余力。

⑪非使:严可均辑本误作"使非",据《群书治要》卷四十五所引改。四体:四肢。肌肤之疾病:皮肤病,指小病。

⑫咳唾盼睬之间:形容不费力气瞬间即成的事。咳唾,咳嗽吐唾沫。盼睬,顾盼,转目向左右看。

⑬违此:违,避开,这里是拒绝的意思。此,指请求。

⑭抱独断绝异之明:有独自决断、非同常人的见识。抱,怀有。独断,独自决断。绝异,超乎寻常的,非同常人的。绝,独特。异,不凡。明,指高明的见识。

⑮有坚刚不移之气:有坚定不移的气概。坚刚,坚定。气,气概。

⑯庶几其:大致。庶几、其,都是副词,或许、大致的意思。不陷没流沦:意指不陷入亲戚的束缚中。流沦,沉沦。流,漂没。

【译文】

从前赵绾上书说不要向窦太后奏报政事,而遭到意外之罪;王章上陈日食的变故,而获背叛之罪被杀。这二后还算不上是无道的妇人,尚且如此,又何况吕后、赵飞燕、傅昭仪之辈呢?母亲对于我是尊敬而且可亲的人,母亲对她自己的亲人,也像我父亲想厚待他的父兄子侄一样。妻子对于我是恩爱而且亲密的人,妻子对她自己的亲人,也像我想厚待我的父兄子侄一样。我想尽力孝顺于慈母,事皆不拒。我想报答恩情于所爱妻妾,也不惜力。而她们所求于我的,又没使我四肢劳苦、肌肤生病。凭此转眼之间即成的事,极易办到,谁能拒绝请求呢? 只有非凡的人主,有独自决断、非同常人的见识,有坚定不移的气概,然后能大致不陷入其中。

阙题四

本篇一节，由严可均辑自《群书治要》卷四十五。

宦官，本来是供皇帝使役、打扫宫廷的人，如同大户人家的仆人。所不同的是他们还是阉人，可以出入后宫，跑腿传话。所以宦官地位虽卑贱，但和皇室成员接触频繁，最了解宫廷动态。西汉从吕后起，直至武帝前期，吕后、窦太后、王太后（景帝皇后，武帝之母）及其外戚都曾干预、掌控朝政，西汉中期，武帝、宣帝开始用宦官管事，不无预防外戚侵占权利之意，因为宦官毕竟是"家奴"，较外人可信。当时武、宣二帝法度严明，宦官参与政事弊病尚未显露。到了元帝，抱病不问政事，自己迷恋音乐，政事全托给宦官而不加控制，于是如仲长统在本篇说的"则昏迷雾乱之政起，而仇忠害正之祸成矣"，政事混乱、仇害忠良之祸的局面就出现了。东汉后期，宦官乱政的现象更加严重。东汉后期的皇帝在位时间都不长，没有后嗣，太后、外戚从旁系中扶持年幼孩童立为皇帝，以便继续擅政。小皇帝长大了，不满意外戚专横，然而朝中上下已被外戚势力所控，他只能利用身边亲近的宦官与之抗衡。于是宦官就被授予要职，甚至封侯。桓帝和宦官合谋诛杀了专政的外戚大将军梁冀，就是皇帝利用宦官抗衡外戚的一个例子。宦官并非全是祸国殃民之徒，例如和帝、安帝时宦官蔡伦，参与政事，负责监造宫中器物，所造弓弩刀剑精良，为后世效法，又利用易得的树皮等原料改进造纸技术，所造优质纸后称"蔡侯纸"。但这种人毕竟是少数。宦官得势，对百姓危害很大。他们人数众多，不仅自己越权侵主，而且他们的父兄子弟遍布各地，或为官，或成地方一霸，毒害百姓范围很广。仲长统在本篇说"凡贪淫放纵，僭凌横恣，挠乱内外，螫噬民化，隆自顺、桓之时，盛极孝灵之世，前后五十余年，天下亦何缘得不破坏耶"，这也是造成末代献帝时的天下大乱，终于亡国的一个重要原因。本篇最后，仲长统说古代圣人看到皇帝受制于宦官的问题，规定王室子弟自幼要在师傅身边受教育，不让他们完全处身于宫中妇人、宦官中间，以免日后过于亲近、依赖宦官。其实，在东汉后期外戚势力已控制朝廷的情况下，孤立的皇帝除了身边的宦官，无可信任之人。所以外戚与宦官的争斗，是东汉后期不可避免的现象，也不可避免地促进了东汉的灭亡。

　　1　宦竖者①，传言给使之臣也②。拚埽是为③，超走是供④，傅近房卧之内⑤，交错妇人之间，又亦实刑者之所宜也⑥。天文，宦者四星，在帝坐傍⑦，而《周礼》有其官职⑧。至于武皇，游宴后庭，置中书之官，领受军事⑨。孝宣之世⑩，则以弘恭为中书令，石显为仆射⑪。中宗严明⑫，二竖不敢容错其奸心也⑬。后暨孝元⑭，常抱病而留好于音乐⑮，悉以枢机委之石显⑯，则昏迷雾乱之政起⑰，而仇忠害正之祸成矣⑱。呜呼，父子之间⑲，相监至近⑳，而明暗之分若此㉑，岂不良足悲耶㉒！孝桓皇帝起自蠡吾，而登至尊㉓。侯览、张让之等以乱承乱㉔，政令多门㉕，权利并作㉖，迷荒帝主㉗，浊乱海内㉘。高命士恶其如此㉙，直言正谕㉚，与相摩切㉛，被诬见陷，谓之党人㉜。灵皇帝登自解犊，以继孝桓㉝。中常侍曹节、侯览等造为维纲㉞，帝终不寤㉟，宠之日隆㊱，唯其所言，无求不得㊲。凡贪淫放纵㊳，僭凌横恣㊴，挠乱内外㊵，螫噬民化㊶，隆自顺、桓之时㊷，盛极孝灵之世㊸，前后五十余年㊹，天下亦何缘得不破坏耶㊺？古之圣人，立礼垂典㊻，使子孙少在师保㊼，不令处于妇女小人之间㊽，盖犹见此之良审也㊾。

【注释】

①宦竖：宦官。

②传言：传话。给(jǐ)使：供人役使。给，供给。

③拚埽(fèn sǎo)是为：即"为拚埽"，助词"是"将"为"的宾语"拚埽"提到前面。为，做，干。拚，扫除。埽，同"扫"。

④超走是供：替人跑腿做事。超走，奔跑。超、走，都指奔跑。

⑤傅近：接近。房卧：指妇人的卧室。

⑥刑者：受过腐刑(阉割生殖器)的人，即太监。

⑦天文，宦者四星，在帝坐傍：帝星在天市垣，其旁有四颗宦者星。参看《开元占经》卷六十五引《石氏星经》、《后汉书·襄楷传》李贤注引《山阳公载记》。天文，指天文所显示。帝坐，帝星。坐，星座。

⑧而《周礼》有其官职：《周礼·天官·序官》有"寺人"一职，即在宫内供事的宦者。

⑨"至于武皇"以下四句：汉武帝经常在皇宫后园游乐，或外出到离宫，所以让宦官主持尚书台事务，直接向武帝传达请示。见《后汉书·宦者列传》。武皇，指汉武帝。游宴，游乐。后庭，宫中的后园。中书，即中书谒者令，原称尚书令，为尚书台的长官，汉武帝以宦官担任尚书令，故改名中书谒者令。至汉成帝时，不用宦官担任，又改回尚书令原名。见晋司马彪《续汉书·百官志三》(在《后汉书》中)。领受军事，此事不详所指。汉武帝时，宦官没

有参与军事。不过，当时有宦官李延年，善于咏唱，汉武帝任他为协律都尉。都尉是武职，但这只是用了个武职头衔而已，并不管军事。这里所谓"领受军事"，可能即指领受军事职务头衔。

⑩孝宣之世：孝宣，汉宣帝刘询，前73—前49年在位。世，这里指朝代。

⑪则以弘恭为中书令，石显为仆射（yè）：弘恭、石显，都是宦者，见《汉书·佞幸传》。弘恭青年时被处腐刑，为中黄门，不久选为中尚书。宣帝为加强皇权，任用宦官掌机要，他被任为中书令。弘恭明习法令，善为奏请，长期在内朝专政，凡不附己者，加以排挤打击，以至丞相、御史大夫都阿附敬容。元帝时病死。石显，字君房，年轻时因犯法受腐刑。先后担任中黄门、中尚书、中书官、中书仆射。汉元帝即位数年后，弘恭病死，他继任中书令。元帝因病不亲政事，石显诒上欺下，众臣畏慑。陷害大臣甚多。成帝即位后无权，外戚执政，石显与外戚不和而失势，徙归故郡，途中忧懑而死。中书令、仆射，尚书台的长官与副长官。

⑫中宗：指汉宣帝，"中宗"是宣帝死后追加的称号。

⑬二竖：指弘恭、石显两个宦者。不敢容错其奸心：不敢施行他们的奸邪念头。容错，施用，施行。错，通"措"。容、错在这里都是"用"的意思。

⑭暨：到。孝元：汉元帝刘奭，宣帝子，前48—前33年在位。

⑮留好：留恋，留意。

⑯悉：尽。枢机：机要。委：托付。

⑰昏迷雾（méng）乱：指政事黑暗混乱。雾，通"蒙"。阴暗。

⑱仇忠害正：仇视忠良，陷害正直。按，如《汉书·佞幸传》载大臣萧望之见石显等专权，向元帝建议说，尚书台职位任用宦官是古来没有的，应该罢免宦官的中书职务，结果触犯了石显等，受迫害而死。即"仇忠害正"之例。

⑲父子：指宣、元父子二帝。

⑳相监至近：相互察看对比最近。监，察看。

㉑明暗：明智与愚昧。暗，晦暗，愚昧。

㉒良足：实足。良，副词，确实，实在。

㉓孝桓皇帝起自蠡(lǐ)吾，而登至尊：汉质帝刘缵（146 年在位）被专政的大将军梁冀毒杀，没有后嗣，梁冀与其妹梁太后谋议，迎立时为蠡吾侯的刘志，是为桓帝。桓帝时年十五，梁太后仍临朝，梁冀专政。孝桓，汉桓帝刘志，章帝曾孙，147—167 年在位。起自蠡吾，由蠡吾侯出身。桓帝继位之前，承袭父亲爵位为蠡吾侯。蠡吾，县名。至尊，至高无上的地位，指帝位。

㉔侯览、张让之等以乱承乱：东汉桓帝、灵帝时，当时的朝政已然混乱，而被侯览、张让之辈搞得更乱，故云。以乱承乱，等于说乱上添乱。侯览，桓帝时为中常侍贪婪受贿，聚财巨万。灵帝继位，督邮（郡的督察官）张俭举报侯览在地方上侵夺别人的田地房舍，被侯览诬蔑他结党诽谤朝廷，被迫逃亡。后来有关官吏揭发了侯览各项罪状，侯览自尽。见《后汉书·宦者列传》、《张俭传》。张让，桓帝时为小黄门（位在中常侍下），灵帝时升中常侍，封侯，他的族人遍布州郡，祸害百姓。灵帝卒，少帝继位，外戚大将军何进谋诛杀宦官，反被张让等袭击杀死，并劫持少帝逃走，追兵至，投河而死，见《后汉书·宦者列传》。

㉕政令多门：政令出于多个部门。朝廷上外戚专政，宫中由宦官把持，所以说“政令多门”。

㉖权利并作：权力财势日益兴盛。权利，权力和财势。作，兴起，兴盛。

㉗迷荒：迷惑。荒，这里是迷乱的意思。帝主：皇帝主子。

㉘浊乱：搅混，搅乱。海内：国内，国家。

㉙高命士：高明之士。高命，高明。严可均说：“命，借为明。”

㉚直言正谕:向皇帝直言正告。谕,告知。

㉛与相摩切:一同规谏。与相,共相,一同。与,共。摩切,砥砺,引申为规谏。

㉜被诬见陷,谓之党人:桓帝时李膺等部分官吏与郭泰为首的太学生联合反对宦官专政,被诬陷为结党诽谤朝廷,延熹九年(166),桓帝下令逮捕李膺等"党人"二百多人。后虽释放,但放归田里,终身罢黜不许为官。此为第一次"党锢之祸"。见《后汉书·党锢列传》。被诬见陷,被诬蔑陷害。见,被。之,指高明之士。党人,朋党中人。党,朋党,指结党诽谤朝廷。

㉝灵皇帝登自解(xiè)犊,以继孝桓:汉灵帝由解犊亭侯身份继承桓帝皇位。灵皇帝,汉灵帝刘宏,168—189年在位。登自解犊,灵帝即位前,承袭父亲爵位为解犊亭侯。登,登基,即位为帝。自,经由。解犊亭,地名。《后汉书·孝灵帝纪》"犊"作"渎"。

㉞中常侍曹节、侯览等造为维纲:这里是指曹节等人张设法网,构陷朋党罪名。灵帝时,外戚大将军窦武与太傅陈蕃合谋诛灭宦官,曹节等人劫持窦太后和汉灵帝,假托诏令杀害了窦武和陈蕃。此后灵帝在曹节等挟制下,又陆续下令逮捕、处死、流放一大批反对宦官的官吏与太学生。是为第二次"党锢之祸"。事见《后汉书·党锢列传》、《宦者列传》。中常侍,皇帝的贴身侍从,东汉由宦官担任,见《续汉书·百官志三》。曹节,字汉丰,桓帝时为中常侍,灵帝时以迎立之功加封为长安乡侯。第二次党锢之祸中祸首。侯览,见本节前注。维纲,张网的大绳,引申为法网。

㉟寤:通"悟"。

㊱日隆:日盛。

㊲唯其所言,无求不得:只要是他们所说的,没有得不到的。

㊳贪淫:贪得无厌。淫,过度。

㊴僭凌：越分逼主。僭，越分地冒用人主名义。凌，威逼。这里指威胁人主。横（hèng）恣：专横放肆。

㊵内外：宫内外，即朝廷内外。

㊶螫（shì）噬（shì）民化：毒害民政。螫噬，毒虫刺咬，引申为毒害。化，当作"治"，唐人避高宗李治名讳所改。民治即民政。

㊷隆自：从……时兴起。

㊸孝灵之世：灵帝一朝。世，朝代。

㊹前后五十余年：按，从顺帝元年至灵帝末年（126—189）共六十四年。

㊺亦：助词，用于舒缓语气，没有具体意义。何缘得：怎么能。何缘，何由。得，能够。

㊻立礼垂典：订立礼制，传下典章。立，订立。垂，传下。

㊼使子孙少在师保：使子孙自幼在师氏和保氏身边。即自幼受师傅教导。少，幼年。师保，师氏和保氏，周代教育王室及贵族子弟的官。见《周礼·地官·师氏》《保氏》。

㊽令：使。妇女小人：指宫中妇女、宦官。

㊾盖犹见此之良审也：就因为还对这个问题看得很清楚。盖，因为。犹，还。此，指宦官控制皇帝的问题。之，助词，处于谓语"见此"与补语"良审"之间，意思略等于"得"。良审，很清楚。良，甚。审，详细，清楚。

【译文】

宦官，是传话、供役使的臣子。他们干打扫的活，替人跑腿做事，接近卧房之内，混在妇人之间，也确实是受过腐刑的人所适合干的。天文显示，宦者星四颗，在帝星旁，而《周礼》中设有宦者的官职。到汉武帝时，在宫中后园游乐，设置宦官的"中书"官职，受领军事职务头衔。汉宣帝当朝，则使弘恭为中书令，石显为仆射。宣帝法度严明，两个宦者不敢施行他们的坏念头。后来到了汉元帝，有病在身而留恋音乐，把国家机要事务全都托付给石显，于是黑暗混乱的朝政就此开始，而仇视忠良、陷害正直的祸患便形成了。唉，父子二帝之间，相互察看对比最近，而明智与愚昧的差别竟然如此，岂非实足可悲么！汉桓帝由蠡吾侯出身，而登上帝位。侯览、张让之辈乱上添乱，政令出于多门，他们权力财势日盛，迷惑皇帝主子，搅乱国家。高明的士人憎恶他们如此作为，便直言正告，一同规谏，却被诬蔑陷害，称他们是朋党中人。汉灵帝由解犊亭侯身份继承桓帝即位为帝。中常侍曹节、侯览等人张设法网，灵帝始终不醒悟，宠信他们日盛一日，只要是他们所说的，所求没有得不到的。凡是宦官贪得无厌、放任无拘束，越分逼主、专横放肆，挠乱朝廷内外，毒害民政，都兴起自顺帝、桓帝之时，盛极于灵帝一朝，前后达五十多年，天下怎么能不受损害呢？古代的圣人，订立礼制，传下典章，使子孙自幼在师氏和保氏身边，不让他们身处妇女、宦官之间，就因为对这个问题看得很清楚。

阙题五

【题解】

本篇由严可均辑自《群书治要》卷四十五。

后汉末期，上自统治者，下到平民百姓，都普遍讲迷信。在一个腐败的、动乱的社会中，宗教与迷信是很容易传布开来的。因为平民百姓饱受困苦，看不到现实中的希望，于是把希望寄托于鬼神的保佑；而统治阶层面对风雨飘摇中的江山，恐惧地预感到富贵不能久保，也把希望寄托于鬼神的保佑。在本篇，仲长统批评了当时社会上上下下的迷信风气。他认为，长寿的方法在于调气养心，避开风寒湿气，饮食嗜欲有节制，有病就用针石汤药去治疗。也就是说，长寿要靠自己保养得法。又说吉祥得福的方法在于端正举止，做人正直，乐道行仁，敬重天地祖宗，遇到灾祸，要反躬自问。也就是说，吉祥得福要靠自己行为得当。既然如此，为什么还要祭祀鬼神、请巫师禳灾除祸呢？他说："然而有祷祈之礼、史巫之事者，尽中正，竭精诚也。"也就是说，先要端正自己，有改过的诚意，求福避灾也只是向鬼神表明自己的诚意，而不是不检点自己，侥幸地一味向鬼神求告。仲长统说，后世忘了祭祀鬼神的本意，结果被奸邪之人利用为牟利的手段，于是各种不合礼法的滥祭和巫术都时兴起来了。他以为这些事都该尽快清除，而当时朝廷虽然禁止下面做，上面的人却照做不避，自然解决不了问题。

　　本篇中,仲长统还批评那些王室子女娇生惯养,道德败坏,甚至说他们"其心同于夷狄,其行比于禽兽"。他建议把他们全部送进太学,让严师督促他们学习。其实,不根本限制他们的社会特权与改变他们的生活环境,解决不了他们的道德败坏问题。

　　1　和神气①,惩思虑②,避风湿③,节饮食④,适嗜欲⑤,此寿考之方也。不幸而有疾,则针石汤药之所去也⑥。肃礼容⑦,居中正⑧,康道德⑨,履仁义⑩,敬天地,恪宗庙⑪,此吉祥之术也。不幸而有灾,则克己责躬之所复也⑫。然而有祷祈之礼、史巫之事者⑬,尽中正,竭精诚也⑭。下世其本⑮,而为奸邪之阶⑯,于是淫厉乱神之礼兴焉⑰,俯张变怪之言起焉⑱,丹书厌胜之物作焉⑲,故常俗忌讳可笑事,时世之所遂往⑳,而通人所深疾也㉑。

【注释】

①和神气:调和元气。神气,指人的精气。

②惩思虑:清静思虑。惩,使清静。惩,通"澄"。

③风湿:风,风寒。湿,湿气。

④节:节制。

⑤适嗜欲:嗜欲适度,适,使适度。

⑥则针石汤药之所去也:那就用针石汤药除去。针石,石针,古代用以刺穴或刺破脓肿。去,除。严可均辑本"之"字误重复,据《群书治要》卷四十五所引删。

⑦肃礼容:肃,整顿,使端正。礼容,合乎礼节的仪容、仪表举止。

⑧居中正:处身正直。

⑨康:乐好。

⑩履：施行。

⑪恪（kè）：敬重。

⑫则克己责躬之所复也：那就约束自己而追究自身的行为。克己，约束自己。责躬之所复，"之"是助词，没有具体意义，等于"责躬所复"。责，责求，追究。躬，自身。所复，所为。复，通"服"。实行，行事。按，复与服，秦汉以前不属于同一个韵部（韵母），前者在觉部，后者在职部。但两个字的声纽（声母）都属唇音（今属唇齿音），在同声纽的情况下，这两个韵部的字是可以相通的，古音韵学称"旁转"。《老子》五十九章"是为早服"，唐陆德明《经典释文》所据的本子"服"作"复"。《礼记·丧大记》"君吊则复殡服"，汉郑玄注说"复"或者作"服"。这是复、服相通的例子。

⑬祷祈之礼：祷告求福的祭神仪式。祷祈，即祈祷。礼，汉许慎《说文解字》解释为"所以事神致福也"，本义是指敬神求福。这里指祭神的仪式。史巫之事：指巫师祈求鬼神禳灾除祸的事。史巫，指巫师。古代的史官，从事祭祀卜筮，替人禳除灾祸，所以"史巫"连称。

⑭尽中正，竭精诚也：尽己正直之心，竭己真诚之意。按，以上两句是上文"不幸而有灾，则克己责躬之所复也"两句的转折，意思是指遇到灾祸当追究自身原因，而还祈祷鬼神以求福去祸的话，那也是为了竭尽自己正直、真诚的心意。也就是说，先要端正自己，有改过的诚意，求福避灾也只是向鬼神表明自己的诚意，而不是不检点自己，侥幸地一味向鬼神求告。

⑮下世其本：此句不完全，严可均说"下世"下有脱字。根据文意，"下世"下当脱一"忘"字。这句意思是说，后世忘了祈祷鬼神的本意。下世，后世。其，指上文的祈祷鬼神之事。

⑯奸邪之阶：奸邪之事的手段。指巫师等利用迷信诈骗人钱财。阶，阶梯，引申为途径、手段。

⑰于是淫厉乱神之礼兴焉：于是礼敬那些无稽的作祟鬼神便时兴了。淫厉，作祟祸害。乱神，指民间相传的那些没有根据的、专门迷惑民众的鬼神。

⑱侜（zhōu）张变怪之言起焉：蒙骗怪异的言论都纷纷而起。指巫师等妖言惑众。侜张，欺诳。

⑲丹书厌胜之物作焉：符咒等禳灾镇邪的东西都出来了。丹书，术士用朱笔写的符咒。厌胜，指用符咒等物镇邪的巫术。厌，同"压"。作，起来，发生。

⑳时世：时代。这里指当世的人。遂往（wàng）：信从。遂，顺。往，归向。

㉑通人：通达有见识的人。疾：憎恶。

【译文】

调和元气，清静思虑，避开风寒、湿气，节制饮食，嗜欲适度，这是长寿的方法。不幸而有病，就用针石汤药除去。端正仪表举止，处身正直，乐好道德，施行仁义，礼敬天地，敬重宗庙，这是吉祥得福的方法。不幸而有灾难，那就约束自己而追究自身的行为。然而还有求福之祭神仪式及巫师禳灾除祸之举，那也是为了尽己正直之心，竭己真诚之意。后世忘了祈祷鬼神的本意，而成为奸邪之事的手段，于是礼敬那些无稽的作祟鬼神便时兴了，蒙骗怪异的言论纷纷而起，符咒等禳灾镇邪的东西都出来了，所以时俗忌讳那些可笑的事，当世人都信从，而有见识的人则深深憎恶。

2　且夫堀地九仞以取水①，凿山百步以攻金②，入林伐木不卜日③，适野刈草不择时④，及其构而居之⑤，制而用之⑥，则疑其吉凶⑦，不亦迷乎⑧？简郊社，慢祖祢⑨，逆时令⑩，背大顺⑪，而反求福祐于不祥之物⑫，取信诚于愚惑之人⑬，不亦误乎⑭？彼图家画舍、转局指天者⑮，不能自使室家滑利⑯，子孙贵富，而望其能致之于我⑰，不亦惑乎⑱？今有严禁于下⑲，而上不去⑳，非教化之法也㉑。诸厌胜之物、非礼之祭㉒，皆所宜急除者也㉓。情无所止㉔，礼为之俭㉕；欲无所齐㉖，法为之防。越礼宜贬㉗，逾法宜刑㉘，先王之所以纪纲人物也㉙。若不制此二者㉚，人情之纵横驰骋㉛，谁能度其所极者哉㉜？表正则影直㉝，范端则器良㉞。行之于上，禁之于下㉟，非元首之教也㊱。君臣士民并顺私心，又大乱之道也㊲。

【注释】

①堀：通"掘"。仞：长度单位，一仞等于八尺，一说七尺。

②步：长度单位，一步等于六尺。攻金：采铜铁矿。攻，开矿。金，古代泛指铜铁。

③卜日：占卜选吉日。

④适：往。野：郊野。刈（yì）：割。择时：挑时辰。按，"堀地"、"凿山"二句本当也有"不卜日"、"不择时"的说明，涉下文二句而省略了。古汉语中，往往有因下文提到而上文省略的修辞方法，见清俞樾《古书疑义举例》。

⑤其：指上文掘地、开矿、伐木、割草的人。构：建屋。

⑥制：制器。

⑦则疑其吉凶：却又怀疑它们是吉是凶。则，这里表示转折，等于"却"。其，它们，指房屋、器具。按，古人迷信，建造房屋及制造大型的或重要的器具，都要卜问吉凶，所以说"疑其吉凶"。

⑧迷：糊涂。

⑨简郊社，慢祖祢（nǐ）：简、慢都是轻忽、怠慢的意思。郊社，指祭祀

天地。郊,都城郊外。古代皇帝祭天在郊外,故祭天称"郊"。
社,筑土坛以祭祀土地之神的地方。祭祀土地之神也称"社"。
祖祢,指祭祀祖宗。祖,祖庙,宗庙。祢,父庙。

⑩逆时令:违背农时。逆,违背。时令,即月令。古代重农,一年中
各季节都制定有关农事的法令,叫"月令"。

⑪大顺:这里指天道人理。按,循理称"顺",故也称道理为"顺"。
《说文解字》:"顺,理也。"《汉书·文帝纪》:"孝悌,天下之大顺
也。"大顺即大理。

⑫而反求福祐于不祥之物:而反向那些不吉祥的东西求福。福祐,
福祉,福气。于,介词,等于"向"。不祥之物,指巫术用的符咒等
厌胜之物。

⑬取:求。愚惑之人:指巫师术士之类的人。愚惑,愚昧迷乱。

⑭误:谬误。这里指荒谬。

⑮图家画舍:指建筑房屋时,风水先生把宅基、房门朝向等画在纸
上。转局指天:转动罗盘以指向天干地支的相应方位,即定方
位。局,盘,指风水先生用的算干支、定方位的符盘。

⑯滑利:顺利。

⑰而望其能致之于我:其,他,指"图家画舍、转局指天者"。致之于
我,奉献这些给我。致,送达,带到。引申为给予,奉献。之,这
些。指"室家滑利,子孙贵富"。

⑱惑:糊涂。

⑲有:同"又"。

⑳不去:不避。

㉑教化:教育感化。

㉒厌胜之物:指丹书符咒等巫术所用的东西。非礼之祭:不合礼法
的祭祀。指民间没有根据的滥祀乱神。

㉓急除:尽快除掉。急,迫切,赶紧。

㉔情无所止：这句直译为"情性是没有终止之处的"，即人情无止
　　境。情，情性。止，限制，终止。无所，这里等于"没有……之
　　处"。

㉕礼为（wèi）之俭：这句直译为"礼为感情加约束"，即用礼来约束感
　　情。之，指情。俭，约束。

㉖齐（jì）：本义为整齐，一致，引申为限制，制止。

㉗贬：贬斥，斥逐。

㉘逾：超越。

㉙先王之所以纪纲人物也：之，助词，没有具体意义。所以，用
　　来……的办法。纪纲，这里是治理、管理的意思。人物，人与物，
　　这里偏指人。

㉚若不制此二者：制，限制。二者，指上文"情"与"欲"。

㉛纵横驰骋：放纵无拘束。

㉜度（duó）：估计，预料。其：它们，指情和欲。极：至。

㉝表：古代用来测量日影长度的标杆。

㉞范：模子，制作器物的模型。端：正。

㉟行之于上，禁之于下：二"之"字，代词，作"行"与"禁"的宾语，泛
　　指事情。在这里是指那些巫术和不合礼法的祭祀鬼神。

㊱元首：人君。

㊲大乱之道：走向天下大乱的道路。

【译文】

　　况且掘地九仞来取水，凿山百步来采铜铁矿，进森林伐木不选吉
日，到野外割草不挑时辰，等到建造房屋住进去，制作器具使用，却又怀
疑它们是吉是凶，不是糊涂吗？轻忽祭祀天地，怠慢祭祀祖宗，违背农
时，不从天道人理，而反向那些不吉祥的东西求福祉，向那些愚昧迷乱
的人寻求诚信，不是荒谬吗？那个画宅基门向、转动罗盘定方位的人，
不能使自己家室顺利，子孙富贵，而指望他能奉献这些给我，不也是糊

涂吗？现在又严禁下面人做，而上面却不避忌，这不是教育感化百姓的办法。各种巫术所用之物、不合礼法的祭祀，都是所当尽快除掉的。人情无止境，用礼来约束它；欲望无终止，用法来防范它。超越礼制的人应该贬斥，超越法度的人应该用刑，这是先王用来管理人的办法。如果不限制情和欲，以人情的放纵无拘束，谁能料想它们会发展到什么地步呢。标杆正则影子直，模型正则器物好。上面的人做的事，而禁止下面的人去做，这不是人君的教导。君、臣、士人、百姓都依着自己的私心，这又是天下大乱之道了。

3　顷皇子皇女有夭折①，年未及殇②，爵加王、主之号③，葬从成人之礼，非也。及下殇以上④，已有国邑之名⑤，虽不合古制，行之可也⑥。王侯者，所与共受气于祖考⑦，干合而枝分者也。性类纯美⑧，臭味芬香⑨，孰有加此乎⑩？然而生长于骄溢之处⑪，自恣于色乐之中⑫，不闻典籍之法言⑬，不因师傅之良教⑭，故使其心同于夷狄⑮，其行比于禽兽也⑯。长幼相效，子孙相袭，家以为风，世以为俗⑰。故姓族之门不与王侯婚者⑱，不以其五品不和睦、闺门不洁盛耶⑲？所贵于善者，以其有礼义也⑳；所贱于恶者，以其有罪过也㉑。今以所贵者教民，以所贱者教亲㉒，不亦悖乎㉓？可令王侯子弟悉入大学㉔，广之以他山㉕，肃之以二物㉖，则腥臊之污可除㉗，而芬芳之风可发矣㉘。

【注释】

①顷：近来。

②殇：八岁以上夭折称"殇"。按，古代年未满八岁而死，不按成年

人礼仪安葬,不穿丧服,不祭奠,见《仪礼·丧服》。

③爵:封爵位。王:王侯,封男。主:公主,封女。

④及下殇以上:满八岁以上夭折的。及,达到。下殇,八岁至十一岁而死。见《仪礼·丧服》。

⑤已有国邑之名:指生时已封有国邑名号。国邑,指所封国的城邑。

⑥行之可也:之,指上文"葬从成人之礼",即按成年人礼仪安葬。

⑦所与共受气于祖考:是共同禀受血气于祖先的人。意思是指王侯与皇帝有着共同的祖先,所以下句说"干合而枝分者也",即是同一树干的分支。与共,共同。与,相与,一同。受气,禀受血气。祖考,祖先。所,代词,这里略等于"(是)……的人"。

⑧性类纯美:指皇族高贵。性类,原指有生命的物类,这里指人的族类。性,同"生"。

⑨臭(xiù)味芬香:指德行彰显。臭味,气味。

⑩加:超过。此:他们,指皇族。

⑪骄溢:傲慢放纵。溢,水满外流,泛滥,引申为越分,放纵。

⑫自恣:放纵自己,恣欲。色乐:声色。

⑬不闻:不知道。闻,听说,引申为知道。典籍:图书。法言:正当的言论。

⑭因:依从。

⑮心:头脑。夷狄:古代对少数民族的泛称,往往作为不知礼仪、未开化的人之代称。

⑯比:等同。

⑰家以为风,世以为俗:这两句是"家以之为风,世以之为俗"的省略。之,此,指上文"不闻典籍之法言,不因师傅之良教"这种家门风气。世,世代。

⑱姓族之门:名门世家。姓族,指郡邑中有名望的姓氏大族。婚:

通婚。

⑲以：因。其：他们，指王侯。五品：父、母、兄、弟、子。闺门不洁盛：指妇女品行污秽。闺门，指妇女。洁盛，品行贞洁。盛，本指放在祭器里的谷物，祭祀的东西必须洁净，所以"洁盛"连文表示清洁、干净。

⑳所贵于善者，以其有礼义也：看重美善，是因为它有礼法道义。贵，看重。以，因。其，它，指"善"。礼义，礼法道义。

㉑所贱于恶者，以其有罪过也：鄙视丑恶，是因为它有罪过。贱，鄙视。

㉒亲：亲族，指皇亲。

㉓悖：违背，不合道理。

㉔令：使。大学：太学，国都所设立的最高学府。大，同"太"。

㉕广之以他山：以师友间之切磋砥砺来增益他们的不足。广，增益。之，他们，指王侯子弟。他山，是"他山之石"的省略。《诗·小雅·鹤鸣》"它（他）山之石，可以为错"，字面意思是别的山上的石头可以拿来用作磨石，用来琢磨玉器。后来以"他山之石"比喻可借以帮助提高自己的人或事物。这里指借助太学师友间之切磋砥砺。

㉖肃之以二物：以严师来督促他们学业。肃，整治。二物，指老师惩罚学生用的木杖与荆条，见《礼记·学记》。

㉗腥臊之污：腥臭的污秽，指丑恶的习俗。

㉘芬芳之风：芳香的风气，指美好的品德。发：发扬。

【译文】

近来皇家子女有夭折的，年未满八岁，而封爵加王侯、公主的称号，送葬按照成年人的礼仪，这是不对的。满八岁以上夭折的，如果已封有国邑名号，虽然不合古代制度，尚可按成年人礼仪安葬。王侯，是共同禀受祖先血气的人，是同一树干的分支。族类纯美，德行彰显，有谁超得过他们呢？然而生长于傲慢放纵的环境里，恣欲于声色之中，不知道书上所说的正当道理，不听从师傅的良言教诲，使得他们的头脑同于夷狄，行为等于禽兽。长幼互相效法，子孙相继承袭，家门以此成风气，世代以此为习俗。所以名门世家不和王侯通婚，不正因为他们父子兄弟不和睦、妇女不贞洁吗？看重美善，是因为它有礼法道义；鄙视丑恶，是因为它有罪过。现在用所看重的来教导百姓，用所鄙视的来教导皇亲，不也有违常理么？可使王侯子弟都进太学，以师友间的切磋砥砺来增益他们的不足，以严师来督促他们学业，那么腥臭的污秽就可以除去，芳香的风气就可以发扬了。

阙题六

【题解】

本篇由严可均辑自《群书治要》卷四十五。

儒家提倡的中庸之道,主张待人处事不偏不倚,无过度也无不及。儒家所谓的中道、中行、中正、中和、持中、适中、执中以及本篇的"大中",都不离中庸这个原则。仲长统在本篇,就是根据中庸原则批评当时统治者宫廷建筑奢靡失度与后宫蓄养嫔妃宫女过量。他说当时造宫殿高台几十层,台阶上临云霄,壁间横木装饰珠玉,土木建筑披上彩绸,而且见不到男人的女子在宫中扎堆,未被皇帝临幸的妇女守着陵宫生怨。仲长统认为这种做法是做过了头,有失儒家的中庸之道。他说继位的皇帝果真要实行"大中"之道,那么即便是父王所兴建,有的也可废止;即便是父王的嫔妃,有的也可让她另嫁人。他举了几个例子,比如殿宇足够高大宽敞,就不要添加雕镂彩绘;皇家郊外地广百里的园林,可按时让老百姓进去打柴草、猎禽兽;老皇帝死后,那些很少被临幸和无子女的侍妾,可以让她们另嫁人;宫中供使唤的宫女,人数够用就行了,并且到一定时候就放她们出宫嫁人。这些,他认为都是皇帝实行"大中"之道所当做的事。从这里可看出,仲长统对于当时宫廷的奢靡失度和大量圈闭妇女是不满的。

在本篇,仲长统还指出地方上有些官吏和珍惜节操的士人讲究清贫刻苦过了分。他说有的官吏为显示清廉,乘用瘦马破车,亲自烧饭吃粗食,不接养妻儿到任所,不受封赏,甚至来客人不敢买酒肉招待;有的守节之士住在上漏下湿的茅屋中,不顾妻儿挨冻受饿而不肯接受善人的施舍。世人都称赞他们清廉、高尚。仲长统说他们不是不清廉、高尚,但做得太偏激,有违人之常情,所以不能说是合乎中道。他分析说,世人所以称道他们不是没有缘由的。因为朝政不公,世道不平,正直行不通,诈伪偏能得逞,世人都明白再难守持节操和道义了,于是纷纷背弃正道而跟从奸邪;然而那些看不惯这种世道的人坚持不随大流,故意违背常情,刻苦立异,以示不与世俗同流合污,这才为世人看重。仲长统认为,假如朝政公平,一切依照制度办,那么那些人又凭什么来矫情立异、砥砺节操呢?所以,为人君的能使朝政公正,"人享其宜,物安其所",那才称得上是贤圣之王,中正平和之君。当然,他说的只是假设人君如此,当时是不可能实现这种假设的。

　　1　有天下者,莫不君之以王①,而治之以道②。道有大中③,所以为贵也,又何慕于空言高论、难行之术哉④? 今为宫室者,崇台数十层⑤,长阶十百仞⑥,延衺临浮云⑦,上树九丈旗⑧,珠玉翡翠以为饰⑨。连帷为城,构帐为宫⑩。起台榭则高数十百尺⑪,璧带加珠玉之物⑫,木土被绨锦之饰⑬。不见夫之女子成市于宫中⑭,未曾御之妇人生幽于山陵⑮。继体之君诚欲行道⑯,虽父之所兴,可有所坏者也⑰;虽父之美人,可有所嫁者也⑱。至若门庭足以容朝贺之会同⑲,公堂足以陈千人之坐席⑳,台榭足以览都民之有无㉑,防阃足以殊五等之尊卑㉒,宇殿高显敞而不加以雕采之巧、错涂之饰㉓,是自其中也㉔。苑囿池沼㉕,百里而还㉖,使刍荛雉菟者得时往焉㉗,随农郊而讲事㉘,因田狩以教战㉙,上虔郊庙㉚,下虞宾客^㉛,是又自其中也。嫡庶之数,使从周制^㉜;妾之无子与希幸者^㉝,以时出之^㉞;均齐恩施^㉟,以广子姓^㊱;使令之人^㊲,取足相供^㊳,时其上下^㊴,通其隔旷^㊵;是又自然其中也。

【注释】

①君之以王:以王者之尊统治天下。君,动词,即统治。之,代词,指天下。王,这里指王者的身份。

②道:这里指儒家的中庸之道,即中正不偏的处事原则。

③道有大中:道中自有中正之理。大中,即大正,广泛的中正。特指王者行事适中,无过度也无不及,也就是儒家的"中道"、"中庸"。大,形容中的范围广。中,居中不偏的意思。

④难行之术:术,办法,手段。按,本篇下文谈到人主造宫室过于奢侈华丽,后宫的嫔妃宫女过多;又谈到居官者刻意清贫,违反常情,这些都做得过头,有失中正之道。开篇的这段话,就是引出下文来。

⑤崇:高大。

⑥十百仞:数十至百仞。八尺或七尺为仞。

⑦延袤(mào)临浮云:意指高台的长台阶绵延不断,上临云霄。延袤,绵延,伸展。

⑧上树九丈旗:树,立。丈,严可均辑本误作"大",据《艺文类聚》卷六十一所引改。

⑨珠玉翡翠以为饰:即"以珠玉翡翠为饰"。介词"以"的宾语"珠玉翡翠"提到前面来,起强调作用。

⑩连帷为城,构帐为宫:帘幕相连成城墙,构架帐篷成宫殿。二句形容规模宏大。帷,帘幕。城,城墙。帐,帐幕,帐篷。

⑪起:建造。台榭:楼台。榭,台上的木屋。

⑫壁带加珠玉之物:壁,通"璧"。壁带,宫殿壁间横木。《汉书·外

戚传下》唐颜师古注："壁带,壁之横木露出如带者也。"至于如何似带,具体形制未详。

⑬木土:指土木建筑。被:即今"披"字。绨(tí)锦:彩绸。

⑭不见夫之女子:指宫女被禁在宫中不得嫁人。夫,成年男子。成市于宫中:成群地聚集在宫里。市,市场,引申为人群聚集。

⑮御:这里指临幸,指与皇帝同宿。生幽:抱怨。幽,幽怨。山陵:本指帝皇的陵墓,这里指陵宫,即陵墓所在地的宫殿。皇帝死后,生前嫔妃迁入陵宫,与陵墓相伴。

⑯继体之君诚欲行道:继体,继位。行道,即指施行"大中"之道,意指采取措施以纠正偏差。按,上文所述宫殿建筑奢侈、后宫嫔妃及宫女众多,都是做过了头,不符合中正无偏差的原则,也即不合中道。

⑰虽父之所兴,可有所坏者也:即使是父王所兴建的,也可有所废止。虽,即使。兴,兴建。坏,破除,废止。

⑱虽父之美人,可有所嫁者也:美人,妃嫔的称号。按,这里说的可使嫁人的父王的妃嫔,主要指罕经皇帝临幸、无子女的妇人,所以说"有所",非全部。下文说"妾之无子与希幸者,以时出之",也是这个意思。汉文帝时,将惠帝后宫美人放出,令其嫁人,就是一个例子,见《汉书·文帝纪》。

⑲至若门庭足以容朝贺之会同:至于宫殿,足以容纳群臣朝贺天子时会聚就够了。至若,至于。门庭,这里指宫殿。朝贺,群臣朝见祝贺天子。会同,会聚。

⑳公堂:指天子与群臣会聚的大堂。陈:陈设。

㉑台榭:楼台。览都民之有无:即观览都城民情。有无,有什么缺什么,指生活情况。

㉒防闼(tà):防守的宫门。闼,内门,小门。殊五等之尊卑:意思是长幼尊卑有区别。殊,区分。五等,这里指人伦的五品,即父、

母、兄、弟、子。按，宫中随地位尊卑居处有别，不能不分尊卑随意进入，所以官门设防。

㉓高显敞：高大宽敞。按，就古汉语修辞习惯来说，应该四字成文，原文可能是"高□显敞"，脱失了一个字。而：同"则"。就。雕采之巧：雕镂彩绘的精巧。错涂之饰：五彩描画的装饰。错，杂多。

㉔是自其中也：严可均说，这句"是自"下有脱字。按，"是自其中也"，下文出现二次，一次作"是又自其中也"，一次作"是又自然其中也"。对照看，前二句的"自"即"自然"的意思。自作副词，本就有"自然"的意思，《老子》五十七章"我无事而民自富，我无欲而民自朴"，自即自然。上文说继位的皇帝要行"大中"之道，那么即使是父王所为，过分的事也要废止。所以这里说"是自其中也"，意即这些自然在所当做的事之中。是，这些，指宫殿、大堂、楼台等等足够用就不要搞奢侈华丽。其，指所当做的事。附注，自也可作"由"解，"自其中"即依从中道，但这样解释，下文"是又自然其中也"就说不通了。

㉕苑囿(yòu)：皇帝在都城郊外的园林，供打猎游玩用。这种郊区的园林地域很广，据说周文王的苑囿方圆七十里，见《孟子·滕文公下》，有的还要大。

㉖百里而还：指园林百里以内。

㉗使刍荛(chú ráo)雉菟者得时往焉：让打柴草、猎禽兽的百姓能按时到园林去。刍荛，刍、荛都是割取柴草的意思，这里指割柴草的百姓。刍，同"刍"。雉菟，这里指猎取禽兽的百姓。雉，野鸡。菟，通"兔"。得，能够。时，按时。按，《孟子·滕文公下》说，文王的园林不禁百姓去打柴草、猎禽兽，即与民同享，这句说的也是这个意思。

㉘随农郤(xì)而讲事：这句指皇帝随农闲而演习武事。郤，同"隙"。间隙，空闲。讲，练习，演习。事，这里特指武事。按，下句说"因

田狩以教战",古代狩猎,借以练习骑射之术,也是习武的内容。
所以这句是说演习武事。

㉙因田狩以教战:借狩猎来训练作战。因,凭借。田猎,狩猎。田,
打猎。田指原野,也是打猎场所,所以打猎也称"田"。

㉚上虔郊庙:对上虔诚敬祀天地。郊庙,本指天子祭祀天地的南北
郊和祭祀祖宗的庙,因园林在郊外,所以"郊庙"偏指祭祀天地。
古代天子立夏祭天于南郊,冬至祭地于北郊,见《汉书·郊祀志
下》。

㉛下虞宾客:对下娱乐宾客。虞,通"娱"。娱乐,指游玩园林。

㉜嫡庶之数,使从周制:皇后与嫔妃的人数,使遵从周代制度。嫡
庶,指皇后与嫔妃。嫡,嫡妻,正妻。庶,庶妻,妾。按,据说周代
天子后宫的嫔妃侍妾人数有规定,皇后以下,有三夫人、九嫔、二
十一世妇,八十一御妻(即女御),见《礼记·昏义》。

㉝希幸:很少受皇帝临幸。

㉞以时出之:按一定时候放她们出宫,即让她们另嫁人。

㉟均齐恩施:对众妃妾公平地施恩临幸。即不要专宠一两个。恩
施,施予临幸的恩泽。

㊱广:增多。子姓:后嗣。

㊲使令之人:指宫中供使唤的宫女。

㊳取足相供:取够供自己使唤的,即不多取。相,同代词"之",作宾
语用,指皇帝等人。

㊴时其上下:按一定时间让她们在宫供事并释放出宫。时,按时。
其,指"使令之人"(宫女)。上,指在宫供事。下,指释放出宫。

㊵通其隔旷:使她们见到男人。即让她们嫁人。隔旷,指与男人
隔绝。

【译文】

拥有天下的人,没有不以王者之尊统治天下,以道治理天下的。道

中自有中正之理，所以可贵，又何必羡慕那些空谈阔论、难以做到的办法呢？现在造宫室，筑高台几十层，长台阶数十至百仞，绵延上临云霄，台上立九丈大旗，旗子用珠玉翡翠装饰。帘幕相连成城墙，帐篷构架成宫殿。建造楼台则高数十至百尺，壁带上添加珠玉饰物，土木建筑披上彩绸作装饰。见不着男人的女子成群地聚集在宫里，未被临幸的妇女守在陵宫哀怨。继位的人君真想行道，那么即使是父王所兴建的，也可以废止；即使是父王的嫔妃，也可以让她们嫁人。至于宫殿，足以容纳群臣朝贺天子聚会就够了；大堂，足以陈设千人用的坐席就够了；楼台，足以观览都城民情就够了；防守的宫门，足以区别人伦的尊卑就够了；殿宇高大宽敞，就不添加雕镂彩绘的巧艺、五彩描画的装饰，这些自然在所当做的事之中。皇家的园林池塘，百里以内，让打柴草、猎禽兽的百姓能按时到里面去，皇帝随农闲而演习武事，借狩猎来训练作战，对上虔诚敬祀天地，对下娱乐宾客，这些又自然在所当做的事之中。皇后与嫔妃的人数，使遵从周代制度；侍妾没生育子女与很少受到临幸的，按时放她们出宫；对众妃妾公平地施恩临幸，以增多后嗣。宫中供使唤的宫女，取够供自己使唤的，按一定时间让她们在宫供事并释放出宫，使她们见到男人，这些自然又在所当做的事之中。

2　在位之人①，有乘柴马弊车者矣②，有食菽藿者矣③，有亲饮食之蒸烹者矣④，有过客不敢沽酒市脯者矣⑤，有妻、子不到官舍者矣⑥，有还奉禄者矣⑦，有辞爵赏者矣⑧，莫不称述以为清邵⑨。非不清邵，而不可以言中也⑩。好节之士⑪，有遇君子而不食其食者矣⑫，有妻、子冻馁而不纳善人之施者矣⑬，有茅茨蒿屏而上漏下湿者矣⑭，有穷居僻处求而不可得见者矣⑮，莫不叹美以为高洁。此非不高洁⑯，而不可以言中也。夫世之所以高此者⑰，亦有由然⑱。先古之制休废⑲，时王之政不平⑳，直正不行，诈伪独售㉑，于是世俗同共知节义之难复持也㉒，乃舍正从邪，背道而驰奸㉓，彼独能介然不为㉔，故见贵也㉕。如使王度昭明㉖，禄除从古㉗，服章不中法则诘之以典制㉘，货财不及礼则间之以志故㉙，向所称以清邵者将欲何矫哉㉚？向所叹云高洁者将以何厉哉㉛？故人主能使违时诡俗之行无所复剀摩㉜，困苦难为之约无所复激切㉝，步骤乎平夷之涂㉞，偃息乎大中之居㉟，人享其宜，物安其所㊱，然后足以称贤圣之王公，中和人君子矣㊲。

【注释】

①在位：居官。

②柴马弊车：瘦马破车。柴，柴瘠，骨瘦如柴。者：代词，等于"……的（人）"。下文各句"者矣"的"者"字同。

③菽藿（huò）：粗食杂粮。泛指粗劣食物。菽，豆。藿，豆叶。

④亲：亲自做。饮食之蒸烹：饮食的蒸煮。即烧水煮饭。

⑤有过客不敢沽酒市脯者矣：过客，过访的客人，来客。沽酒市脯，买酒买肉。沽、市都是买的意思。脯，干肉，这里泛指肉类。按，来客人不敢买酒肉招待，是自显清贫之意。

⑥官舍：官吏的住宅。

⑦还奉禄：辞官。

⑧辞爵赏：不接受爵位封赏。

⑨称述：称道。清邵：清廉高尚。邵，美，高尚。

⑩而不可以言中也：中，即"大中"，这里指符合中道。按，上面所说那些官员的作为，为显示清贫做过了头，违背人之常情，所以说不能说是合乎中道。下面说到"好节之士"也"不可以言中"，意思一样。

⑪好节:珍惜节操。

⑫不食其食:不吃他们的食物。其,他们,指君子。

⑬冻馁:饥寒。馁,饥饿。纳:接受。施:施舍。

⑭茅茨(cí)蒿屏:茅屋草墙。茨,用茅草盖屋。蒿,蒿草。屏,遮挡门的墙。

⑮穷居僻处:穷居,隐居。僻处,置身于偏僻之处。按,隐居荒僻处,让人找不到,表示不与世俗交往。

⑯此:这些人,指好节之士。

⑰夫:句首发端词。世:世人。高:尊崇。此:这些人。总指上文清贫的官吏与守节操的士人。者:句末助词,表示语气上的停顿。

⑱由然:来由,原委。

⑲先古:上古。据本书各篇有关论述看,这个"先古"是指周代。休废:废止。休,止。

⑳时王:当代君主。不平:不公正。

㉑诈伪独售:诈伪独能得手。售,本义为东西卖出手,引申为实现、得手。

㉒于是世俗同共知节义之难复持也:节义之难复持也,等于"难复持节义也"。之,助词,它的作用是将宾语"节义"提到前面。节义,节操与道义。

㉓背道而驰奸:背叛正道而追随奸佞。驰,奔,引申为追逐。

㉔彼:那些人,指清贫的官吏与节操之士。介然:坚定地。不为:指不做"舍正从邪,背道而驰奸"的事。

㉕见贵:被人看重。见,被。贵,重视。

㉖度:法度。

㉗禄除:俸禄与任官。除,由旧职升迁新职。泛指任命官员。

㉘服章:衣服的花纹。这里指服章制度。古代不同身份有不同服饰,各有规定,以区别尊卑,称服章制度。中:合。诘之以典制:

按典章制度来责问他。诘,责问。之,他,指服章不合法度的人。

㉙货财:财物,财用。不及礼:达不到礼制规定。即不合礼制。间之以志故:按记载的旧有法典来检察他。间,通"简"。核验,审查。之,他,财用不合礼制的人。志故,已记载的旧有法典。志,记载。

㉚向所称以清邵者将欲何矫哉:过去所称道为清廉高尚的人将要怎么矫情立异呢? 向,过去。称以,称为。将欲何,是反问,等于说"将要怎样……呢"。何,怎么。矫,矫情立异。

㉛向所叹云高洁者将以何厉哉:过去所赞叹为高尚清白的人将怎么来砥砺节操呢? 叹云,赞叹为。云,为,是。将以何,同上句"将欲何"意思一样,措辞不同。以何即何以,用什么、怎么来。厉,通"砺"。砥砺。按,这两句是接着上文发问的。那些清廉的官吏和高尚的守节之士,因为朝政不公,世道不平,不愿随大流"背道而驰奸",所以故意违背常情,刻苦立异,以示不与世俗同流合污。但假如朝政公平,一切依照制度办,那么那些人又凭什么来矫情立异、砥砺节操呢?

㉜故人主能使违时诡俗之行无所复剀(kǎi)摩:所以人主能使违背时俗的行为没有再去讲究之处。即能使人不能再讲究违背时俗的行为。违时诡俗,即违背时俗。指上文那些官吏矫情立异的行为。违、诡义同,诡在这里也是违背的意思。无所,"没有……的地方"。剀摩,切磋,讲究。

㉝困苦难为之约无所复激切:困苦难行的自我约束没有再加勉励之处。即不能再勉励困苦难行的自我约束。困苦难为之约,困苦难行的自我约束,指上文守节之士克制自己的行为。激切,激励,勉励。

㉞步骤:步,步行。骤,奔跑。步骤,这里偏指步行。乎:于,在。平夷:平坦。涂:同"途"。

㉟偃息：卧息。居：居宅。按，平坦的道路、"大中"的居宅，这里是比喻说法，形容世事安定平和，朝政中正无偏。

㊱人享其宜，物安其所：人皆享有适合自己的生活，事物都安处于它的适当位置。宜，适合。所，处所。

㊲然后足以称贤圣之王公，中和人君子矣：中和人君子矣，日本天明本《群书治要》旧校说"人"当作"之"。按，此文错误不止一处，即按照日人的旧校改为"中和之君子矣"，仍有不通之处。自上文"故人主能使"云云以下，都是为人君作一假设，此处说"然后足以称贤圣之王公，中和人（之）君子矣"，即对上文人主作为的假设作判断。但是对于人主、人君，只能称"王"、称"君"，不能称"王公"，更不能称"君子"。疑"王公"的"公"是衍文。"中和人君子"当作"中和之君"。中和，中正平和，指符合不偏不倚的中庸之道。正文仍照原文不改，译文照著者所改"然后足以称贤圣之王，中和之君矣"翻译。

【译文】

　　做官的人，有乘瘦马破车的，有吃粗食杂粮的，有亲自烧水煮饭的，有来客人不敢买酒肉招待的，有不接养妻子儿女到上任住所的，有辞官的，有不接受爵位封赏的，没人不称道他们以为清廉高尚。他们不是不清廉高尚，然而不能说是合乎中道。珍惜节操的士人，有遇到正人君子也不吃他们的食物的，有妻子儿女挨冻受饿而不接受善人施舍的，有居处茅屋草墙而上漏下湿的，有隐居置身偏僻之处访求也见不到的，没人不赞美他们以为高尚清白。这些人不是不高尚清白，然而不能说是合乎中道。世人之所以尊崇这些人，也有缘由。上古的制度被废弃，当代的朝政不公平，正直行不通，诈伪独能得手，于是世俗之人都知道难再保持节操与道义，就抛弃正直而跟从邪恶，背叛正道而追随奸佞，那些人独能坚持不这么做，所以被人看重。如果使王法显明，俸禄与任官依照古代制度，服章不合法度就按典章制度来责问他，财用不合礼制就按记载的旧有法典来审查他,过去所称道为清廉高尚的人将要怎么矫情立异呢? 过去所赞叹为高尚清白的人将怎么来砥砺节操呢? 所以人主能使人不能再讲究违背时俗的行为,不能再勉励困苦难行的自我约束,走在平坦的道路上,安卧在"大中"的居宅中,人们皆享有适合自己的生活,事物都安处于它的适当位置,然后足以称得上贤圣之王,中正平和之君。

阙题七

【题解】

本篇由严可均辑自《群书治要》卷四十五。

在本篇,仲长统提出,皇帝要敬重臣下,同朝中文武诸臣经常谈话,商论国事。皇帝与群臣谈话,也不只是观察臣下的志向和才能,同时也从中弥补自己的不足,提高认识。他打比方说,就像少年时代立志于学习,通过师友之间学习讨论,自己不断努力,德行就随着年龄增长而提高。他是把皇帝与群臣的沟通,看成是自我学习提高的过程。在君主制体制下,皇帝作为最高决策者,不参与国家具体事务,等于脱离了实际,他对国情的了解主要就是通过手下群臣,所以仲长统强调要与群臣沟通。他引用《周礼·考工记叙》说,"坐而论道谓之三公,作而行之谓士大夫",意思是坐着议论国家政事的,是三公等辅政大臣;起来具体施行的,是担任各种职务的士大夫官吏。其实,那些做具体事务的官吏,对实际情况的了解,在某些方面比总管全局的辅政大臣还要清楚。所以仲长统又强调皇帝不仅要同辅政大臣谈论,凡在官位的人都应该参与谈论。

在本篇,仲长统还提醒,有几件事做臣子的没法向皇帝进谏,就是废黜皇后另立宠妃,纵欲无度,专宠爱一个妃子,宠幸身边的拍马屁侍者与外戚。因为废立皇后、宠爱妃子、不控制情欲,都是皇帝自己的事,外人无法插手去管；皇帝亲近什么人，也是外人无法决定的。但这几件事正是败坏朝政、扰乱国家的起因，就看皇帝自己怎么做，臣子就是"破首分形（即粉身碎骨），所不能救止也"。所以仲长统只能把希望寄托在皇帝自己身上。他认为，皇帝应该尊重皇后，不轻易废黜；要适度控制情欲；自己要有主见，严行独断，不听信宠妃的话；对自己所亲近的身边侍者，给他们丰厚的财物就行，不给官职；对外戚可以分封土地，让他们享用租税，但不给他们治理封地的权力。他以为这样做就可以杜绝国家祸患的源头，否则，就非得让后宫、外戚、宦官常年扰乱朝政，祸害国家。他说，难道非得弄到这个地步，"然后于我（皇帝）心乃快哉"。弄得国家乱了，而说皇帝心里才痛快满足，这是说反话，他是深痛皇帝的昏聩误国，而又无可奈何的。

1　古者君之于臣，无不答拜也^①。虽王者有变^②，不必相因，犹宜存其大者^③。御史大夫，三公之列也^④，今不为起^⑤，非也。为太子时太傅^⑥，即位之后，宜常答其拜。少傅可比三公^⑦，为之起^⑧。《周礼》^⑨：王为三公六卿锡衰^⑩，为诸侯缌衰^⑪，为大夫、士疑衰^⑫。及于其病时，皆自问焉^⑬。古礼虽难悉奉行，师傅、三公所不宜阙者也^⑭。凡在京师，大夫以上疾者^⑮，可遣使修赐问之恩^⑯。州牧、郡守远者^⑰，其死然后有吊赠之礼也^⑱。

【注释】

①答拜：回拜，还礼。

②王者有变：指朝代不同。

③犹宜存其大者：还是应该保留回拜的重要礼节。犹，还是。其，指回拜。大者，指重要的。

④御史大夫，三公之列也：汉代的御史大夫，位列三公之一，相当于副丞相。后汉时改为大司空或司空，至献帝建安中又改回御史大夫旧称。见《汉书·百官公卿表上》、晋司马彪《续汉书·百官志一》（在《后汉书》中）。三公，辅佐天子的最高官员。东汉以太尉、司徒、司空为三公，见晋司马彪《续汉书·百官志一》（在《后汉书》中）。

⑤今不为(wèi)起：这句介词"为"后面省略了宾语"之"（御史大夫），现在汉语一般不能省，译文补"他"字。起，起立。皇帝见大臣叩拜，从座上起立，以示还礼。

⑥为太子时太傅：指太子太傅，掌辅导太子之职，见《续汉书·百官表四》。

⑦少傅：太傅的副职。比：比照。

⑧为之起：按，这里说的太傅、少傅，是太子的师傅，任职东宫，与朝中辅政大臣的太傅、少傅不是同一官职。但他们的地位也高，所以说对其礼敬"可比三公"。

⑨《周礼》：指《周礼·春官·司服》。

⑩王为三公六卿锡衰：周天子为三公六卿去世穿锡衰。王，指周天子。三公六卿，周代以太师、太傅、太保为三公，以天官冢宰、地官司徒、春官宗伯、夏官司马、秋官司寇、冬官司空为六卿，见《汉书·百官公卿表上》，泛指朝中大臣。锡衰，细麻布制的丧服。锡，通"缌(xī)"。细麻。衰，通"缞(cuī)"。丧服。

⑪缌(sī)衰：与锡衰相类，细麻布制的丧服。

⑫大夫、士：据《周礼》，周代官职，公卿以下有大夫、士二等，每等各分三级。此士即"命士"，受有职位，与一般读书人称士不同。疑衰：指丧服之外的礼服。疑，通"拟"。按，古代丧服，依照与死者的亲疏关系分为五等，大抵亲者披粗麻，疏者披细麻，锡、缌皆细麻丧服，见《礼记·学记》。疑衰在五等之外，只穿礼服，比拟于

丧服而已，所以称"疑衰"。

⑬自问焉：亲自去问候病者。焉，这里用法与"之"同，指病者。

⑭师傅、三公所不宜阙者也：此言皇帝对师傅、三公的礼节是所不应缺少的。阙，同"缺"。

⑮大夫：汉代称"大夫"的，官阶有大小，如御史大夫为大臣，一般称大夫的，为卿以下的属官。

⑯可遣使修赐问之恩：可以派使者施行赐予慰问之恩典。即可以派使者代皇帝施恩赐予慰问。修，这里是施行的意思。

⑰州牧：州的长官，亦称刺史。州是地方监察单位，但后汉后期统管一方军、政，权力很大。郡守：郡的长官，亦称太守。郡是地方行政单位，下有县。远者：离京城远的。

⑱吊赠之礼：吊唁馈赠的礼仪。这也是指皇帝派人代为吊唁馈赠。

【译文】

古时候，君对臣没有不回拜的。虽朝代不同，不必相因袭，还是应该保留回拜的重要礼节。御史大夫，在三公之位，现在皇帝不为他起立还礼，这是不对的。皇帝当太子时的太傅，皇帝即位后，应该常常回敬太傅的叩拜。少傅可比照三公，皇帝为少傅叩拜起立。《周礼》上说，周天子为三公六卿去世披锡衰，为诸侯去世披缌衰，为大夫、士去世披疑衰。到他们生病时，天子都亲自去问候病者。古礼虽难全部奉行，对师傅、三公的礼节是不应缺少的。凡在京城的，大夫以上生病，可以派使者代皇帝施恩赐予慰问。州牧、郡守离京城远的，他们死后有吊唁馈赠的礼仪。

2　坐而论道谓之三公，作而行之谓士大夫①。论道必求高明之士，干事必使良能之人②。非独三太、三少可与言也③，凡在列位者皆宜及焉④。故士不与其言，何知其术之浅深？不试之事，何以知其能之高下⑤？与群臣言议者，又非但用观彼之志行⑥，察彼之才能也，乃所以自弘天德、益圣性也⑦。犹十五志学，朋友讲习，自强不息，德与年进，至于七十，然后从心而不逾矩⑧。况于不及中规者乎⑨，而不自勉也⑩？公卿、列校、侍中、尚书⑪，皆九州之选也⑫。而不与之从容言议⑬，谘论古事⑭，访国家正事⑮，问四海豪英⑯，琢磨珪璧，染练金锡⑰，何以昭仁心于民物⑱，广令闻于天下哉⑲。

【注释】

①坐而论道谓之三公，作而行之谓士大夫：这两句为《周礼·考工记叙》文，"三公"或作"王公"。据汉郑玄注，"坐而论道谓之王公"指王公大臣陪天子议论政事。此作"三公"，亦泛指辅政大臣。作，起来。士大夫，泛指任各种职务的官吏。

②干事：办事。良能：能力强。良，良好。

③非独三太、三少可与言也：这句等于说"非独可与三太、三少言也"，介词"与"的宾语"三太、三少"提到前面了。三太、三少，周代以太师、太傅、太保为三公，以少师、少傅、少保为三公之副职，见《汉书·百官公卿表上》。这里以三太、三少泛指三公等辅政大臣。言，谈论。

④列位：列于官位，身居官位。及：参与，指参与谈论国事。

⑤"故士不与其言"以下四句：这四句与上文没有因果关系。故，句首助词，用作发端词，没有具体意义。士，泛指做官的人，区别于一般百姓、庶民。术，谋略。

⑥志行：志向品行。

⑦所以：用以，用来。弘：扩大。益：补益。天德、圣性：德行，性情。用"天"、"圣"来修饰，表示皇帝的，等于说"天子的"。

⑧"犹十五志学"以下六句:严可均说,这句前面有脱文。按,"十五志学"及下文"至于七十,然后从心而不逾矩",这两句是套用孔子说自己的话(见《论语·为政》)。但此文不是叙述孔子的学习经历,而是借他的话作比喻。上文说皇帝与群臣言谈议论,也有助提高自己的德行与性情。所以这里打比方说,好比十五岁立志于学,同门学友之间讨论研习,自己努力不止,德行随年龄而提高,到了七十岁,然后能随心所欲而不越出规矩。这里是把皇帝与群臣议论国事,比喻为师友之间讨论切磋,而从中使自己获益。从文意上看,上下文是相连贯的,似乎没有脱文。犹,比如。志,立志。朋友,这里指同门学友。讲习,研讨。

⑨况于:何况。中规:合乎规范。

⑩而不自勉也:却不自己努力么? 而,却。也,等于"耶"。

⑪列校:也称列校尉。校尉,高级武职,地位在将军下,随其职务不同,有各种头衔,统称列校或列校尉。后汉时有屯骑、越骑、步兵、长水、射声校尉,掌守卫京城及宫廷警卫,见《续汉书·百官志四》。侍中:皇帝近侍、顾问,见《续汉书·百官志三》。尚书:即六曹之尚书。东汉时,尚书台为总理国家各项政务的中枢机构,长官为尚书令,副职为尚书仆射(yè),下分六个部门,即"六曹",各设尚书一人,见《续汉书·百官志三》。

⑫九州:指中国古代划分的九个州,泛指天下、全国。九州岛名称相传不一,《尚书·禹贡》称冀、兖、青、徐、扬、荆、豫、梁、雍九个州,与《尔雅·释地》等所称互有异同。选:指被选拔的人才。

⑬从(cōng)容:宽松,心平气静。

⑭谘论古事:这句句首省略了"不"字。以下各句省略同。谘论,询问讨论。谘,同"咨"。

⑮访:这里是谋议的意思。正:通"政"。

⑯问:打听。四海豪英:指天下英才。

⑰琢磨珪璧，染练金锡：这两句意为从中陶冶自己的品行，精进自己的学问。《诗·卫风·淇奥》"有匪君子，如金如锡，如圭如璧"，"如金如锡，如圭如璧"比喻品行、学问有成，如精炼的金、锡，如雕磨的玉器。参汉郑玄笺、唐孔颖达疏。染练，练，通"炼"。但金属可以说"炼"，不能说"染"，这里说"染练"，未详"染"字之义所指。校注本解释说："盖以金炼之益精，则色泽益鲜，如染者也。"备参考。按，上文说，与群臣议论，可以"自弘天德、益圣性"，这两句意思也是指如果与公卿、列校诸臣谋议讨论，可以从中提高自己的品行与学问。

⑱昭：显示。民物：即人民，百姓。

⑲广：使广传，远闻。令闻：好名声。令，美好。闻，声闻，名声。

【译文】

　　坐着议论国家政事的称作三公，起来施行的称作士大夫。议论国家政事必须求高明之士，办事情必须用能力强的人。不仅仅要同三公大臣谈论，凡在官位的人都应该参与谈论。做官者不同他言谈，怎么知道他的谋略深浅？不试试他做事，怎么知道他的能力高下？与群臣言谈议论，又不是只用来观察他们的志向品行，察看他们的才能，乃是自己用来光大天子的德行，补益天子的性情。好比十五岁立志于学，同门学友之间讨论研习，自己努力不止，德行随年龄增长而提高，到了七十岁，然后能随心所欲而不越出规矩。何况达不到符合规范的人，却不自己努力么？公卿、列校、侍中、尚书，都是天下精选的人才。然而不同他们心平气静地言谈议论，询问讨论古人往事，谋议国家政事，打听天下英才，从中陶冶自己的品行，精进自己的学问，那怎么向百姓显示仁德之心，使好名声远扬于天下呢？

　　3　人主有常不可谏者五焉：一曰废后黜正①，二曰不节情欲②，三曰专爱一人③，四曰宠幸佞谄④，五曰骄贵外戚⑤。

废后黜正,覆其国家者也⑥;不节情欲,伐其性命者也⑦;专爱一人,绝其继嗣者也⑧;宠幸佞谄,壅蔽忠正者也⑨;骄贵外戚,淆乱政治者也⑩。此为疾痛⑪,在于膏肓⑫;此为倾危⑬,比于累卵者也⑭。然而人臣破首分形,所不能救止也⑮。不忌初故⑯,仁也;以计御情⑰,智也;以严专制⑱,礼也;丰之以财,而勿与之位,亦足以为恩也⑲;封之以土,而勿与之权,亦足以为厚也⑳。何必友年弥世惑贤乱国㉑,然后于我心乃快哉㉒?

【注释】

①废后黜正:后,皇后。正,正室,嫡妻,也即皇后。"废后"与"黜正"意思相同,只是为了与下文"不节情欲"、"专爱一人"等四字句相称,所以也用四字成句。废除皇后,即立宠妃为正,这往往是扰乱后宫,影响到朝政的原因,所以下文说"覆其国家"。一说,正,指太子。但下面说"不节情欲"、"专爱一人",都是指皇帝对待后宫,所以仍用前一种解释较好。

②不节情欲:纵欲无度。节,节制。

③专爱一人:一人,指一个妃子。

④佞谄:巧言奉承的人,指宦官。佞,指花言巧语讨好人。

⑤骄贵:使骄横显贵。

⑥覆:倾覆,灭亡。其:自己,指皇帝。

⑦伐其性命:伤身短寿。伐,砍,引申为伤害。

⑧绝其继嗣:断绝子孙后代。按,只爱一个妃子,不和其他嫔妃亲近,所以不能使后代更多。

⑨壅蔽忠正:阻塞忠良正直。

⑩政治:朝廷政事的治理,指朝政。按,这"政治"同现代意义的"政

治"有所区别。

⑪疾痛:疾病痛苦。这里比喻政事的弊病。

⑫在于膏肓:在膏肓之间的难治之症。膏,心尖。肓,横膈膜以上 至心脏之间。《左传·成公十年》说,鲁成公生病,请名医缓来 治,缓看诊后,说:"病没法治了,病在膏之下、肓之上,用药、施针 都达不到。"后以"膏肓"比喻不治之症。

⑬倾危:倾斜欲倒。这里指国家所处的危境。

⑭累卵:堆叠起来的蛋。比喻随时会倒塌。累,累积,重叠。

⑮然而人臣破首分形,所不能救止也:人臣就是粉身碎骨,也是他 们所不能挽救制止的。破首分形,头破身裂。即粉身碎骨。分, 分裂。形,身体。救止,挽救制止。

⑯不忌初故:忌,日本天明本《群书治要》旧校说,当作"忘"。按,旧 校所说是对的,现在正文仍保留原文,译文依日人旧校。初故, 起初,故旧。这里指结发之妻。这句是针对上文"废后黜正" 说的。

⑰以计御情:计,计量。这里指一定的量度、限度,即适度的意思。 御,控制。情,情欲。这句是针对上文"不节情欲"说的。

⑱以严专制:以严厉的态度施行独断。即严行独断。严,严厉。专 制,这里指皇帝独断。按,说皇帝严行独断,是指自己有主见,不 听信所宠妃妾。这句是针对上文"专爱一人"说的。

⑲丰之以财,而勿与之位,亦足以为恩也:二"之"字是代词,指被宠 幸的人。丰,使丰足。丰之以财,即"以财丰之",用财物使他丰 足,等于说给他丰厚的财物。以,用。与,给予。位,官位。为 恩,示恩。这三句是针对上文"宠幸佞谄"说的。

⑳封之以土,而勿与之权,亦足以为厚也:为厚,显示厚待。这三句 是针对上文"骄贵外戚"说的。

㉑何必友年弥(mí)世惑贤乱国:这句表达的意思似乎不完整,没有

指出皇帝使谁在"惑贤乱国"。根据上文,"何必"下应该有"使彼"之类的文字。彼,指上文那些受皇帝专爱、宠幸的后宫、宦官、外戚等人。友年,日本天明本《群书治要》旧校说,"友"当作"久"。按,友,通"有"。有年,即多年的意思。弥世,长年。弥,久。世,年岁。"友(有)年"与"弥世"意思相同,等于说成年累月。古或称年岁为"世"。《礼记·曲礼下》"去国三世",唐陆德明《经典释文》引汉卢植等说:"世,岁也。"三世即三年。其他例子见清王引之《经义述闻·通说上》。惑,惑乱,迷惑,引申为欺骗。

㉒然后于我心乃快哉:我,指皇帝。快,痛快,感到满足。以上两句是说,何必让那些人成年累月地欺贤乱国,然后我心里才痛快呢?按,把国家搞乱了,而说皇帝心里才痛快,这是说反话,乃深痛人主昏聩误国。

【译文】

　　人主有五件通常不可劝谏的事,一是废除皇后,二是纵欲无度,三是专爱一个妃妾,四是宠幸巧言奉承的人,五是使外戚骄横显贵。废除皇后,是倾覆自己的国家;纵欲无度,是伤身短寿;专爱一个妃妾,是断绝子孙后代;宠幸巧言奉承的人,是阻塞忠良正直;使外戚骄横显贵,是扰乱朝政。这些作为疾病痛苦,就是在膏肓之间的不治之症;这些造成险境,就如同堆叠起来的蛋。人臣即便粉身碎骨,也是他们所不能挽救制止的。不忘故旧,是仁义;以量度控制情欲,是明智;严行独断,是礼法;给他丰厚的财物,而不给他官位,也足以显示恩宠;封给他土地,而不给他权力,也足以显示厚待。何必让那些人成年累月地欺贤乱国,然后我心里才痛快呢?

阙题八

【题解】

本篇由严可均辑自《群书治要》卷四十五。

仲长统在本篇讲到总体上怎么孝顺父母、侍奉人君、交接朋友，大抵是要全心全意、任劳任怨、严于律己。例如对待父母则"唯父母之所言也，唯父母之所欲也"，顺从父母所言所想；侍奉人君则"言无小大，无所怨也；事无劳逸，无所避也"，言无不从，事无所拒；交朋友则"忠诚发乎内，信效著乎外"，诚信待人，见诸行动。但是在后半篇，他笔锋突然一转，完全站在"义"的立场上看待孝顺，说孝顺不是别的，在于"得义而已"，即要合乎道理，不能不讲原则。比如父母要给人封官加爵，如果那人实在没才能，就可以不听从；父母想搞奢侈以称心洽意，就可以不同意。他下结论说："故不可违而违，非孝也；可违而不违，亦非孝也。好不违，非孝也；好违，亦非孝也。其得义而已也。"也就是说，对父母之命是顺从还是违背，都看是否合乎道理，不能无原则地一味顺从或违背。这同上面说的"唯父母之所言也，唯父母之所欲也"完全不一样，而显然后面说的对。由于本篇是辑文，看不到原文的"全豹"，不知道仲长统的论点是怎么转折的。

另外，后半篇字面上是讲怎么做才是真正孝顺父母，其实是暗示臣子怎么做才是真正忠于君，这从说父母"欲与人以官位爵禄"，"欲为奢泰侈靡，以适心快意"也可看出，那其实是指人君说的。人们可以悟出，从"故不可违而违，非孝也"至"其得义而已也"那段话，也适用于人臣对待君主，只要把这段话中的"孝"改成"忠"就行了。

1　人之事亲也①，不去乎父母之侧②，不倦乎劳辱之事③。唯父母之所言也，唯父母之所欲也④。于其体之不安，则不能寝⑤；于其餐之不饱，则不能食。孜孜为此⑥，以没其身⑦，恶有为此人父母而憎之者也⑧？人之事君也，言无小大⑨，无所愆也⑩；事无劳逸⑪，无所避也⑫。其见识知也，则不恃恩宠而加敬⑬；其见遗忘也，则不怀怨恨而加勤。安危不贰其志⑭，险易不革其心⑮。孜孜为此，以没其身，恶有为此人君长而憎之者也⑯？人之交士也⑰，仁爱笃恕⑱，谦逊敬让⑲，忠诚发乎内⑳，信效著乎外㉑，流言无所受㉒，爱憎无所偏㉓，幽暗则攻己之所短㉔，会同则述人之所长㉕。有负我者，我又加厚焉；有疑我者，我又加信焉㉖。患难必相恤，利必相及㉗。行潜德而不有㉘，立潜功而不名㉙。孜孜为此，以没其身，恶有与此人交而憎之者也？故事亲而不为亲所知，是孝未至者也㉚。事君而不为君所知，是忠未至者也。与人交而不为人所知，是信义未至者也㉛。

【注释】

①事亲：照料父母双亲。事，侍奉。

②去：离开。乎：于。侧：身边。

③倦：厌倦，懈怠。劳辱：劳苦。辱，污浊，污贱。

④唯父母之所言也，唯父母之所欲也：这两句是省略句，全文应该

作"唯父母之所言也是听"、"唯父母之所欲也是从"。"唯……
是……"是固定格式。是，助词，作用是将动词后面的宾语或宾
语词组提到前面，以示强调。所以，"唯父母之所言也是听"，等
于"唯听父母之所言也"，即只听父母所说的话；"唯父母之所欲
也是从"，等于"唯从父母之所欲也"，即只依从父母所愿望的事。
因为这两句被省略的部分是不言而知的，所以在古汉语中可省
略，但现代汉语则无法省略。

⑤于其体之不安，则不能寝：其，指父母。安，安康。之，助词，作用
是取消句子的独立性，成为与下句"则不能寝"有关联的句子。
则不能寝，指自己睡不着觉。下面两句的句法结构同此。

⑥孜孜为此：这样勤勉照料。孜孜，勤勉。为此，指照料双亲。

⑦以没（mò）其身：直到自己死去。以，及，直至。没，终竟。其身，
己身。按，理论上说，父母比子女早死，这里说子女至死照料父
母，只是指始终侍奉父母不变的意思。

⑧恶（wū）：怎么。之：他，指"此人"。也：用法同"耶"。表示疑问的
语气助词。

⑨言无小大：无论君主说大事小事。言，言事。无，无论。

⑩愆：违失，违背。

⑪劳逸：劳苦和闲逸。

⑫避：回避，推辞。

⑬其见识知也，则不恃恩宠而加敬：自己被君主赏识，则不倚仗恩
宠而更加谨慎。其，自己，指事君的人。识知，了解，这里指赏
识。恃，倚仗。加敬，更加谨慎。

⑭安危：平安与危险。这里指无论处于平安还是危险。贰：不专
一，引申为背离。

⑮险易：艰险与平易。这里指无论遇到艰险还是平坦。革：变。

⑯君长：君主。

⑰交士：与士人交往。交，交接。

⑱笃恕：宽厚。笃，厚重。恕，宽恕。

⑲敬让：礼让。

⑳发乎内：出于内心。内，指心。

㉑信效著乎外：信用见于行为。效，效验。著，显现。外，外表，指外在行为。

㉒流言无所受：流言没有接受的。即不听流言。

㉓爱憎无所偏：爱憎没有偏向的。即爱憎不偏向。

㉔幽暗则攻己之所短：独处时则自责自己的缺点。幽暗，指无人独处时。攻，指责。短，不足，缺点。

㉕会同则述人之所长：与人相聚则述说他人的优点。会同，指众人相聚时。述，述说。长，优，优点。按，以上两句的意思是说对自己的缺点，即使背地里也要自责；而在公开场合，只说别人优点，不指责别人。

㉖"有负我者"以下四句：意为交友先要严于己，所以朋友如果亏待、猜疑自己，先检查自己之不足，更加厚待朋友，对朋友更诚信。负，亏负，辜负。厚，厚待。信，诚实对待。

㉗患难必相恤，利必相及：恤，救济。及，推及。按，这两句等于说"患难必恤之，利必及之"，不是指"人之交士也"的"人"与"士"之间有难必互相救济、有利必互相推及的相互行为，而是单指"人"对士友有难必救济，有利必推及，因为这段话上下文都是说"人"自己的交友之道。所以，"相恤"、"相及"的"相"非"相互"之"相"，而等于代词"之"，指"士"。

㉘行潜德而不有：意思是做下好事不宣扬。行潜德，暗中为士友做好事。潜德，不为人知的恩德，即暗中做下的好事。不有，不据为自己的恩德。

㉙立潜功：暗中为士友立功。不名：不留名。

㉚是孝未至者也：是孝未达到尽头。即未尽力于孝。至，达到顶
　　点。以下各句解释仿照此句。

㉛信义：信用和道义。

【译文】

人照料双亲，不离于父母身边，不厌于劳苦之事。只听父母所说的话，只依从父母的愿望。当父母身体不安康，自己就睡不着觉；当父母吃不饱，自己就吃不下饭。这样勤勉照料，直至自己身死，哪有为此人的父母而憎恶他的呢？人侍奉君主，无论君主说小事大事，都不违背；事情无论劳苦还是轻松，都不推辞。自己被君主赏识，则不倚仗恩宠而更加谨慎；自己被君主遗忘，则不怀怨恨而更加勤勉。无论处于平安还是危险都不背离自己的志向，无论遇到艰险还是平坦都不改变自己的心志。这样勤勉侍奉，直至自己身死，哪有为此人的君主而憎恶他的呢？人与士人交往，仁爱宽厚，谦逊礼让，忠诚出于内心，信用见于行为，不听流言，爱憎不偏向，独处时则自责自己的缺点，与人相聚则述说他人的优点。有亏负我的，我又更厚待他；有猜疑我的，我又对他更诚信。对士友有难必救济，有利必推及。暗中为士友做好事而不据为自己的恩德，暗中为士友立功而不留名。这样勤勉相待，直至自己身死，哪有与此人交友而憎恨他的呢？所以照料双亲而不被双亲所了解，是未尽力于孝。侍奉君主而不被君主所了解，是未尽力于忠。与人交友而不被人所了解，是未尽力于信用和道义。

2　父母怨咎人不以正①，已审其不然②，可违而不报也③。父母欲与人以官位爵禄④，而才实不可⑤，可违而不从也。父母欲为奢泰侈靡⑥，以适心快意⑦，可违而不许也。父母不好学问，疾子孙之为之⑧，可违而学也。父母不好善士⑨，恶子孙交之⑩，可违而友也⑪。士友有患⑫，故待己而

济⑬，父母不欲其行⑭，可违而往也。故不可违而违，非孝也；可违而不违，亦非孝也。好不违⑮，非孝也；好违，亦非孝也。其得义而已也⑯。

【注释】

①怨咎人不以正：等于说"不以正怨咎人"，即不以公正之心责怨人。怨咎，怨恨责怪。

②审：察知，明白。其不然：父母不对。其，他们，指父母。

③不报：不报复被父母所怨恨的人。

④与人以官位爵禄：等于"以官位爵禄与人"。

⑤而才实不可：这句"才"上省略了"其人"。意思是那个人的才能实不可胜任。

⑥奢泰侈靡（mí）：奢侈浪费。泰，奢侈。靡，靡费，耗费。

⑦适心快意：称心洽意。适、快，都是使愉悦、畅快的意思。

⑧疾：憎恶。为之：指求学问。

⑨善士：贤良之士。

⑩恶（wù）：讨厌。交之：结交他们。交，结交。之，他们，指"善士"。

⑪友：动词，与……交为朋友，亦即结交。其下本当有指代善士的"之"字，这里省略了。

⑫患：患难。

⑬故：同"固"。固然，理当。济：救济。

⑭不欲其行：不愿自己前往。其，自己。

⑮好（hào）：喜好。下文"好"意思同。

⑯其得义而已也：其，指孝。得义，合乎道理。《荀子·议兵》："义者，循理。"依道理去做就是"义"，故道理也称"义"。贾谊《新书·道德说》："义者，理也。"按，本节字面上是讲怎么做才是真正孝顺父母，其实是暗指臣子怎么做才是真正忠于君。

【译文】

　　父母不以公正之心怨责人,已明知他们不对,可以违背父母不去报复。父母要把官位爵禄给人,而那个人的才能实不可胜任,可以违背父母不听从。父母想搞奢侈浪费,以称心洽意,可违背父母不应允。父母不喜欢学问,憎恶子孙求学问,可以违背父母去学。父母不喜欢贤良之士,讨厌子孙与他们结交,可以违背父母结交。士友有患难,理当等待自己来救济,父母不愿自己前往,可以违背父母前往。所以,不可违背父母却违背,是不孝;可以违背父母却不违背,也是不孝。专好顺从父母,是不孝;专爱违背父母,也是不孝。孝在于合乎道理而已。

阙题九

【题解】

本篇由严可均辑自《群书治要》卷四十五。

汉人所谓"天道",不是单指自然现象,而认为天是有意志的,天道是天的意志的体现,也就是天意。自然现象的正常与反常,被看成是天意对人事好坏的感应,预示国家的兴亡。所以,天意能支配人事,人事会感应上天预示灾祥吉凶,因而人事必须体现天意。仲长统生当后汉,他的思想不能完全摆脱"天人感应"的框架。但在本篇,他对天道与人事的关系提出"人事为本,天道为末",强调人事的作用,而把天道看成是人事的附庸。他举例说,两汉的开国之君汉高祖与光武帝,以及他们的开国功臣,之所以能建立功业、惠泽百姓、传名百世,"唯人事之尽耳,无天道之学焉",即只是尽力于人事,没有效法天道。他甚至说,所看重天道的,就是"指星辰以授民事,顺四时而兴功业",认为看重天道,就是依据星辰的位置判断四季变化来教导百姓务农,顺应四时来兴办事业。这里,仲长统实际是把天道看成单纯的自然现象,尽管从通篇叙述看,他还没有完全脱离"天人感应"的观点。他说,如果做王的人任命官员无私心,亲近贤者,关注政务,赏功罚罪,使得国泰民安,尽了人事,那么自然天地正常无灾害,祥瑞来集,坏事消失。这仍然没有脱离"天人感应"观念,但这一切都是"从我"、"应我"而生,是"我"尽人事的结果,不是"我"祈求上天得来的。所以,假如君王任人唯亲,党同伐异,喜怒无常,荒怠政务,弄得百姓冤屈受苦,那么仲长统说即使把蓍草龟甲堆积在宗庙大门中勤于占卜,把牲口成群地拴在石柱之间勤于祭祀,观天象吉凶的冯相氏坐在望台上不下来,祭神的祝史俯伏在祭坛旁不离去,还是无助于挽救国家失败灭亡。

"天人相应"的观念一直主宰着汉人的思想,人必须顺应天道行事。但到了东汉末,这种观念起了一定的变化,即认为人事是主要的,而天道是顺应人事的。注重人事,天道自然显示吉祥;相信天道而违背人事,则是昏乱亡国的君主。所以崔寔在《政论》中虽也不无"天人相应"的表达,但更多的是针对人事,不谈"天道"。仲长统说到"天人之道",其实也是利用它来针砭人事的。

1　昔高祖诛秦、项而陟天子之位①,光武讨篡臣而复已亡之汉②,皆受命之圣主也③。萧、曹、丙、魏、平、勃、霍光之等④,夷诸吕,尊大宗⑤,废昌邑而立孝宣⑥,经纬国家⑦,镇安社稷⑧,一代之名臣也。二主数子之所以震威四海、布德生民、建功立业、流名百世者⑨,唯人事之尽耳⑩,无天道之学焉⑪。然则王天下、作大臣者⑫,不待于知天道矣⑬。所贵乎用天之道者⑭,则指星辰以授民事⑮,顺四时而兴功业⑯,其大略也⑰,吉凶之祥又何取焉⑱?故知天道而无人略者⑲,是巫医卜祝之伍、下愚不齿之民也⑳。信天道而背人事者㉑,是昏乱迷惑之主、覆国亡家之臣也㉒。

【注释】

①高祖诛秦、项而陟天子之位:指汉高祖刘邦攻入咸阳,接受秦王子婴投降灭亡秦朝,又经过四年的楚汉战争打败项羽,于前202

年建立汉王朝。高祖,汉高祖刘邦。诛,消灭。项,项羽(前232—前202),名籍,字羽。战国时楚国贵族后裔。秦末楚地起义军首领。后以战功威势压服其他各路首领,灭秦后分封各路诸侯,自封为西楚霸王,后被刘邦打败,自刎而死。陟,登。

②光武讨篡臣而复已亡之汉:指汉光武帝刘秀杀死王莽,又打败其他起义军,重新建立汉王朝,即东汉。光武,东汉光武帝刘秀。讨,征伐。篡臣,指西汉末篡位的王莽。复已亡之汉,指推翻王莽建立的新朝,重建东汉王朝。复,光复。已亡之汉,汉少帝孺子婴初始元年(8),王莽废汉称帝,国号新,西汉亡。

③受命:承受天命。

④萧:萧何。随刘邦起兵反秦,一直是其重要幕僚和得力助手,在保证刘邦征战所需的兵员、粮草,以及稳定后方,辅国安民等方面做出了重要贡献。汉朝建立后,封酂侯,为相国。为"汉初三杰"之一。曹:曹参。随刘邦起兵反秦,屡立战功。汉朝建立后封平阳侯。汉惠帝时为丞相,一切依萧何制度,"萧规曹随",使百姓能休养生息。丙:丙吉,汉昭帝时为光禄大夫、给事中。昭帝死,昌邑王刘贺继位,后以淫乱废位。大将军霍光听从丙吉建议,迎武帝曾孙病已(刘询)入宫即位,即汉宣帝。魏:魏相,宣帝时为御史大夫,后接替韦贤为丞相。平:陈平,惠帝时为左丞相。吕后临朝理政,死后,太尉周勃与陈平谋议,诛杀吕氏诸外戚,迎接代王(刘恒)入宫即位,即汉文帝。勃:周勃。随刘邦起兵反秦,屡立战功。封绛侯,进太尉。与陈平等谋议平定诸吕之乱,迎立汉文帝,官至右丞相。按,以上诸人皆汉代名臣,见《史记》、《汉书》各人传记及文帝、宣帝、高后各本纪。

⑤夷诸吕,尊大宗:指周勃、陈平等人消灭吕氏诸人,尊奉文帝为君,见上注。夷,消灭。大宗,即太宗,文帝庙号。

⑥废昌邑而立孝宣:指霍光等人废黜昌邑王,听从丙吉建议迎立宣

帝,见上注。孝宣,宣帝。

⑦经纬:规划,治理。织机的纵丝称"经",横丝称"纬",经纬交错织成布帛,故以"经纬"比喻规划、治理。

⑧镇安:稳定,安定。

⑨二主:指上面汉高祖和光武帝。数子:指上面几位名臣。布德生民:布施德泽于百姓。生民,人民。流名:传名。

⑩唯人事之尽耳:等于说"唯尽人事耳"。人事,人力所及的事。

⑪无天道之学焉:等于说"无学天道焉"。天道,指天理、天意。古人认为天是有意识的,自然现象是天的意志的体现,它同社会现象是挂钩的,警示人事的吉凶。例如汉代的"天人感应"学说就是基于这种认识,所以人必须顺从天意,效法天道来做事。学,效法。焉,句末助词。

⑫王(wàng)天下:王,当……之王,统治。

⑬待:等待,引申为依靠。

⑭贵:看重。

⑮则指星辰以授民事:则,就是。指星辰,指出星辰的位置。四季变化,星辰的位置不同,"指星辰"就是判断四时的变化。以,用来。授民事,教导百姓务农。授,教导。民事,指农事。古代农业的操作,完全依赖天时,所以朝廷有专门官员观察天象,掌握历法,每月向百姓公布该月务农所当做的事,称"月令"。所谓"指星辰以授民事",就是指这个说的。

⑯兴功业:兴,兴办。功业,事业,主要指农事。

⑰其大略也:意谓重天之道大抵在此。其,指"贵乎用天之道"。大略,大要。

⑱吉凶之祥:指天道显示的吉凶预兆。祥,征兆。取:寻找,索求。

⑲故知天道而无人略者:严可均说,"人略"当作"人事"。按,"人略"即人的谋略,意思也讲得通,但上下文都作"人事",所以这句

应作"人事"，与上下文一律。译文仍照原文。

⑳巫医卜祝：巫医，指巫师。古代巫师请神祛邪，替人治病，故称
　　"巫医"。卜祝，占卜、祭祀的人。之伍：之流。伍，等，辈。不齿：
　　不与同列，不视为同等。表示被人看不起。齿，像牙齿一样排列
　　整齐，引申为同列、地位同等。

㉑背人事：背，违背。人事，严可均辑本原误"人略"，据《群书治要》
　　卷四十五所引改。

㉒迷惑：糊涂。覆国亡家：覆，覆灭。国，古代王、侯的封地。亡，丧
　　失。家，家族。汉时列侯亦称家。

【译文】

　　从前汉高祖消灭秦朝、项羽而登天子之位，光武帝讨伐王莽而光复
已亡的汉室，都是承受天命的圣明君主。萧何、曹参、丙吉、魏相、陈平、
周勃、霍光之辈，消灭吕氏诸人，尊文帝为君，废黜昌邑王而立宣帝，治
理国家，安定社稷，都是一代名臣。二位圣主和几位名臣之所以威震四
海、布施德泽于百姓、建立功业、传名百世，只是尽人事而已，没有效法
天道。那么当天下君王、作大臣的人，是不靠知晓天道的。所以看重用
天道，就是指出星辰的位置来教导百姓务农，顺应四时来兴办事业，重
天之道大抵在此而已，又何必寻求吉凶的预兆呢？所以仅知天道而没
有谋略的人，就是巫医卜祝之流、不与之同列的极愚昧之民。信天道而
违背人事的人，就是昏乱糊涂的君主、灭国丧家的臣子。

　　2　问者曰：治天下者，壹之乎人事①，抑亦有取诸天道
也②？曰：所取于天道者，谓四时之宜也③；所壹于人事者，谓
治乱之实也④。《周礼》之冯相、保章其无所用耶⑤？曰：大备
于天人之道耳⑥，是非治天下之本也，是非理生民之要也⑦。
曰⑧：然则本与要奚所存耶⑨？曰：王者官人无私⑩，唯贤是

亲,勤恤政事⑪,屡省功臣⑫,赏锡期于功劳⑬,刑罚归乎罪恶⑭,政平民安⑮,各得其所⑯,则天地将自从我而正矣⑰,休祥将自应我而集矣⑱,恶物将自舍我而亡矣⑲。求其不然,乃不可得也⑳。王者所官者,非亲属则宠幸也;所爱者,非美色则巧佞也㉑。以同异为善恶㉒,以喜怒为赏罚㉓。取乎丽女㉔,怠乎万机㉕。黎民冤枉,类残贼㉖。虽五方之兆不失四时之礼㉗,断狱之政不违冬日之期㉘,蓍龟积于庙门之中㉙,牺牲群于丽碑之间㉚,冯相坐台上而不下㉛,祝史伏坛旁而不去㉜,犹无益于败亡也㉝。从此言之,人事为本㉞,天道为末㉟,不其然与㊱?

【注释】

①壹:专一,专心。

②抑:还是。

③谓:意谓,指。四时之宜:四季该做的事。宜,适宜。引申为适宜的事情。

④治乱之实:与治乱有关的实务。实,实事,实务。

⑤《周礼》之冯相、保章其无所用耶:冯相、保章,指《周礼·春官》的冯相氏、保章氏,都是掌管观察和记录天象变化,预测吉凶的官职。其,岂,难道。按,这句是问者说的,前面应该有"问者曰"三字,脱落了。

⑥大备于天人之道耳:意思是指《周礼》中设有冯相氏、保章氏的官职,不过是针对天人之道略备一格而已,所以下文说不是根本与关键。大备,略备。大,大略。天人之道,天人之间的道理,指"天人相应",参看第一节注。

⑦是:这个。理生民之要:治理百姓的关键。要,要害,关键。

⑧曰：前面省略了"问者"二字。

⑨奚所存：何所在，在哪里。奚，何。存，在。

⑩官：授予官职。

⑪勤恤：关注，关怀。恤，顾念。

⑫屡省（xǐng）功臣：屡屡检查臣下的功绩。省，检查。功臣，可能是
　　"臣功"的误倒，即臣下的功绩，政绩。下文说到赏赐与刑罚，正
　　是接着这句"屡省臣功"说的，似不当作"屡省功臣"。译文按"臣
　　功"译。

⑬赏锡期于功劳：赏赐期待于有功劳的人，即赏赐是为有功者而
　　设。锡，通"赐"。期，期待。

⑭刑罚归乎罪恶：归，归属。乎，于。

⑮政平：政事平和。

⑯各得其所：得其所，得其所宜，得到适当的安置。

⑰则天地将自从我而正矣：那么天地将自然随我而正常。指无自
　　然灾异。自，自然。从，随。正，正常。

⑱休祥：祥瑞。应：顺应。集：聚集。

⑲恶物：恶事，一说"恶物"指怪物。舍：舍弃，离开。亡：消失。按，
　　以上三句意思是指，如果尽人事做到国泰民安，那么天地自然就
　　由于我而正常运行，祥瑞就来集，坏事就消失。这仍然是"天人
　　相应"的说法。不过，仲长统是说"从我"、"应我"，强调"人事"这
　　个前提，所以下文说"人事为本，天道为末"。

⑳求其不然，乃不可得也：意谓这是自然而然的道理，就是希望事
　　情不如此，也办不到。不然，不如此。指上文"天地将自从我而
　　正"等事。不可得，不可能。即办不到。

㉑巧佞：巧言谄媚。

㉒以同异为善恶：依据和自己同心与否断定别人是善是恶。以，
　　据，凭。同异，同心或异心。

㉓以喜怒为赏罚：凭自己高兴与否施行赏罚。

㉔丽女：美女。

㉕万机：语出《尚书·皋陶（yáo）谟》"一日二日万几"，意即每日万种繁多细琐的事，后用"万几"指君王的每日政务。机，通"几（jī）"。细微。

㉖类残贼：严可均说，"类"上脱一字。按，严说是。残贼，残害。这句意思可能指恶人残害人，但有脱字，译文用空格表示脱字。

㉗虽：即便，纵然。五方之兆、四时之礼：古代祭祀天帝，春祭青帝于东郊，夏祭赤帝于南郊，秋祭白帝于西郊，冬祭黑帝于北郊，另外立秋之前祭黄帝于中央。参《周礼·天官·大宰》"祀五帝"唐贾公彦疏及晋司马彪《续汉书·祭祀志中》（在《后汉书》中）。五方，四方及中央。兆，古代祭天的祭坛，分设在郊外。失，错过。礼，指祭祀敬神。

㉘断狱之政不违冬日之期：断案的政务不违背冬天的期限。断狱，断案。政，政务。期，期限。按，这是指顺天时行政，因为春天是生长养育季节，不宜杀戮，所以断案处决犯人不能延迟到冬天之后。《管子·四时》、《淮南子·时则》都说到了冬天就必须处决犯人。

㉙蓍（shī）龟积于庙门之中：蓍草与龟甲堆积在宗庙门中。指勤于占卜求卦。蓍龟，蓍草与龟甲，都是占卜用的。

㉚牺牲群于丽碑之间：牲口成群地拴在石碑之间。指勤于祭祀。牺牲，祭祀用的牲口。群，这里是动词，意思是"成群地拴着"，所以后面可以用介词"于"引出动作的处所。丽碑，系牲口的竖石。丽，系。碑，古代宗庙门口有竖石，用来拴祭祀的牲口。见《礼记·祭义》。

㉛冯相坐台上而不下：冯相氏坐在瞭望台上不下来。指勤于观天象吉凶。冯相，即掌管观察天象的冯相氏。台，指观察天象的瞭

望台。

㉜祝史伏坛旁而不去：祝史俯伏在祭坛旁不离去，指勤于祭神求福。祝史，掌管祭祀的官员。坛，指祭坛。

㉝犹无益于败亡也：还是无助于挽救国家失败灭亡。犹，还是。无益，没有帮助。

㉞本：根本。

㉟末：末事，无关根本的小事。

㊱不其然与（yú）：难道不是这样吗？其然，如此。与，疑问语气词，用于反诘句，也作“欤”。

【译文】

提问的人说：治理天下的人，是专心于人事，还是也有求于天道呢？回答：所求于天道的，是指四季该做的事；所专心于人事的，是指与治乱有关的实务。提问的人说：《周礼》中的冯相氏、保章氏难道都没有用处了吗？回答：这只是对天人之道略备一格而已，这个不是治天下的根本，不是治百姓的关键。提问的人说：那么根本与关键在哪里呢？回答：当王的授人官职无私心，只亲近贤良的人，关注政事，屡屡检查臣下的功绩，赏赐期待于有功劳的人，刑罚归属于有罪恶的人，政事平和而百姓安定，人人都得到适当的安置，那么天地将自然随从我而正常，祥瑞将自然顺应我而聚集，恶事将自然离开我而消失。就是希望事情不如此，也办不到。当王的所授予官职的人，不是亲属就是受宠幸的人；所爱的人，不是姿色美的人就是巧言谄媚的人。依据和自己同心与否断定别人是善是恶，凭自己高兴不高兴施行赏罚。选取美女，怠慢政务。百姓遭冤屈，□类残害人。那么纵然五方的祭坛不错过四时祭祀，断案的政务不违背冬天的期限，蓍草与龟甲堆积在宗庙门中，祭祀的牲口成群地拴在石碑之间，冯相氏坐在瞭望台上不下来，祝史俯伏在祭坛旁不离去，还是无助于挽救国家失败灭亡。由此说来，人事是根本的，天道是小事，难道不是这样吗？

3　故审我已善^①,而不复恃乎天道^②,上也^③;疑我未善,引天道以自济者^④,其次也;不求诸己^⑤,而求诸天者,下愚之主也。令夫王者诚忠心于自省^⑥,专思虑于治道^⑦,自省无愆^⑧,治道不谬^⑨,则彼嘉物之生^⑩,休祥之来^⑪,是我汲井而水出,爨灶而火燃者耳^⑫,何足以为贺者耶^⑬? 故欢于报应^⑭,喜于珍祥^⑮,是劣者之私情^⑯,未可谓大上之公德也^⑰。

【注释】

①审:察知,明白。已善:已经做地很好。

②恃:依靠。

③上也:上,"上主"之省略,下文"其次也"之"次"也是"次主"之省略。因为最后一个分句说"下愚之主也",可知上面两个分句的"上"、"次"均指君主而言,所以"主"字因下文已有交待而省略。这种涉及下文而省略的修辞法,现代汉语不用。

④引天道以自济者:取用天道来援助自己的。引,援引,引申为取用。自济,帮助自己。济,救济,援助。

⑤不求诸己:不求于自己。指自己不尽人事。诸,于。

⑥令:日本天明本旧校说当作"今"。按,"令"字不误,令即假令、假使。夫(fú):这里作代词,即那个,那些,指王者。诚忠心于自省:使内心真诚于自我反省。即能诚心自我反省。诚,这里作动词,意思是"使……真诚"。忠心,忠,通"中"。中心,内心。

⑦专思虑于治道:使思虑专一于治国之道。即一心考虑治国的方法。专,即"使……专一"。

⑧愆:过错。

⑨谬:失误。

⑩嘉物:吉祥的事物。按,在古代,比如麦子一根茎上长出二个以

上的麦穗，古人视为象征丰年的吉兆，就称为"嘉物"。

⑪休祥：祥瑞。休，美，善。

⑫爨（cuàn）灶：烧灶做饭。

⑬何足以为贺者耶：按，以上五句意思是指，出现吉事祥瑞乃是自然的事，就像从井里打水自然能打上水，烧炉灶做饭自然要点火一样，不是什么侥幸而值得庆幸的事。仲长统是强调，尽了人事上天自然有好报应，无须乞求。

⑭报应：指上天应以吉兆。

⑮珍祥：义同"休祥"。即祥瑞。珍，精美。

⑯劣者：指智能低劣的人，愚昧者。私情：个人心情。

⑰大上：大，同"太"。太上，最上等的。按，以上四句意思是，因为把上天的好报应以及出现祥瑞看成侥幸，这才欢欣喜悦的，这是那些不顾百姓、不尽人事、但求上天保佑自己的个人心理，所以说是愚昧者的个人心情，不能说是最上等的公德。

【译文】

所以知道我已经做得很好，而不再依靠天道，就是上等的君主；疑虑自己做得不够好，取用天道来援助自己，就是次等的君主；不求于自己，而只求于上天，就是最愚昧的君主。假使那些王者能诚心自我反省，一心考虑治国的方法，反省自己没有过错，治国的方法没有失误，那么吉祥事物的出现，祥瑞的来到，就像是我从井里打水自然能打上水，烧灶做饭自然要点火一样，有什么值得庆幸的呢？所以欢欣于上天显示吉兆，喜悦于出现祥瑞，是愚昧者的个人心情，不能说是最上等的公德。

附篇一

【题解】

本篇由严可均辑自《后汉书·仲长统传》。校注本因其内容无关政事，所以作为附篇置于议论政事各篇之后（后面附篇二同），今仍从校注本原编排。

仲长统对东汉后期政弊的批评相当中肯，并提出有针对性的改革措施，但是，这个政权已经腐败到无法自我挽救的地步，所以和崔寔一样，他对这个政权完全失望。一方面关心政事，一方面又看不到任何希望，使他陷入自我矛盾中，产生了避世离俗的消极想法，甚至迷信道教的长生术，以求得到精神寄托，这从本篇和下篇，以及他谈论道教的一些《昌言》的零碎佚文中，都反映出来。在本篇，仲长统表达了自己的愿望，希望有良田和宽敞住宅，处于山水之间，四周遍布竹木成景。有舟车足以代跋涉之苦，有仆役足以免自身之劳。养父母有美食，妻儿无劳累。这完全是无求于人的安逸生活。而同外界的接触，不过是"良朋萃止，则陈酒肴以娱之；嘉时吉日，则烹羔豚以奉之"，与二三好友聚饮尽欢而已。闲来则漫步于菜园中，游玩于林木之间，或在静室中钻研道家学说，学导气养生之术。要不就同朋友谈天说地，纵论古今人物，弹曲作乐。这也是不问世事、脱离尘俗的清雅生活。他说："逍遥一世之上，睥睨天地之间。不受当时之责，永保性命之期。"悠然自得于世外，看轻世间万事,不受皇帝使唤,永保性命长久,便是他的愿望,体现了自己不关注世事的消极念头。

　　1　使居有良田广宅①,背山临流,沟池环匝②,竹木周布③,场圃筑前④,果园树后⑤。舟车足以代步涉之难⑥,使令足以息四体之役⑦。养亲有兼珍之膳⑧,妻孥无苦身之劳⑨。良朋萃止⑩,则陈酒肴以娱之⑪;嘉时吉日⑫,则烹羔豚以奉之⑬。蹰躇畦苑⑭,游戏平林⑮。濯清水⑯,追凉风,钓游鲤⑰,弋高鸿⑱,讽于舞雩之下⑲,咏归高堂之上⑳。安神闺房㉑,思老氏之玄虚㉒;呼吸精和㉓,求至人之仿佛㉔。与达者数子论道讲书㉕,俯仰二仪㉖,错综人物㉗。弹《南风》之雅操㉘,发清商之妙曲㉙。逍遥一世之上㉚,睥睨天地之间㉛。不受当时之责㉜,永保性命之期㉝。如是则可以陵霄汉、出宇宙之外矣㉞。岂羡夫入帝王之门哉㉟!

【注释】

①使:让。这里表示愿望,等于说"愿"。

②沟池环匝:宅子四周有水沟环绕保护。沟池,水沟。环匝,环绕。匝,环绕。

③周布:遍布。

④场圃:稻场和菜园。筑前:修建在宅子前面。

⑤树后:建立在宅子后面。

⑥步涉:步行与涉水。指登山涉水。

⑦使令:供使唤的仆从。息四体之役:止息四肢的役使。即省去自身劳累。四体,四肢。

⑧兼珍:多种美味。兼,兼备,同时具有两种以上。珍,指精美的

食物。

⑨孥(nú):儿女。苦身:身受艰苦。

⑩良朋:好友。萃止:聚会。萃,聚。止,语尾助词。

⑪娱之:使大家欢乐。之,他们,指"良朋"。

⑫嘉时吉日:佳节良辰。

⑬羔:小羊。豚(tún):小猪。奉之:指设宴请客。奉,奉请。之,指"良朋"。

⑭踟蹰(chú chú)畦(qí)苑:踟蹰,漫步。畦苑,指菜园。畦,菜畦,菜田。苑,园子。

⑮游戏:游玩。平林:平原的树林。

⑯濯(zhuó):洗涤。

⑰游鲤:河中鲤鱼。游,指河流。

⑱弋高鸿:射高飞的鸿雁。弋,用带绳子的箭射鸟。高鸿,高飞的大雁。鸿,大雁。

⑲讽于舞雩(yú)之下:讽,讽诵,朗读。舞雩,指舞雩坛。古代祭天求雨,伴有巫人乐舞,称"舞雩"。舞雩之处有坛场树木,坛下可供游玩。按,《论语·先进》"风乎舞雩",风谓吹风乘凉。汉王充《论衡·明雩》认为风是"讽"的借字。仲长统此文作"讽",与王氏说同。

⑳咏归高堂之上:唱着歌回到高堂之上。即一路唱着歌回家。《论语·先进》作"咏而归",意思相同。咏,咏唱。高堂,高大的堂屋。这里指住宅。

㉑安神:安定心神,静心息虑。闺房:这里指小室,不是特指妇女居处。闺,内室。

㉒老氏:老子。玄虚:指道家玄奥虚无的道。

㉓呼吸精和:呼吸精纯和气。指道家呼吸吐纳的导气养生之术。

㉔求至人之仿佛:以求仿佛达到至人的境界。至人,指达到忘我境

界的人。《庄子·逍遥游》"至人无己",无己,无我。

㉕达者:通达事理的人。数子:几个人。子,男子。论道讲书:研讨道理,讲解经书。

㉖俯仰二仪:仰观天、俯视地。即谈天论地。二仪,天地。

㉗错综人物:评议人物。错综,交错综合。这里指评议人物或交叉对比,或综合论之。

㉘《南风》:一种五弦琴乐曲,相传为舜所作,见《礼记·乐记》。雅操:雅音。"操"与下句"妙曲"的"曲"意思相同,都是指音乐。

㉙发:发声,奏响。清商:古代五音,宫、商、角、徵、羽,商音清澈,应清秋之季节,故称"清商"。

㉚逍遥一世之上:指远离人世,安闲自在。逍遥,悠闲自在。一世之上,等于说世外。上,高远处。

㉛睥睨(pì nì)天地之间:傲视于天地之间。即不把天地间万事看在眼里。睥睨,斜视,表示傲慢。

㉜当时:指当今在位的皇帝。责:责求,责令。

㉝期:百岁称"期",也称"期颐",泛指长寿。

㉞如是则可以陵霄汉、出宇宙之外矣:陵霄汉,上临青天。陵,上升。霄,天空。汉,天河。按,说上临青天、出脱宇宙之外,是极力指远避尘世拘束,自得自在。

㉟岂羡夫(fú)入帝王之门哉:哪里羡慕那些入朝当官的人呢!夫,那些。入帝王之门,进入帝王的门庭,指入朝做官。

【译文】

但愿我的居处有良田和宽敞的宅子,后靠山,前临水,宅子有沟池环绕,四周遍布竹林与树木,宅前开辟稻场和菜园,宅后建立果园。有舟车足以代替登山涉水的艰苦,有仆从足以省去自身的劳累。奉养双亲有多种美味的饭食,妻子儿女没有艰苦的操劳。好友相会,则摆设酒菜让大家欢聚;佳节良辰,则烹煮猪羊来宴享友人。漫步于菜园之中,游玩于林木之间。在清水中洗涤,追随着凉风,垂钓河中鲤鱼,箭射高飞大雁,朗读于舞雩坛下,一路唱着歌回家。在小室中静心息虑,思考老子玄奥虚无的道;呼吸精纯和气,以求仿佛达到至人的境界。同几个通达事理的人研讨道理、讲解经书,谈天论地,评议人物。弹《南风》之雅音,奏清商之妙曲。悠闲自得于世外,傲视于天地之间。不受皇帝责令,永保性命长久。如此就可以上临青天、出脱宇宙之外了。怎会羡慕那些入朝当官的人呢!

附篇二

本篇由严可均辑自《抱朴子内篇·至理》。

道教中有导气术，本是一种健身法。但道士把它夸大成可以练成长生不老的仙术，仲长统在本篇为它辩护。他以自己为例，说导气可以"不饥不病"，而自己练不成，是因为"心驰于世务，思锐于人事"，即心思念头放不下世俗事务，不能静心息虑去练。说别人练不成，是和自己有同样的毛病。世上没有长生不老之术，这是不需要为之辩护的。但从仲长统的辩护中，也可看出，他迷信道教仙术是为了寻求精神寄托，而"念兹在兹"放不下的仍是人间之事，正反映了自己的矛盾心理。

1　行气可以不饥不病①，吾始者未之信也②。至于为之者③，尽乃然矣④。养性之方⑤，若此至约⑥，而吾未之能也⑦，岂不以心驰于世务⑧，思锐于人事哉⑨？他人之不能者，又必与吾同此疾也⑩。昔有明师，知不死之道者，燕君使人学之，不捷⑪，而师死。燕君怒其使者⑫，将加诛焉⑬。谏者曰："夫所忧者莫过乎死⑭，所重者莫急乎生⑮，彼自丧其生⑯，亦安能令吾君不死也？"君乃不诛。其谏辞则此为良说矣⑰，然亦非至当之论⑱。使彼有不死之方⑲,若吾所闻行气之法,则彼说师之死者⑳,未必不知道也㉑,直不能弃世事而为之㉒,故虽知之而无益耳,非无不死之法者也㉓。

【注释】

①行气:即道家的导气,指呼吸吐纳等养生之术,其流派为后世的气功健身术。

②未之信:等于说"未信之"。之,指"行气可以不饥不病"这个观点。

③至于:及至,等到。为之:指练导气术。

④尽乃然矣:都是如此。然,如此,指"不饥不病"。

⑤养性:养生。性,同"生"。

⑥至约:极简单。

⑦未之能:等于说"未能之",之,指"养性之方"。

⑧心驰于世务:心思追究于世俗事务。驰,追逐。

⑨思锐于人事:思念尽在于人间之事上。锐,尽。《文选·游沈道士馆》"锐意三山上",六臣注引唐张铣说:"锐,尽也。"按,道家导气养生之术,要求静心息虑,心无旁骛。所以说心里放不下世俗事务,就做不到导气养生。

⑩同此疾:是同样的毛病。指心思放不下世俗事务。

⑪不捷:尚未学成。捷,完成,成功。

⑫怒:对······发怒,引申为谴责。其:他(燕君)的。使者:派去学不死之道的人。

⑬将加诛焉:将加以诛杀。即要杀使者。

⑭莫过乎死:没有超过死亡的。乎,于。

⑮莫急乎生:没有比活着更要紧。急,要紧,重要。

⑯彼自丧其生:那老师自己就丧生了。彼,他,指明师。

⑰其谏辞则此为良说矣：《四部丛刊》所收明刻《抱朴子内篇》及清孙星衍《平津馆丛书》校本《抱朴子内篇》文字均同此。但句子不通顺，孙星衍怀疑有脱误。《四库》本《抱朴子内篇》此句作"则此固为良谏矣"，文字通顺，可能是后人改的，并非原文。这句意思很明显，但原文有脱误，意译为"他的谏辞固然说得好"。

⑱至当之论：最恰当的说明。

⑲使彼有不死之方：假如那老师有不死的方法。使，假如。彼，指"明师"。

⑳说师：当作"明师"。

㉑道：指"不死之方"。

㉒直：但，只是。不能弃世：心思放不下世间事。上文仲长统说自己不能练导气术，是因为"心驰于世务，思锐于人事"，这里说"不能弃世事"，意思相同，所以下句说"故虽知之而无益耳"。为之：指练导气术。

㉓非无不死之法者也：按，本篇所讲这个燕国国君的故事，《韩非子·外储说左上》有记载，但却说燕国国君将使者杀死，没有提到进谏者和他的劝说。而《列子·说符》也有记载，不仅所述内容同，而且文字也与本篇大致相同。《列子》书是魏晋间人伪造的，死于东汉的仲长统不可能引用《列子》。这只有两种可能，一是魏晋间人伪造《列子》，本来就多采用先秦及秦汉子书拼凑，或许当时所采的前人书中有这个故事，而该书现在已经失传了；二是伪造《列子》的人就是采自仲长统的书。

【译文】

导气可以使人不饥饿不生病，我开始不相信这个观点。等到有人练导气术，都是如此。养生的方法，如此极为简单，而我却不能做到，难道不是因为心思追究于世俗事务，而念头尽在于人间之事上吗？别人做不到，又必然是与我有同样的毛病。从前有个高明的老师，懂得不死的方法,燕国国君派人去学那方法,尚未学成,而老师死了。燕国国君怒责他的使者,要杀使者。进谏的人说:"人所忧虑的事没有超过死亡的,所看重的事没有比活着更要紧的,那老师自己就丧生了,怎能使我君不死呢?"国君于是没杀使者。他的谏辞固然说得好,然而也不是最恰当的说明。假如那老师有不死的方法,如同我所听到的导气术一样,那么那个高明的老师死去,未必是他不知道不死的方法,只是心思放不下世间事而去练它,所以虽知道不死的方法却无益处,不是他没有不死的方法。

附录 《仲长统传》（节录自《后汉书》卷四十九）

仲长统字公理，山阳高平人也。少好学，博涉书记，赡于文辞。年二十余，游学青、徐、并、冀之间，与交友者多异之。并州刺史高干，袁绍甥也。素贵有名，招致四方游士，士多归附。统过干，干善待遇，访以当时之事。统谓干曰："君有雄志而无雄才，好士而不能择人，所以为君深戒也。"干雅自多，不纳其言，统遂去之。无几，干以并州叛，卒至于败。并、冀之士皆以是异统。

统性俶傥，敢直言，不矜小节，默语无常，时人或谓之狂生。每州郡命召，辄称疾不就。常以为凡游帝王者，欲以立身扬名耳，而名不常存，人生易灭，优游偃仰，可以自娱。欲卜居清旷，以乐其志，论之曰……（以下省略，文见本书附篇一）

尚书令荀彧闻统名，奇之，举为尚书郎。后参丞相曹操军事。每论说古今及时俗行事，恒发愤叹息。因著论，名曰《昌言》，凡三十四篇，十余万言。

献帝逊位之岁，统卒，时年四十一。友人东海缪袭常称

统才章足继西京董、贾、刘、扬。今简撮其书有益政者,略载
之云。(以下省略,引《昌言》各篇见本书。)

【译文】

仲长统字公理,山阳高平人。少时好学,博览书籍,富有文才。二
十多岁时,离家到青、徐、并、冀各州之间求学,和他交友的人多以为他
非同常人。并州刺史高干,是袁绍的外甥,向来看重名士,招徕游历四
方的文人,士人多归附他。仲长统到高干处,高干善待他,问他当时的
时事。仲长统说:"您志向远大而没有出众的才能,喜好士人而不能识
别人,这是您应该深切自戒之处。"高干向来自负,不听仲长统的话,仲
长统于是离开高干。没多久,高干据并州背叛,终至于失败。并、冀二
州的士人都因此以为仲长统非同常人。

仲长统性格豪放,敢说实话,时或沉默而时或畅谈,没有定准,当时
有的人称他是"狂生"。每逢州郡聘请,仲长统就称病不应聘。常以为
凡做帝王家的官,是想以此安身扬名而已,而名不常存,人生短促,悠闲
安居,也可以自得其乐。他想选清幽空旷的地方居住,以愉悦自己的心
情,说明自己的想法道……(下略,文见附篇一)

尚书令荀彧闻仲长统之名,赏识他,举荐他为尚书郎。后来仲长统
入丞相曹操幕府参谋军事。每当论及古今以及当时的办事情况,他常
常抒发郁闷而叹息,于是撰写论文,名为《昌言》,共三十四篇,十多
万字。

汉献帝禅位那年,仲长统去世,时年四十一。他的朋友缪袭常称赞
他才学文章足以继承西汉的董仲舒、贾谊、刘向、扬雄。现在择取他的
书中有益于政事的言论,大略记载之。

中华经典名著
全本全注全译丛书
（已出书目）

道德经	盐铁论
鹖冠子	法言
黄帝四经·关尹子·尸子	方言
孙子兵法	潜夫论
墨子	政论·昌言
管子	风俗通义
孔子家语	申鉴·中论
吴子·司马法	太平经
商君书	伤寒论
慎子·太白阴经	周易参同契
列子	人物志
鬼谷子	博物志
庄子	抱朴子内篇
公孙龙子(外三种)	抱朴子外篇
荀子	西京杂记
六韬	神仙传
吕氏春秋	搜神记
韩非子	拾遗记
山海经	世说新语
黄帝内经	弘明集
素书	齐民要术
新书	刘子
淮南子	颜氏家训
新序	中说
说苑	帝范·臣轨·庭训格言
列仙传	坛经